大别山精神研究

《大别山精神研究》编写组◎编

安徽师范大学出版社
ANHUI NORMAL UNIVERSITY PRESS
·芜湖·

图书在版编目(CIP)数据

大别山精神研究/《大别山精神研究》编写组编.—芜湖:安徽师范大学出版社,2021.6
ISBN 978-7-5676-5159-3

Ⅰ.①大… Ⅱ.①大… Ⅲ.①革命传统教育-研究-中国 Ⅳ.①D642

中国版本图书馆CIP数据核字(2021)第110271号

大别山精神研究 《大别山精神研究》编写组◎编
DABIESHAN JINGSHEN YANJIU

责任编辑:陈 艳 谢晓博 责任校对:刘 翠
装帧设计:张 玲 汤彬彬 责任印制:桑国磊
出版发行:安徽师范大学出版社
芜湖市北京东路1号安徽师范大学赭山校区
网 址:http://www.ahnupress.com/
发 行 部:0553-3883578 5910327 5910310(传真)
印 刷:安徽联众印刷有限公司
版 次:2021年6月第1版
印 次:2021年6月第1次印刷
规 格:700 mm × 1000 mm 1/16
印 张:23
字 数:300千字
书 号:ISBN 978-7-5676-5159-3
定 价:89.00元

《大别山精神研究》编写组

主　　编：施昌旺　朱贵平

参编人员：刘延年　方庆寨　钱海峰　苏明波

　　　　　董丽娟　赵东云　王　静

前　言

大别山区横跨鄂豫皖三省边界地区，是全国著名革命老区。党的创建和大革命时期，大别山区是马克思主义传播和中国共产党组织建立最早的地区之一。土地革命战争时期，中国共产党在大别山区领导创建的鄂豫皖苏区是仅次于中央苏区的第二大革命根据地，诞生了多支红军主力。解放战争时期，大别山区是刘邓大军千里挺进大别山的落脚地和解放全中国的前进基地。

2016年以来，习近平总书记两次视察大别山革命老区，就大别山革命根据地的历史定位和弘扬大别山精神发表的重要讲话，高屋建瓴，内涵深刻，指导性强，为我们深化"大别山精神"课题研究提供了最新视野和基本遵循。

本书坚持辩证唯物主义和历史唯物主义基本方法，从理论、历史、现实三个维度，本着学理阐述、历史观照、现实审视相统一的原则，对大别山精神的历史背景、精神内涵、历史传承、历史地位和时代价值等问题作了专门而系统的探讨。在梳理大别山史实的基础上，凝练大别山精神，从“形”“神”兼备的角度将大别山精神概括为五个方面，力争使大别山精神有一个准确、规范、权威的表述。这些成果有助于推动大别山精神研究、宣传工作向纵深发展，让大别山精神在中华民族伟大复兴的新征程中焕发强大力量，让大别山精神的红色基因代代相传。

本书编写组

二〇二〇年三月

目 录

第一章　大别山精神研究的学术梳理

大别山区横跨鄂豫皖三省边区，是全国著名的革命老区。党的创建和大革命时期，大别山区是马克思主义传播和中国共产党组织建立最早的地区之一；土地革命战争时期，中国共产党在大别山区领导创建的鄂豫皖革命根据地是仅次于中央苏区的第二大革命根据地，诞生了多支红军主力；解放战争时期，大别山区是刘邓大军千里挺进大别山的落脚地和解放全中国的前进基地。大别山区创造了自1921年党的创立到1949年新中国成立"28年红旗不倒"的奇迹，成为中国共产党的重要建党基地、中国革命的重要策源地、人民军队的重要发源地。

伟大的事业催生伟大的斗争，伟大的斗争孕育伟大的精神。中国共产党领导大别山区人民进行波澜壮阔的新民主主义革命斗争，锤炼和铸造了彪炳史册的大别山精神。与红船精神、井冈山精神、延安精神、西柏坡精神等一样，大别山精神是中国共产党人精神谱系的重要组成部分，成为激励中国信心、凝聚中国力量、实现中华民族伟大复兴的强大精神动力。

20世纪80年代以来，大别山革命斗争历史引起学术界越来越多的关注，专家学者在史料的征集、整理、研究、宣传方面做了大量工作，出版了一大批通史、专门史著作和专题资料，为大别山精神研究奠定了坚实基础。进入21世纪以来，随着社会上对中国红色文化、中国革命精神的持续高度关注和研究宣传，随着大别山革命老区脱贫攻坚和乡村振兴工作的全面展开，专家学者在原有基础上正式启动了大别山精神研究工作，逐步形成热潮，取得了积极的研究成果。

一、大别山精神研究的史料依据

大别山精神是指在新民主主义革命时期中国共产党领导大别山区人民在28年艰苦卓绝的革命斗争中形成的以实现共产主义为价值取向的革命信念、意志、品质、作风和革命行动的总和，贯穿于大别山革命斗争历史的全过程。因此，关于大别山革命斗争的历史资料，特别是党的建设、政权建设、军队建设、反“围剿”斗争、鄂豫皖苏区和抗日根据地建设，中原突围、刘邓大军千里跃进大别山、人民群众的奉献与牺牲等历史资料，是深入开展大别山精神研究的基本素材。多年来，学术界特别是大别山区的各级党史部门整理出版了一大批文献史料、革命回忆录、人物传记等，为大别山精神研究提供了充分的史料依据。

一是综合文献资料。较有影响的是《鄂豫皖苏区革命历史文件汇编》和《鄂豫皖革命根据地》丛书。《鄂豫皖苏区革命历史文件汇编》，1985年4月由中央档案馆和湖北、河南、安徽三省档案馆联合编印，共5册，分别收录鄂豫皖中央分局、鄂豫皖省委、鄂豫皖苏维埃政权、皖西北特委、鄂东北特委和鄂东南特委的相关文件，具有较高的史料价值。《鄂豫皖革命根据地》丛书1—4册，由中共湖北省委党史资料征集编研委员会和安徽、河南省委党史工作委员会牵头，约请中共中央党史研究室，中央档案馆，鄂豫皖三省党史、档案部门和黄冈、孝感、信阳、六安、安庆等地党史部门数十位同志分工负责，协作完成。各部分内容按照综述、革命历史文献、革命回忆录、组织概况和大事记的顺序编排。该丛书具有较高的权威性，由河南人民出版社1990年出版。其他还有《湖北革命历史文件汇集》《河南革命历史文件汇集》《安徽革命历史文件汇集》，以及大别山区各市、县（市）区革命文献资料汇编等。

二是革命回忆录。董必武、邓小平、刘伯承、李先念、徐向前等老一辈革命家和其他众多革命前辈在大别山区留下光辉战斗足迹。他们生前出版的许多革命回忆录，成为大别山精神研究珍贵的第一手资料。最具代表性的有：徐向前《历史的回顾》（解放军出版社1988年版）、张国焘《我的回忆 2》（东方出版社1998年版）、《徐向前谈话记录》《戴季英关于鄂豫皖苏区的谈话及回忆》《访问徐立清部长谈话记录》（以上3种均藏于麻城县委党史办公室）、《郑位三同志谈话记录》（藏于湖北省档案馆）、《皖西革命回忆录 第二次国内革命战争时期（上卷）》（安徽人民出版社1980年版）、《洪学智回忆录》（解放军出版社2002年版）、《刘华清回忆录》（解放军出版社2007年版）、《陈锡联回忆录》（解放军出版社2007年版）、《陈再道回忆录》（解放军出版社2009年版）、《郭述申著述选》（武汉大学出版社1993年版）、《刘伯承军事文选》（军事科学出版社2012年版）、《李先念文选（一九三五—一九八八年）》（人民出版社1989年版）等。

三是人物传记和传略。较有影响的个人传记有《董必武传》（中央文献出版社2006年版）、《陈谭秋传记》（湖北人民出版社1991年版）、《邓小平传》（中央文献出版社2014年版）、《李先念传》（中央文献出版社2009年版）、《刘伯承传》（当代中国出版社2015年版）、《徐向前传》（当代中国出版社2007年版）、《张国焘传》（陕西人民出版社2007年版）、《陈昌浩传》（中共党史出版社1993年版）、《沈泽民传》（中央文献出版社2003年版）、《许继慎传》（安徽人民出版社1998年版）、《蒋光慈传》（安徽人民出版社2001年版）、《蔡申熙传》（中共党史出版社2013年版）、《旷继勋传》（作家出版社2006年版）、《血沃中原——吴焕先传记》（河南人民出版社1987年版）、《徐海东大将》（解放军文艺出版社2005年版）、《王树声大将》（解放军文艺出版社2005年版）、《郑位三传》（武汉工业大学出版社1988年版）、《许世友传》（上海人民出版社2000年版）、《战将——韩先楚传》（解放军出版社2000年版）、《皮定均传》（安徽人民出版社1998年版）等；较有影响的群体传略有《红安两百将领传》（中央文献出版社2001年版）、《中国人民解放军新县籍将军传》（河南人民出版社1999年版）、《黄麻起义和鄂豫皖苏区革命烈士传》（中共党史出版社2009年版）、《六安将军传》（安徽人民出版社2006年版）等。

二、大别山精神研究的史学基础

在充分占有大别山革命斗争史料的基础上，学术界经过多年的努力，分别从党的建设、党内斗争、土地革命、军队建设、军事战争的战略战术、政权建设、经济建设、文化教育卫生、财政金融、知识分子问题、妇女解放、富农问题、统一战线等多方面进行深入研究和探讨，发表了大量有关大别山革命根据地的研究论文，出版了一大批大别山区革命斗争，地方党组织发展，人民军队组建的通史和政治、经济、军事、文化等方面的专门史，为大别山精神研究提供了坚实的史学基础。

一是关于大别山革命斗争的通史。较有影响的是《鄂豫皖革命根据地史》，由中共河南省委党史研究室、中共安徽省委党史研究室编，安徽人民出版社1998年出版。该书是在鄂豫皖三省党史部门协作完成的《鄂豫皖革命根据地》四卷本资料丛书的基础上编辑出版的，以纪事本末体的方式，从根据地建设的角度，分为绪论、4编20章，全面系统地记述了1927年7月至1937年7月大别山革命根据地创建与统一、巩固和发展、坚持和保卫、游击战争的开展和游击根据地的开辟等革命斗争状况，还原历史本来面目，分析历史发展规律，总结历史经验教训。该书是截至目前较为规范、权威的大别山土地革命战争通史。此外还有谭克绳、欧阳植梁主编的《鄂豫皖革命根据地斗争史简编》（解放军出版社1987年版）、《鄂东现代革命史》（湖北人民出版社2010年版）、《豫南革命史》（河南人民出版社1991年版）、《皖西革命史》（安徽人民出版社1987年版）、《中原解放区史》（河南人民出版社1996年版）。另外，还有多年来出版的鄂豫皖三省及大别山所在县区主编的革命史、中共地方史等。

二是关于大别山人民军队的通史。较有影响的是《中国工农红军第四方面军战史》和《中国工农红军第二十五军战史》。《中国工农红军第四方面军战史》，由解放军出版社1989年出版。中国工农红军三大主力之一的红四方面军在大别山区诞生，并发展壮大。该书从军队建设和军事斗争的角度，根据红四方面军发展过程各个时期的特点，采取时经事纬的方法，分为8章30节，从1927年11月黄麻起义创建工农革命军鄂东军写起，到1931年11月红四方面军组建，再到1937年8月改编为八路军一二九师止，系统记述红四方面军十年的英勇斗争和艰难曲折的发展道路，总结经验教训，同时适当反映其他斗争和大别山革命据地开辟、建设方面的有关情况。另编有《中国工农红军第四方面军战史资料选编——鄂豫皖时期（上、下）》《中国工农红军第四方面军战例选编》《中国工农红军第四方面军烈士资料汇集》《中国工农红军第四方面军人物志》等。《中国工农红军第二十五军战史》由解放军出版社1990年出版。红二十五军是鄂豫皖苏区红军的一支主力部队，在大别山区第四、第五次反"围剿"中浴血奋战，功勋卓著；后撤离大别山区北上长征，成为第一支到达陕北的红军队伍，为把中国革命的大本营建在西北作出特殊贡献。该书从1931年10月红二十五军组建，写到1937年8月红军改编为八路军止，分为8章28节，系统记述红二十五军将近6年的艰苦战斗历程、光辉历史功勋和丰富历史经验。书中附有红二十五军战例选编、大事记、发展沿革等，是研究红二十五军的权威史料。此外，还有《新四军第四支队组建与发展》（安徽人民出版社2003年版）、《新四军第五师抗日战争史》（武汉出版社1986年版）等。

三是关于大别山区政治、经济、文化、军事等方面的专门史。主要有《鄂豫皖革命根据地财经史》（华中师范大学出版社1989年版）、《鄂豫皖革命根据地财政志》（湖北人民出版社1987年版）、《鄂豫皖苏区教育史》（河南大学出版社1988年版）、《鄂豫皖革命根据地货币史》（中国金融出版社1998年版）、《中原突围史》（军事科学出版社1996年版）、《中原突围前后》（河南人民出版社1988年版）、《刘邓大军挺进大别山史》（河南大学出版社1989年版）、《刘邓大军挺进大别山与三军经略中原（上、中、下册）》（湖北人民出版社2007年版）、《大别山革命根据地经济史》（华中师范大学出版社2017年版）、《鄂豫皖苏区文化动员与意识形态建构（1920—1937）》（中国社会科学出版社2016年版）、《鄂豫皖革命根据地的人民检察制度》（中国检察出版社2011年版）等。

三、大别山精神的研究平台和成果

鉴于大别山精神在中国革命中的重要历史地位和时代价值，从20世纪90年代以来，特别是2016年习近平总书记视察大别山区以来，学术界对大别山精神的研究逐步升温。以鄂豫皖三省党史工作部门、社会科学研究机构、党校（行政学院）和普通高等院校的科研人员为主体，一大批省内外，包括中央有关部门的专家学者加入研究队伍中来，每年公开发表的研究论文呈爆发式增长态势。2021年6月4日，以“大别山精神”为主题在中国知网上进行搜索，共搜得100多篇文献，其中2010年2篇、2011年3篇、2012年1篇、2013年2篇、2014年1篇、2015年5篇、2016年10篇、2017年13篇、2018年10篇、2019年21篇，2020年44篇，2021年10篇。

尤其值得注意的是，出现了许多以“大别山精神”研究为主旨的专业研究平台。比如，湖北黄冈师范学院成立了大别山红色文化研究中心，河南省郑州大学、信阳大别山干部学院分别成立了大别山精神研究中心，信阳市成立大别山精神研究课题组，信阳师范学院成立了大别山精神研究院，河南省委党史研究院和信阳市委主办了两次与大别山精神密切相关的高规格的学术研讨会，邀请省内外专家学者百余人参会，共收到论文60多篇。信阳大别山干部学院出台并完成了《大别山精神研究中心中长期发展规划（2015—2017）》，编写出版了《大别山革命简史》《大别山革命记忆》《大别山革命风范》《大别山革命将帅》《大别山革命英烈》等系列论著。

2013年以来，学院多次组织召开与大别山精神有关的理论研讨会，邀请湖北、安徽、河南三省专家齐聚学院，就大别山精神的内涵、历史积淀、时代价值等多个方面进行了深层次探讨。先后出版论文集《丰碑永驻大别山——大别山革命史与干部党性修养研讨会论文集》《不忘来时的路——学习和弘扬大别山精神研讨会论文集》等。安徽省将大别山精神研究纳入省委办公厅批转的省委党史研究院（地方志研究院）2019年至2022年全省党史工作规划，积极组织力量开展相关研究工作。安徽省新华学院也成立了大别山精神研究中心，解放军炮兵学院成立了大别山红色文化研究所，鄂豫皖三省党史部门成立了大别山精神研讨联席会议机制。2020年初，由中共河南省信阳市委倡导，由鄂豫皖三省党史部门共同发起成立全国性的大别山精神研究会，整合大别山区域所有研究资源和力量，形成大别山精神研究的长效机制，不断推动大别山精神研究向纵深发展。

截至目前，学术界就大别山精神本身的研究已经出版专著两部。一是《彪炳史册的大别山精神》，丁同民、闫德亮、林志成著，人民出版社2017年出版。该书分为4编，分别为“大别山精神的孕育与发展”“大别山精神的内涵与价值”“大别山精神与执政党建设”“大别山精神与大别山革命老区振兴发展”。全书共19章，站在历史与现实相结合的高度，以丰富、准确的史料，严密、合理的论证，系统阐述了大别山精神历史文化基础、形成和发展过程、丰富内涵、主要特征、时代价值，以及与执政党建设、革命老区振兴发展之间的密切联系。该书是迄今为止学术界第一部关于大别山精神的研究专著，为进一步研究大别山精神提供了思路和经验。但同时这部著作也存在明显不足，在框架结构、体例规范、研究深度、各章节之间的逻辑联系等方面尚有进一步完善的地方。

二是《大别山革命精神与党内政治文化》，大别山干部学院编著，国家行政学院出版社2019年出版。该书分为9章，紧紧围绕继承和弘扬大别山精神、加强党内政治文化建设这一主题，从坚定理想信念、服从党中央领导、密切党群关系、坚持民主集中制、选任干部、严格组织生活、开展批评与自我批评、加强党内监督、永葆清廉风尚等9个方面切入大别山精神的内涵和特征，贯通历史与现实，论从史出，史论结合，以史鉴今，资政育人，以大别山精神来滋养和净化、优化党内政治文化生态。该书虽然存在简单化比附、论证不够严密的缺陷，但从现实意义和时代价值的角度，该书升华了人们对大别山精神的理解和认知，为深化大别山精神研究提供了一个崭新的视角。

四、大别山精神的文本表述

大别山精神形成区域广，涉及鄂豫皖三省6市50多个县区；持续时间长，从1921年到1949年共计28年。在中国共产党人的精神谱系里，与其他革命精神相比，大别山精神内涵更加丰富，底蕴更加深厚，地域特色、时代特点更加明显。鄂豫皖三省专家学者针对大别山精神在不同区域、不同时间段的不同特点，结合自己掌握的资料和研究重点，在文本表述上出现了不同版本。较有代表性的有湖北的版本、河南的版本和安徽的版本。

湖北的版本。此版本以大别山腹地红安、黄冈及周边的一些专家学者为代表，强调“朴诚勇毅”“不胜不休”的作风。中共湖北省委党史研究院方城最早将大别山精神表述为“朴诚勇毅，不胜不休”。“朴诚勇毅”取自董必武1920年创办武汉中学时制定的校训，“不胜不休”取自黄麻起义后成立的工农革命军领导人的一次盟誓“同甘共苦，不胜不休”和红四方面军军训“智勇坚定，排难创新，团结奋斗，不胜不休”，认为这种表述是大别山精神发展历程中两个最重要阶段的原生态权威表述，不仅反映了以大别山为中心的鄂豫皖三省边界地区革命历史的实际状况，而且揭示了大别山精神的基本内涵。[①]目前，这种表述在湖北省学术界认同度较高。黄冈师范学院张威从加强当代大学生思想政治教育的角度，将大别山精神表述为：信念坚定、执着坚韧，敢于斗争、艰苦奋斗，朴诚勇毅、务实求真，万众一心、不胜不休。[②]江汉大学刘利将大别山精神归纳为“信念坚定、执着坚韧”的精神，“艰苦奋斗、廉洁奉公”的精神，“朴诚勇毅、求真务实”的精神，“万众一心、不胜不休”的精神。[③]2019年9月29日，黄冈师范学院党委书记王立兵在党委理论学习中心组“不忘初心、牢记使命”主题教育读书班上以《从中国革命历次转折中的重大贡献看大别山精神》为题，发布了该学院“大别山精神”的最新研究成果，引发省内外媒体广泛关注。此次发布，将大别山精神概括为“坚守初心、勇担使命、紧跟党走、不胜不休”，认为“坚守初心”是大别山精神的核心要义，“勇担使命”是大别山精神的鲜明特征，“紧跟党走”是大别山精神的永恒主题，“不胜不休”是大别山精神的可贵品质。[④]

河南的版本。此版本以鄂豫皖苏区首府所在地信阳及周边的一些专家学者为代表，强调“坚定信念”“团结奋斗”的主题。2007年，河南信阳师范学院刘国胜发表文章，首次对大别山精神发生发

① 参见方城：《大别山精神简论：朴诚勇毅 不胜不休》，《中国井冈山干部学院学报》2019年第2期，第67—75页。

② 参见张威：《努力弘扬大别山精神与加强大学生理想信念教育关系探讨》，《黄冈师范学院学报》2011年第2期，第102—103页。

③ 参见刘利：《大别山精神的科学内涵及其时代价值》，《学习月刊》2014年第20期，第87—88页。

④ 参见黄冈师范学院网站，http://www.hgnu.edu.cn/2019/1002/c1110a51072/page.htm。

展的时间概念、地域概念进行了明确界定，把大别山精神概括为“信念坚定、意志坚强、意识先进、品质质朴、行动果敢”；认为大别山精神的主题思想是永远跟党干革命；核心内容是始终坚持中国共产党的领导，时刻依靠人民群众；内在动力是实事求是，善于创新；价值形态是坚定的共产主义信念的真理观。应该说，这是目前所看到的资料中学术界专门对大别山精神所做的最早的较为完整的表述。[①]

2012年11月7日，在河南信阳“大别山精神”研究课题成果新闻发布会上，信阳军分区政治部主任尚邦君代表“大别山精神”研究课题组发布最新成果，将大别山精神表述为“坚守信念、胸怀全局、团结一心、勇当前锋”，并作了进一步阐释：“坚守信念”是指大别山人民对于共产主义的持久信仰不因外部环境的改变而改变，坚守如一，从不动摇。“大别山军民凭借坚定的信仰，在白色恐怖和极其困难的环境条件下百折不挠，坚守大别山，使大别山红旗不倒，凝结的是大别山军民对党忠诚、威武不屈、坚忍不拔的精神，是大别山精神的核心。”[②]“胸怀全局”是指大别山区个体或者区域、部门能够站位高远，超脱利益纠葛，牺牲“小我”利益，服从全局和整体利益。“在革命紧要关头，为了革命需要和全局利益，大别山区的军民总是从全局出发，用自己的牺牲为全局的胜利创造条件，凝结的是大别山军民顾全大局、甘于奉献的精神，是‘大别山精神’的风格。”[③]“团结一心”指大别山区不同群体、力量凝聚合作，达到观念上的统一和力量上的一致，并最终形成一致对外的力量。“在开创和坚持大别山的斗争中，大别山地区的军政军民团结一致，为

① 参见刘国胜:《论大别山精神》,《党史天地》2007年第12期,第46—49页。

② 石仲泉:《我观党史四集》(中册),上海人民出版社2016年版,第771页。

③ 石仲泉:《我观党史四集》(中册),上海人民出版社2016年版,第772页。

扩大人民军队，保证战争胜利和政权建设奠定了坚实基础，凝结的是大别山军民热爱军队、服务人民、同心同德、携手共进的精神，是‘大别山精神’的根本保证。”[①]“勇当前锋”是指大别山区不甘人后、争当先进、超越自身的开拓进取精神。“大别山根据地不仅是我党创建的全国最早的根据地之一，而且在中国革命最紧要的关头，大别山根据地军民都处在最前沿的地位，发挥着重要而特殊的作用，凝结的是大别山军民听党指挥、英勇善战、勇字当头、积极进取的精神，是大别山精神的革命品质。”[②]2013年4月，中共河南省委党史研究室、中共信阳市委在河南新县召开大别山革命史与干部党性修养研讨会，研讨“大别山精神”，会议经过几个月的酝酿，征求方方面面意见，再次确认了“坚守信念、胸怀全局、团结一心、勇当前锋”这16个字的表述，并得到了省内外学者的广泛认同。中共中央党史研究室原副主任石仲泉充分肯定了河南信阳的表述，从与红船精神、井冈山精神、古田会议精神、苏区精神、长征精神、遵义会议精神、抗战精神、延安精神、西柏坡精神等比较的角度，从把握好共性与个性、历史与现实、精准与通俗的三个关系出发，将上述表述进一步拓展为：“坚守信念、对党忠诚，胸怀全局、甘于奉献，依靠群众、团结奋斗，不畏艰苦、勇当前锋。”内容还是四个方面，但表述上扩充一倍，由16个字增加到32个字，体量分量加重，更显历史厚重感。[③]

安徽的版本。该版本以大别山腹地金寨、六安及周边的专家学者为代表，强调“忠诚于党”“牺牲奉献”的品格。2014年9月，金

---

① 石仲泉：《我观党史四集》（中册），上海人民出版社2016年版，第773页。

② 转引自李平：《大别山精神的内涵与当代价值》，载中国共产党新闻网，2018年5月17日。

③ 参见石仲泉：《“大别山精神”刍议》，《苏区研究》2017年第4期，第54页。

寨县就向全社会发起了“我心目中的大别山精神”文字表述语征集活动，专家学者踊跃参与，对大别山精神实质的认识逐步达成共识。2016年4月习近平总书记视察金寨时，金寨党史部门的学者胡遵远、李业坤等人立足于金寨新民主主义革命、社会主义革命和建设的历史，吸收借鉴周边大别山精神的最新研究成果，正式提出了大别山精神的文本表述：坚贞忠诚、牺牲奉献、永跟党走。之后，为了进一步规范表达，在更大的范围内取得共识，金寨县所在的六安市从2016年7月份开始，就在全国范围内开展了“大别山精神”表述语征集活动，共征集到400余条。经讨论、研究，最终确定“大别山精神”的表述为：坚贞忠诚、牺牲奉献、万众一心、永跟党走。目前，这种表述在安徽学术界的认同度较高。在此基础上，其他学者进行了一些丰富和发展。比如合肥陆军炮兵防空兵学院贾瑛将其表述为：“信念坚定，对党忠诚；英勇顽强，敢打善战；甘于奉献，敢于牺牲；一心为民，军民团结；实事求是，善于创新。”①

关于大别山精神的文本表述，目前学术界尚未形成一个比较统一的认识，基本停留在仁者见仁、智者见智阶段。上述所谓“湖北”“河南”“安徽”的版本，只不过是在本省行政区域范围内认同度较高、影响较大、被采用较多的版本；但即便是在本省范围内，也有不少学者持有不同观点，而且随着研究的深入，会不断出现新的版本。比如，在讨论热烈的河南省，就出现了各有侧重、互不统一的多个版本。中共河南省委党校刘晖、侯远长把大别山精神概括为“坚守信念、对党忠诚，前仆后继、不怕牺牲，依靠群众、同甘共苦，胸怀大局、敢于担当”，进而认为“坚守信念、对党忠诚”是大别山精神的灵魂，“前仆后继、不怕牺牲”是大别山精神的核心，“依靠群众、同甘共苦”是大别山精神的精髓，“胸怀大局、敢于担

① 贾瑛:《大别山红色文化精神内核述略》,《理论建设》2018年第5期,第79页。

当”是大别山精神的风格。河南学者丁同民等人则将大别山精神表述为:“坚守信念、对党忠诚;胸怀全局、勇于担当;实事求是、勇于创新;廉洁自律、无私奉献。”[①]河南省社会科学界联合会李庚香认为大别山精神的核心要素是革命、斗争、奋斗、献身,因此,他将大别山精神表述为:“坚决彻底的革命精神、不屈不挠的斗争精神、自强不息的奋斗精神、无私无畏的献身精神。”[②]安徽学术界,2016年在进行“安徽精神”课题研究时,将大别山精神概括为“坚定信念、威武不屈、众志成城、勇当先锋”;2018年在编写安徽干部教育教材时,学术界吸收省内外专家和河南信阳大别山精神研讨会的成果,将大别山精神概括为“坚守信念、对党忠诚,胸怀全局、甘于奉献,军民同心、团结奋斗,不畏艰苦、勇当前锋”等。[③]在湖北学术界也有类似的情况。

重庆学者郑兴刚等人发表文章,试图综合鄂豫皖三省的文本表述,将大别山精神的内涵概括为四个方面:坚定信念、赤胆忠心、无私奉献、艰苦奋斗。坚定信念,是指大别山区党政军民在革命过程中,虽然屡遭艰难险阻,但依然坚定革命必胜、共产主义必胜的信念,不向任何困难和黑恶势力低头弯腰;赤胆忠心,是指大别山区党政军民在革命过程中,始终忠诚于党、忠诚于人民,表现出对党、对人民赤胆忠心的拳拳之心;无私奉献,是指大别山区党政军民在革命过程中,不计个人及小团体的利益得失,为革命无私奉献,为大家牺牲小家,为顾全大局而不惜牺牲自我;艰苦奋斗,是指大别山区党政军民在革命过程中,始终高扬艰苦奋斗的精神,不畏艰

① 丁同民、闫德亮、林志成:《彪炳史册的大别山精神》,人民出版社2017年版,第203—204页。

② 李庚香:《用大别山精神筑牢党性之魂》,《河南日报》2019年10月25日。

③ 参见中共安徽省委组织部:《红色安徽》,安徽人民出版社2019年版,第305—308页。

辛、不畏强暴、英勇顽强、矢志不渝、百折不挠，展现出不胜不休、为革命奋斗到底的坚定决心和英雄气概，缔造了“红旗不倒”的革命神话。[①]应该说，以上表述有意识地取长补短，相互借鉴，在科学化、规范化、通俗化方面进行了有益探索。

五、大别山精神的多维解读

近几年来，随着学习贯彻习近平总书记视察大别山区重要讲话精神活动的开展，学术界对大别山精神的研究呈现方兴未艾之势，专家学者围绕大别山精神的孕育发展、文化渊源、科学内涵、核心要义、哲学意蕴、历史地位、传承发展、时代价值、与其他革命精神的关系等主题，展开了系统研究，进行多维解读，取得了初步成果，集中体现在以下四个方面。

第一，关于大别山精神的形成过程。学术界普遍认为，大别山精神形成发展于大别山区28年波澜壮阔的新民主主义革命斗争。中国共产党领导大别山区人民为民族独立、人民解放、国家富强和人民幸福，抛头颅洒热血，前赴后继，英勇斗争，创造了可歌可泣的英雄史诗，孕育和锻造了名垂青史的大别山精神。因此，大别山革命斗争实践是大别山精神形成的历史基础。较有代表性的是石仲泉的观点，他认为大别山革命历史有四度辉煌：首度辉煌是大革命后期土地革命战争前期以三大起义为代表的农民武装暴动，最终创建了仅次于中央苏区的第二大苏区；二度辉煌是土地革命战争后期红二十八军坚持的鄂豫皖边三年游击战争，保持大别山区在红军主力长征后红旗不倒；三度辉煌是抗日战争后期解放战争初始凸显的战

① 参见郑兴刚、曾祥明：《大别山精神研究现状与思考》，《苏区研究》2019年第4期，第33—41页。

略地位和中原突围，鄂豫边抗日根据地是党在中原敌后的独立战略区，中原突围揭开了中国之命运大决战的序幕，是中国革命史上的一个重要转折；四度辉煌是刘邓大军千里跃进大别山，解放战争由战略防御转变为战略进攻，对改变全国战争形势起到了决定性的战略作用。刘邓、陈谢、陈粟三路大军在中原地区的战略展开，使这一地区成为解放军夺取全国胜利的前进基地。大别山区红色历史的四度辉煌是大别山精神得以存在和发展的历史基础。[①]李新安从历史发展阶段来分析大别山精神的形成过程，认为从1921年中国共产党成立以来，直到新中国成立，大别山红色基因的形成分为萌芽、发展和成熟三个历史阶段。萌芽阶段主要是大革命时期（1921年至1927年），发展阶段主要是大革命失败到鄂豫皖根据地发展壮大时期（1927年到1932年），成熟阶段主要是第四次反“围剿”失败后到新中国成立时期（1932年后至1949年）。[②]程昌文则分门别类，从发挥不同历史作用的角度分析了大别山精神的形成过程，认为大别山精神的形成是由多个要素共同作用的结果。其中，逐步传播的马克思主义理论是其形成的理论指导，中国共产党的领导是其形成的推动力量，革命战争时期的艰苦斗争是其形成的实践基础，不断高涨的革命形势是其形成的现实依据。[③]

丁同民等人在论证鲜明独特的区域环境是大别山精神形成的自然基础、创新发展的马克思主义是大别山精神形成的理论基础、轰轰烈烈的革命运动是大别山精神形成的实践基础之后，试图从传统文化的角度分析大别山精神形成的历史渊源，认为交融共生的区域

① 参见石仲泉：《“大别山精神”刍议》，《苏区研究》2017年第4期，第50—54页。

② 参见李新安：《大别山红色基因与传承》，《实事求是》2017年第3期，第20页。

③ 参见程昌文：《大别山精神的形成要素研究》，《内蒙古财经大学学报》2017年第5期，第84页。

文化是大别山精神的内生力量。在长达数千年的社会发展过程中，大别山区域文化相互影响、相互渗透、相互冲击、相互补充，形成了文化统一体；深厚悠久的文化传统是大别山精神的重要宝藏，博大精深的楚地文化、源远流长的中原文化、朴实厚重的淮河文化、精致典雅的吴越文化等共同构成了大别山精神的文化血脉；多姿多彩的民俗民风为大别山精神提供肥沃养分，大别山区民风淳朴，保存众多具有浓郁地方特色的非物质文化遗产，有民间故事、山歌民谣、地方戏曲、民间歌舞和茶文化等，这些都成为大别山精神形成和发展的丰富滋养。①

第二，关于大别山精神的主要特征。尽管学术界对大别山精神的文本表述各执一词，但对大别山精神所表现出来的形态特征是基本认同的。刘国胜认为，大别山精神的外部特征是万众一心、不畏强敌、英勇顽强、敢于斗争、百折不挠，品格特质是甘于奉献、敢于牺牲。丁同民等人将大别山精神的主要特征归纳为5个方面：一是忠诚，对党的事业的无限忠诚，对党组织和人民群众的赤胆忠心；二是坚韧，坚定理想信念支撑下的坚强和韧劲；三是勇猛，在苦难面前、在敌人面前、在战斗面前表现的果敢和无畏；四是担当，勇于担当，顾全大局；五是协同，军民互帮互助、鱼水情深、团结协作、协同战斗。②刘晖专门就“忠诚”的特征进行了诠释，认为对党忠诚是大别山精神的灵魂所在。对党忠诚见证于崇高的信仰，体现为坚定的信念，表现出坚强的革命定力，宁死不屈是其真实写照，

---

① 参见丁同民、闫德亮、林志成：《彪炳史册的大别山精神》，人民出版社2017年版，第181—184页。

② 参见丁同民、闫德亮、林志成：《彪炳史册的大别山精神》，人民出版社2017年版，第218—247页。

巨大牺牲彰显其可贵的政治品质。[①]王春亮就“担当”的特征进行了分析，认为勇于担当是大别山精神的鲜明品格，主要表现在坚守使命、心系民众、顾全大局、迎难而上、不怕牺牲、勇于纠错等方面。[②]胡遵远认为，“牺牲奉献”是大别山精神的鲜明特征。革命战争年代，大别山区200多万人民投身革命，近100万人为国捐躯。无论是在革命战争年代，还是在和平建设时期，舍小家、顾大家都是大别山军民的自觉行动，勇于牺牲、甘于奉献一直是大别山精神最鲜明的特征。[③]刘明涛还在对大别山精神与延安精神的分析比较中认为，大别山精神的突出特点是朴诚勇毅、不怕牺牲、不胜不休等。[④]

第三，关于大别山精神的历史地位和当代价值。学术界普遍认为，大别山同井冈山、延安、西柏坡一样，都是革命圣地，都有光荣革命历史和优秀文化传统，在大别山区孕育发展的革命精神作为中国革命精神的一种，是中国共产党、中国人民解放军、中华民族精神谱系中不可或缺的重要组成部分，是中华优秀传统文化的重要组成部分，为中国革命事业的发展、中华民族的独立、新中国的成立作出了不可磨灭的历史贡献。吕杰认为，大别山红色文化是大别山文化之魂，是中国红色文化的主要源流，在中国革命进程中发挥了重要作用，因而具有极高的历史地位。[⑤]刘晖指出，大别山精神价值中的历史价值涉及政治、军事、思想、党建人才等方方面面，最突出的贡献主要表现在三个方面：创建革命根据地，为夺取抗日战

---

① 参见刘晖：《对党忠诚：大别山精神的灵魂》，《学习论坛》2016年第4期，第21—26页。

② 参见王春亮：《勇于担当：大别山精神的鲜明品格》，《学习论坛》2016年第6期，第26页。

③ 参见胡遵远：《对大别山精神的再探讨》，《党史纵览》2017年第1期，第51—52页。

④ 参见刘明涛：《延安精神与大别山精神比较研究》，《承德石油高等专科学校学报》2013年第1期，第75页。

⑤ 参见吕杰、许月明：《论大别山红色文化的历史地位》，《福建党史月刊》2013年第18期，第40页。

争、解放战争的胜利奠定了基础，为全国的解放和建立新中国作出了不可磨灭的贡献；铸造红军摇篮，为新型人民军队建设进行了宝贵的探索；为中国革命作出巨大牺牲，培养了一大批优秀人才。[①]刘泽双等人认为，从近代革命的历史发展阶段来看，大别山精神和井冈山精神一样，被认为是中国共产党领导下的近代民主革命的“精神摇篮”，是中国共产党领导下的中国革命精神的引领和支撑，是对当时革命群众和共产党员朴实作风的高度概括，是对中国革命精神的高度升华，为共产主义革命的发展壮大保留了火种。大别山区的革命是中国共产党在社会主义革命初期对马克思主义思想的初步实践和探索，大别山精神作为其中一个重要载体，为马克思主义思想和理念在中国的传播和深入作出过重要的贡献。[②]

与大别山精神的历史地位相联系，更多的学者关注大别山精神的当代价值，认为大别山精神虽然是历史的产物，却有着超越时空的永恒魅力。作为中国精神的一种，大别山精神蕴含着巨大的时代价值，是中国人民和中华民族取之不尽、用之不竭的宝贵精神财富，永不过时。学术界探讨大别山精神的当代价值主要从以下几个角度：弘扬实现中国梦的中国精神、培育和践行社会主义核心价值观、加强党的建设、加强公民思想政治教育、加强公民道德建设、建设和谐社会、发展红色旅游、推进革命老区经济文化建设、推进全面建成小康社会等。有些文章还涉及深入加强大学生群体的思想政治教育、当代革命军人的核心价值观建设、中国共产党精神家园建设等方面，认为大别山精神可以在以上诸多领域、多个方面、多个角度提供丰富政治智慧

① 参见刘晖、侯远长：《大别山精神：内容特征及传承》，《中国延安干部学院学报》2016年第1期，第72—77页。

② 参见刘泽双、赵毅：《大别山精神研究中存在的几个认识误区》，《老区建设》2015年第8期，第9—11页。

和强大精神动力。中共中央党史和文献研究院李平的观点较有影响，认为新时代实现“两个一百年”奋斗目标和中华民族伟大复兴的中国梦，需要弘扬大别山精神来引领我们走上新征程。弘扬大别山精神是实现中华民族伟大复兴中国梦的时代要求。将大别山精神的科学内涵与时代课题相结合，努力弘扬和传承大别山精神，是大别山精神的最大时代价值；大别山精神是社会主义核心价值观的丰富滋养，是鼓舞和激励中国人民不断攻坚克难、从胜利走向胜利的强大精神动力。结合新的时代条件弘扬和传承大别山精神，可以有效培育和践行社会主义核心价值观。[①]信阳大别山干部学院的学者更看重大别山精神对党内政治文化的重要价值，认为传承大别山红色基因，弘扬大别山精神，对于继承发扬党的优良传统和作风，大力弘扬忠诚老实、公道正派、实事求是、清正廉洁等共产党人价值观，对于新时代加强党内政治文化建设，严肃党内政治生活、净化党内政治生态具有重要的现实意义。[②]有学者还将大别山精神归纳为多重价值，即知识价值、道德价值和审美价值，[③]还剖析了大别山精神传播审美价值的多维功能：历史研究价值、文明传承功能、民族凝聚功能、经济发展功能等。[④]有学者提出6个方面的育人价值：理想信念的导向价值、高尚道德的教化价值、健康情操的陶冶价值、人格力量的凝聚价值、英雄主义的

① 参见李平：《大别山精神的内涵与当代价值》，《人民政协报》2018年5月17日。

② 参见大别山干部学院：《大别山革命精神与党内政治文化》，国家行政学院出版社2019年版，前言第3页。

③ 参见夏慧、汪季石：《基于文化哲学视角的大别山红色文化多重价值论析》，《学校党建与思想教育》2016年第16期，第82—83页。

④ 参见夏慧、汪季石：《发掘红色文化的审美价值 促进红色文化的有效传播：以大别山红色文化为例》，《新闻知识》2015年第4期，第32—34页。

激励价值、与时俱进的创新价值。[①]

第四，关于传承与弘扬大别山精神的基本路径。鉴于大别山精神具有极高的当代价值，如何传承和弘扬大别山精神成为目前学术界关注的热门话题。

基于大别山精神与执政党的建设、干部队伍建设关系密切，李庚香从锤炼坚强党性、进行自我革命、筑牢党性之魂的角度，认为包括大别山精神在内的红色文化，萃聚了我们践行党的初心和使命的红色基因，要把红色教育作为党员干部教育培训和党性锻炼的必修课，同时把红色资源与思想政治理论有机结合，让广大青少年接受红色熏陶，让对党忠诚、为人民奉献的红色基因代代相传，真正让革命精神内化于心、外化于行。要走好新时代长征路，让红色基因融入血脉，把弘扬大别山精神与脱贫攻坚、乡村振兴、绿水青山保护、高质量发展紧密结合起来，让红色精神激发力量，让红色之火熊熊不息，让红色江山世代相传，为实现中华民族伟大复兴和中原更加出彩的目标提供不竭精神动力，让大别山精神在新时代绽放出更加耀眼的光芒。[②]基于大别山精神对大别山革命老区脱贫致富、振兴发展意义重大，檀江林等人提出打好革命老区红色牌、优化生态绿色牌、丰富物产金色牌，把机遇优势转化为发展优势，把后发优势转化为竞争优势，努力把大别山建设成为一座拥有实力、具有活力、富有魅力的幸福之城、希望之域，让大别山精神真正“活”起来。在传播手段上，要满足广大人民群众日益增长的精神文化需要，应采取人民群众喜闻乐见的形式，将革命传统教育内容通过科技时代新媒介进行传播，充分利用互联网开放兼容、快速高效、覆

---

① 参见张元婕:《红色文化的育人价值与实现路径研究:以大别山红色文化研究为例》,武汉理工大学2013年硕士学位论文。

② 参见李庚香:《用大别山精神筑牢党性之魂》,《河南日报》2019年10月25日。

盖面广等优势，推动红色文化、革命精神实现共享，实现革命传统文化推陈出新。通过形式多样的文化载体，通过图书、报刊、影视作品、研讨会等，通过建立革命传统教育基地、红色专题网站、网上博物馆等形式，扩大宣传阵地。①

高等院校的学者则注意到大别山精神蕴含的教育和激励功能。张威强调，弘扬大别山精神应当把课堂教育、校园文化与实践教学对接起来，充分发挥红色文化资源的育人作用。②李晓娟认为，在新媒体条件下，要加强影视精品创作，丰富传播内容；注重虚实结合，创新传播方式；坚持循序渐进原则，推动大别山精神可持续性发展。③张元婕主张，应正确认识和彰显实现红色文化育人价值的重要性、挖掘红色文化资源价值、加强革命传统教育基地建设、加强分类指导、创新教育形式等。④吕杰则从加强理论灌输、营造浓厚氛围和拓展实践渠道三方面，对军队弘扬大别山精神的有效途径进行了探讨。⑤

郑兴刚等人则从方法论的层面提出观点，认为新时期弘扬大别山精神，需要正确处理好继承与创新的关系，继承大别山精神的本质内涵，创新其外在形式，同时还应结合实际，不断赋予大别山精神以崭新的时代内涵，使大别山精神不断放射出新的时代光芒，使

① 参见檀江林、项银霞：《大别山精神的凝练、表述及时代传承》，《红色文化资源研究》2016年第1期，第27—33页。

② 参见张威：《努力弘扬大别山精神与加强大学生理想信念教育关系探讨》，《黄冈师范学院学报》2011年第2期，第102—104页。

③ 参见李晓娟：《新媒体环境下大别山精神传播现状》，《西部广播电视》2014年第12期，第43、45页。

④ 参见张元婕：《红色文化的育人价值与实现路径研究：以大别山红色文化研究为例》，武汉理工大学2013年硕士学位论文。

⑤ 参见吕杰：《大别山红色文化与培育当代革命军人核心价值观探析》，《福建党史月刊》2014年第12期，第46—47页。

大别山精神这棵老树绽放出时代新芽；需要更好地发挥大别山精神的激励、化育、整合、导向功能，为中国改革开放和社会主义现代化建设输送源源不断的巨大精神动力支撑；需要在科学传播上下功夫，不断创新传播形式、载体和内容，以实现更好的传播效果；此外，还需要在切实践行上做文章，需要将内化于心的信念信仰转化为“两个百年”奋斗目标锐意进取的实际行动，以实现从精神变物质的巨大跨越，这是新时期继承大别山精神的最好方式，同时也是弘扬大别山精神的最重要路径。[①]

六、大别山精神研究的总体评价

大别山精神作为革命文化的一种，作为中华优秀传统文化的重要组成部分，在中国革命史、中共党史上具有重要历史地位，在中华民族伟大复兴的征程中具有重要时代价值。目前学术界对大别山精神的研究已经形成广泛共识，特别是大别山区所在鄂豫皖三省的专家学者，从多个维度展开系统研究，取得了阶段性成果，为深化大别山精神研究奠定了坚实基础。

一是史料丰富，史学基础扎实。一大批关于大别山革命斗争的文献资料、专题资料、口碑资料、采访资料和大别山区所在的鄂豫皖三省及市、县（区）市革命史、地方党史、红军史正本及专门史的出版，名目众多的大别山人物传记、革命故事、红色歌谣的问世，基本还原了大别山革命斗争全貌，为大别山精神研究提供了源源不断的珍贵素材。

二是思维活跃，注重严谨治学。专家学者坚持辩证唯物史观，

① 参见郑兴刚、曾祥明：《大别山精神研究现状与思考》，《苏区研究》2019年第4期，第33—41页。

坚持实事求是原则，从大别山精神的文本表述、基本内涵、主要特征、形成原因、历史地位、时代价值、传承发展等多方面展开深入研讨，形成了一批较有质量的学术成果。

三是视野开阔，涉及领域广泛。专家学者围绕时代主题，紧密联系实际，有意识地运用党建理论、哲学、政治学、经济学、新闻传播学、管理学、社会学、旅游学、法学、教育学、心理学的视角和观点，来分析和解读大别山精神在服从服务于经济社会发展大局、推动革命老区振兴发展和中华民族伟大复兴历史征程中发挥的“营养剂”“清醒剂”和“教科书”作用。

但是，相对于大别山区革命斗争史料征集、整理、研究比较充分的状况，真正意义上的大别山精神研究起步较晚，成果较少；相对于同一时期其他革命精神研究的广度和深度、蔚为壮观的研究局面，大别山精神的研究仍存在较大差距。

一是大别山精神的文本表述不统一。截至目前，学术界对大别山精神内涵的解读仍然众说纷纭，版本甚多，各自都从自己的角度，根据占有资料的地域性特点作出不一样的表述。虽然这些表述都从不同角度揭示了大别山精神的形态特征，各有千秋，但都不全面、不规范、不精准、不简练，不利于大别山精神的深入研究，更不利于大别山精神的传播和弘扬。大别山精神不是一个任人打扮的姑娘，更不像“一千个观众就有一千个哈姆雷特”那样可以随意想象，需要有一个内涵和外延相对确定、相对固定的文本表述。大别山是鄂豫皖三省共有的山，大别山精神是鄂豫皖三省共有的精神财富，也是中国共产党精神谱系的重要组成部分。深入研究、大力弘扬大别山精神，是鄂豫皖三省的共同责任。三省党史部门、社科研究部门和党校、干部学院应该加强协作，资源共享，深入研讨，力争使大别山精神有一个统一、准确、规范、权威的表述，以推动大别山精神研究、宣传工作向纵深发展。

二是大别山精神研究的地域性倾向明显。应该说，基于大别山革命斗争史料的多样性、区域性特点，多数学者都能够根据自己关注的研究方向、侧重点，轻而易举地从自己掌握的史料中选择典型事例，阐释大别山精神的由来与发展、科学内涵、本质特征，尽管都能自圆其说，言之凿凿，但因为作为论据的资料各来源于鄂豫皖三省的不同区域，各省各市自行其是，各自研究本区域的大别山精神，互不沟通，难免各执一词，无法统一，资源无法整合，成果无法共享。加上各省学者在阐述论证大别山精神时，由于掌握的材料不同，不免将本省的材料引述得多些。在历史时期的选择中，对土地革命战争时期的材料引述得最多，对解放战争时期的材料引述稍多，对建党初期和抗日战争时期的材料引述较少，结果造成了大别山精神仅仅是一种地域文化、地域精神的误读。

三是大别山精神研究的深度和广度不够。学术界对大别山精神主要特征的解读很多都是描述性的、浅层次的，缺乏联系和比较研究的思路，缺乏严密科学的论证，需要在中国革命史、中国共产党发展史的宏观背景下深入探讨其与其他革命精神相比较的突出特点。对大别山精神形成的文化渊源的研究刚刚破题，很不深入。大别山精神作为历史上的一种红色文化形态，并不是孤立的，更不是凭空产生的，与中华优秀传统文化、近代旧民主主义革命文化、马克思主义先进文化、新民主主义革命文化都有着千丝万缕的联系，需要进一步厘清其中的联系与区别，厘清其中的传承发展关系。对大别山精神历史地位和时代价值的研究，多数学者仅是就事论事，就大别山论大别山，立意不够高，视野不够开阔，仅把大别山精神研究当成特定历史时期的区域性文化现象，而不是将其作为中国革命、中国共产党发展、中华民族伟大复兴历史长河中的独特精神标识，这样研究的结果，与大别山精神在中国共产党精神谱系中所处的历史地位和产生的影响不相称。关于大别山精神时代价值的研究存在过分夸大、过于泛化、牵强附会的嫌疑，好像大别山精神无所不包、无所不能，这显然有悖于历史事实。因此，需要在更高层次上进行更加严密的逻辑论证，而不是简单地拿来主义，浮光掠影地展开研究和探讨。关于传承与弘扬大别山精神基本路径的研究比较活跃，专家学者提出了许多行之有效的措施和办法。特别是在党的建设的伟大工程中，在革命老区全面建成小康社会的伟大征程中，如何传承与弘扬大别山精神，让大别山精神通过助推经济社会发展，焕发出新的生机和活力，提出了许多真知灼见。但是，目前的研究成果中，重复论证较多，浅表层论述较多，同质化、碎片化倾向严重，系统性、关联性不够，可操作性不强。需要进一步加强调查研究，加强实证研究和多学科协作研究，提高研究质量。从研究广度上来看，学术界主要集中在大别山精神的科学内涵、时代价值、弘扬路径等几个关节点上，且重复性研究的倾向非常明显；而在大别山精神的思想渊源、历史演进、政治学蕴含、方法论基础，以及大别山精神的原生形态、次生形态与再生形态的比较等研究领域，目前还几乎无人问津。

四是大别山精神的研究方法比较单一。目前，学术界在大别山精神的研究方法上更多地停留在学理论证阶段，即先入为主地提出观点，然后以相关文献资料、口碑资料、历史事件、人物故事进行印证，最终得出结论。第一，缺乏系统性研究的方法。研究者仅根据自己占有资料的多少和关注的侧重点，各自提出观点，各种观点之间缺乏有机联系，抓住一点或几点，不及其余，主观随意性倾向明显，影响了研究成果的客观性、完整性和公正性。第二，缺乏实证性研究的方法。研究者过于依赖现成的档案文献资料和专题资料，满足于纯粹抽象的哲学思辨和逻辑推理，忽视深入细致的调查研究，忽略生动鲜活的口碑资料和田野调查资料，影响了研究成果的丰富性、可信性和实践性。第三，缺乏比较性研究的方法。研究者往往执着于大别山精神本体的研究，就事论事，而对大别山精神与其前后的其他革命精神，如红船精神、井冈山精神、长征精神、延安精神的联系与区别，进行比较性研究不够，仅有的几篇研究文章只是进行简单的类比，影响研究成果的独创性、科学性和权威性。

应该说，大别山精神研究作为人文社科领域的一个全新课题，在短短十几年的时间里形成了一定规模的研究者队伍，搭起了高规格的研究平台，取得了积极的研究成果，呈现出越来越好的发展势头。今后需要在整合资源、加强协作，沟通交流、深化研究、改进方法上狠下功夫，不断推出高质量研究成果，不断开拓大别山精神研究新境界，让大别山精神永放光芒。

七、大别山精神研究的基本遵循

近几年来，以习近平同志为核心的党中央高度重视中共党史和新中国史的学习、教育和宣传，高度重视包括大别山精神在内的红色精神的传承和弘扬。习近平总书记有着浓厚的大别山情结，十分关注大别山革命斗争历史的研究和宣传，关心大别山革命老区脱贫攻坚的步伐，关怀老区人民的生产和生活。2016年以来，习近平总书记先后视察大别山革命老区安徽金寨和河南信阳，考察主要发源于大别山区的中国工农红军西路军纪念馆，就大别山革命根据地的历史定位和弘扬大别山精神发表重要讲话，高屋建瓴，内涵深刻，指导性强，为我们深化大别山精神课题研究提供了最新视野和基本遵循，需要我们认真学习领会，掌握其精神实质。

一是铭记大别山区人民的贡献和历史功勋。2016年4月24日，习近平总书记首次踏上大别山的红土地，就来到位于大别山腹地的安徽省金寨县视察指导。他饱含深情地说，一寸山河一寸血，一抔热土一抔魂，回想过去的烽火岁月，金寨人民以大无畏的牺牲精神，为中国革命事业建立了彪炳史册的功勋。2019年8月20日，习近平总书记在考察甘肃期间，专程来到张掖市高台县，瞻仰中国工农红军西路军纪念碑、阵亡烈士公墓，参观西路军纪念馆。他说，他心里一直牵挂西路军历史和牺牲的将士，希望什么时候能够实地缅怀凭吊他们。众所周知，西路军的前身主要就是发源于大别山区的红四方面军。1936年10月，红军三大主力会师，结束长征，红四方面军一部两万多人改称西路军，西渡黄河执行西征计划，在极端艰难的情况下，用生命筑起顶天立地的精神丰碑。在深入了解西路军的历史后，习近平总书记强调，历史就是这么书写的：为有牺牲多壮志！他们作出的重大的不可替代、不可磨灭的贡献，永载史册。在这里，总书记不仅仅是对金寨人民历史功勋的肯定、对西路军历史贡献的肯定，更表达了对以金寨为代表的大别山老区人民、对主要发源于大别山区的人民军队的颂扬和崇敬。开展大别山精神研究，首先就要深入挖掘、整理、研究大别山区人民为中国革命事业胜利和新中国诞生作出的卓越贡献。

二是明确大别山革命根据地的历史定位。习近平总书记在视察安徽金寨期间，认真听取金寨作为中国革命重要策源地和人民军队重要发源地的历史介绍，听取以“坚贞忠诚、牺牲奉献、永跟党走”为精髓的“大别山精神”的提炼概括情况后，表示由衷赞许。新华社在做新闻报道的时候，正式以“中国革命重要策源地和人民军队重要发源地”，界定以金寨为代表的大别山区的历史定位。2019年9月16日，习近平总书记在考察河南期间，第二次踏上大别山的土地，来到土地革命战争时期鄂豫皖苏区首府新县视察指导，感触很深。18日下午，总书记在河南省委和省政府汇报会上特别指出，鄂豫皖苏区根据地是我们党的重要建党基地。应该说，大别山区“中国革命重要策源地”“人民军队重要发源地”“我们党的重要建党基地”的历史定位，为我们深化“大别山精神”研究指明了正确方向，开辟了新的境界。

三是提炼大别山精神的内在特质。习近平总书记在视察安徽金寨革命博物馆时，十分关注“大别山精神”特质的提炼概括情况，指示在场的省市县领导同志和党史专家一定要把大别山精神提炼好、概括好。在金寨县花石乡，习近平总书记与村民们一起座谈脱贫攻坚工作时特别强调，打好脱贫攻坚硬仗，必须继续发扬大别山精神，勇于牺牲、甘于奉献，千方百计地加快脱贫攻坚步伐，确保老区人民和全国人民一道迈入小康社会。在这里，大别山精神“勇于牺牲、甘于奉献”的特质被鲜明地提了出来。在甘肃西路军纪念馆，习近平总书记充分肯定了西路军的精神，说他们展现了我们党的革命精神、奋斗精神，体现了红军精神、长征精神。我们知道，西路军的精神就是红四方面军的精神，是大别山精神的延续。习近平总书记勉励在场的工作人员，要讲好党的故事、红军的故事、西路军的故事，把红色基因传承好。在这里，总书记提到了同样作为大别山精神特质的“革命精神、奋斗精神”。

四是发挥大别山精神的时代价值。2016年4月，习近平总书记考察安徽金寨时就谆谆告诫：革命传统教育要从娃娃抓起，既注重知识灌输，又加强情感培育，使红色基因渗进血液、浸入心扉，引导广大青少年树立正确的世界观、人生观、价值观。2019年9月，习近平总书记考察河南第一站就是鄂豫皖苏区首府烈士陵园，目的是在庆祝新中国成立70周年之际，缅怀革命先烈，告慰革命英灵。他说，要告诫全党同志不能忘记红色政权是怎么来的、新中国是怎么来的、今天的幸福生活是怎么来的，就是要宣示中国共产党将始终高举红色的旗帜，坚定走中国特色社会主义道路，把先辈们开创的事业不断推向前进。习近平总书记强调，要讲好党的故事、革命的故事、根据地的故事、英雄和烈士的故事，加强革命传统教育、爱国主义教育、青少年思想道德教育，把红色基因传承好，确保红色江山永不变色。焦裕禄精神、红旗渠精神、大别山精神等都是我们党的宝贵精神财富。开展主题教育，要让广大党员、干部在接受红色教育中守初心、担使命，把革命先烈为之奋斗、为之牺牲的伟大事业奋力推向前进。大别山精神是全国层面的革命精神，弘扬大别山精神是为了坚定理想信念，坚定道路自信，教育对象主要是党员干部和青少年，目的是为了传承红色基因，是为了推进党的建设伟大工程、推进民族复兴的伟大事业。习总书记关于大别山精神的重要讲话为我们深入开展大别山精神研究提供了新思路，增添了新动力。

八、大别山精神研究的基本思路和创新之处

本课题坚持以习近平新时代中国特色社会主义思想为指导，以习近平总书记有关大别山精神的重要讲话为基本遵循，坚持辩证唯物主义和历史唯物主义的根本原则，坚持实事求是、理论联系实际的科学方法，充分吸收借鉴大别山精神研究现有成果和方法，在广泛占有原始材料的基础上，全面、系统、深入开展大别山精神课题研究工作。

课题组全面梳理目前学术界关于大别山精神的各种文本表述，从内在特质和外在表现形态相结合的角度对其进行概括提炼。经过认真讨论，反复论证，博取众家之长，认为应将大别山精神作如下5

个方面的文本表述较为妥当："坚定信念、对党忠诚，一心为民、团结奋斗，胸怀全局、勇于担当，实事求是、守正创新，勇于牺牲、甘于奉献。"其中"坚定信念""一心为民""胸怀全局""实事求是""勇于牺牲"是大别山精神的内在特质，表现大别山人民崇高的思想境界和价值追求，是大别山精神之"神"；与之相对应的"对党忠诚""团结奋斗""勇于担当""守正创新""甘于奉献"则是大别山精神的外在表现形式，表现大别山人民高度的政治自觉和顽强战斗作风，是大别山精神之"形"。"形""神"兼备，构成了逻辑严密、系统完备、内涵丰满的精神体系。

本课题研究的基本思路是：紧紧围绕大别山精神的本体部分，分为9个篇章，以大别山革命斗争的生动史料，充分论证阐释大别山精神的形成背景、内涵特征、历史传承和时代价值。论从史出，史论结合，以论为主。具体说来，首先，通过阐述大别山革命斗争历史，论证大别山精神形成的历史背景、理论基础和实践基础；主体部分以大别山精神5个方面的内涵特征为主题和线索，从中国共产党重要建党基地、中国革命重要策源地、人民军队重要发源地的历史高度，深入挖掘大别山革命斗争的全局意义、重大影响，及其蕴含的最能体现大别山精神的典型人物和事件，深度剖析人物活动及事件发生发展背后的深层原因及精神密码，总结提炼历史规律和经验，彰显大别山精神是大别山革命斗争的结晶，是中国共产党宝贵精神财富，是党的精神谱系中的重要组成部分。其次，通过阐述大别山精神与近代以来中国革命精神的区别与联系，论证大别山精神的文化渊源、历史传承与发展。最后，紧密联系实际，通过论证大别山精神的历史地位和时代价值，阐述传承与弘扬大别山精神的重大意义。

本课题广泛学习借鉴目前学术界的研究成果和经验方法，力争克服研究中存在的不足和缺陷。就现有的研究格局看，与已经出版的研究专著相比，至少在以下几方面有所创新和突破：一是在内容的设计上，对大别山精神研究现状进行了系统梳理，总结了所取得的阶段性成果、存在的差距及深入研究大别山精神的基本遵循；对大别山区是中国共产党重要建党基地的历史地位进行了系统阐述，突出陈独秀、董必武、陈潭秋、恽代英、王步文、舒传贤、王明、蒋光慈等一大批党组织创始人在大别山区的建党活动及其对大别山精神形成的重大影响；对大别山精神的特点和独创性表现进行了重点阐述。鉴于中国革命精神本质上的一致性和体系上的一脉相承，学术界关注和研究共性的因素比较多、重复论证的比较多，本课题从“实事求是、守正创新”的角度，着重阐述大别山革命斗争的创新做法、独特贡献，比如制度建设、土地改革、游击战争实践等，及由此形成的大别山精神鲜明的个性特点，在此基础上，对大别山精神与同时期其他革命精神进行了比较研究。二是在史料的选择运用上，以典型性、权威性、精确性为标准，不分地域和时间界限，兼顾鄂豫皖三省所有区域和所有时间段。同时，以新的视角、新的观点，挖掘使用了不少新鲜史料。比如，增加了柯庆施在安徽建党的资料，增加了王明、蒋光慈在金寨传播马克思主义的史料，增加了徐向前、曾中生的军事贡献等；在探讨大别山精神的文化渊源上，首次使用了大别山区近代以来以武昌起义为代表的资产阶级民主革命运动的史料等。三是在研究方法上，适当运用数据分析法、图表统计法、比较分析法和田野调查法。比如，在探讨大别山区人民勇于牺牲、甘于奉献的精神上，多次对鄂豫皖苏区重点县在人力、物力、财力上的付出进行数理统计和大数据分析，以点带面，很有说服力；在展现英雄人物丰功伟绩和革命事件的发展过程上，借鉴田野调查法，吸收采用了不少生动鲜活的民间口碑资料，很有感染力。

第二章 大别山精神形成的历史背景

大别山地区，是指以鄂豫皖三省交界处的大别山为中心，以及大别山余脉向三省延伸的广阔区域。根据国务院2015年6月批复同意的《大别山革命老区振兴发展规划》，其地理范围包括：安徽省六安市（包括现属淮南市的寿县）、安庆市全境；河南省信阳市、驻马店市全境，南阳市的桐柏县、唐河县；湖北省黄冈市、随州市全境，孝感市的孝南区、安陆市、应城市、大悟县、孝昌县、云梦县，襄阳市的枣阳市，武汉市的黄陂区、新洲区。规划区域内共有61个县、市、区，总面积10.86万平方公里。

大别山风光秀丽，资源富饶，且历史悠久，文化底蕴厚实。几千年来，大别山人民辛勤开拓了这片沃土，在中华文明史上留下了璀璨的一页。但沉重的封建剥削带给大别山人民的却是无尽的苦难，尤其是近代以来，由于遭受帝国主义和封建势力的双重压迫，人民大众进行了一次又一次的反抗斗争。

鸦片战争以后，帝国主义逐渐将侵略的魔爪伸进大别山地区。在经济侵略上，帝国主义通过资本输出，大肆倾销商品、掠夺农副产品。随着汉口、芜湖沦为通商口岸，安庆、大通成为寄航港，外国商品源源不断地涌入，破坏了大别山区自给自足的自然经济，致使商业萧条、手工业倒闭、农业破产。在文化侵略上，帝国主义通过传教、办学校、开医院等方式进行奴化教育。19世纪70年代开始，传教活动在大别山区逐渐猖獗，不少县城建立教堂，县以下的部分集镇也设有分堂。霍山县从1876年开始，先后有32个英、法神甫前来活动。六安城从1884年起成了英、法传教士进行宗教活动的"总铎区"，下辖7个分堂，拥有教徒700多人。美国自1914年起在寿县城内建立了基督教堂，发展教徒2000多人。[①]外国侵略者还借传教之名，进行间谍活动，到城乡进行政治、经济、地理环境和风俗习惯等调查，绘制地图，拍摄照片。

帝国主义的侵略使清朝统治者更加残暴，对人民的剥削进一步加剧。地方统治者顺从清政府和西方列强的意旨，在政治上竭力扼杀人民的进步活动，镇压革命运动，对爱国人士动辄加以"有碍邦交"罪名从严惩办；在经济上，勾结外国侵略者盘剥人民，一些官僚借推销"洋货"，搜刮原料，成为官商；在文化教育上，推行"愚民政策"，勒令群众出卖土地、房屋，供帝国主义盖教堂、办学校、开医院，同时极力压缩教育经费，剥夺了劳动人民子弟的求学权利。随着越来越多的农民破产，土地越来越集中于少数大地主手里，大官僚李鸿章"从安徽芜湖到河南信阳方面，占有着不能测知的大片

---

① 参见中共六安地委党史工作委员会编:《皖西革命史》,安徽人民出版社1987年版,第6页。

土地”[1]，霍邱县李家圩子霸占的土地横跨豫皖2省4县20多万亩，其中在霍邱县就占地15.6万亩。地主阶级采取押板金、高额地租、劳役、雇工、高利贷等多种方式，对广大农民进行残酷的剥削，农民倾家荡产者甚多。

大别山人民富有斗争精神，自鸦片战争以来同外国侵略者和国内封建势力进行了不屈不挠的斗争。19世纪中叶，大别山人民积极参加和响应支持太平军、捻军作战，取得三河大捷、正阳关水上歼敌等一系列重大胜利。19世纪末20世纪初，先后爆发武穴教案、麻城教案、霍山教案等反洋教斗争，焚毁教堂，驱逐神甫，关闭教会学校。大别山区是辛亥革命发生的重要区域。辛亥革命前夕，各地纷纷建立进步社团，为推动革命进程起到了积极作用。在武昌起义的影响下，1911年10月17日，湖北省黄州府即告光复；11月15日，安徽寿县光复，组建淮上军，一举光复皖西、皖北21个县政权，成立了安徽军政府。

一、大别山区是中国共产党的重要建党基地

（一）马克思主义在大别山区的传播

五四运动前，为挽救民族危亡，全国出现了一批学习西方资产阶级文化思想的知识分子，大别山区的知识分子痛心于北洋军阀的黑暗统治，纷纷要求进步和改革。1904年，安庆人陈独秀创办《安徽俗话报》，宣传反帝反封建思想。1908年，六安人高语罕、朱蕴山主编《安徽通俗报》，宣传自由与革命。1915年9月，陈独秀在上海

---

① 章有义编:《中国近代农业史资料》第2辑(1912—1927),生活·读书·新知三联书店1957年版,第5页。

创办《青年》（后改为《新青年》）杂志，高举民主和科学的大旗，此后新文化运动席卷全国。1917年10月，恽代英在武汉创办互助社，以“群策群力、自助助人”为宗旨，鼓吹革命运动，宣传先进思想，是武汉地区成立最早、影响最大的进步团体。1918年秋，朱蕴山在六安筹办安徽省立第三甲种农业学校，传播新思想、新文化，并成立爱国剧社指导学生上街演出文明新戏，举办工人、职员、失学青年夜校。信阳的河南省立第三师范学校创设“第三师范贩卖部”，公开销售《新青年》《每周评论》等进步刊物，成为豫南地区传输新思想新文化的重要窗口。

五四运动后，以陈独秀、李大钊为代表的具有共产主义思想的知识分子，不遗余力地学习、宣传马克思主义。这一时期，大别山区各地学习和研究马克思主义的团体陆续出现，一些在外的青年学生不断将关于马克思主义和社会主义思潮的进步书刊传入家乡，使马克思主义在大别山区广泛传播。

在鄂东，1920年2月，恽代英、林育南等创办“利群书社”，经销进步书刊，成为武汉地区宣传马克思主义新思想的重要阵地。经过董必武等人的启迪，一大批进步学生到武汉、北京等地寻求革命知识，将新文化、新思想传播到自己的家乡。1920年3月，董必武与张国恩在武昌创办私立武汉中学，传播马克思主义，培养了一大批骨干。董必武还于1922年至1923年3次回到黄安，宣传革命道理，指导黄安青年协进会创办《黄安青年》，黄安县城知识界创办发行《黄安通俗旬刊》。

湖北第一师范学校成立革命团体——启人社，组织暑假宣传团，在黄安、麻城等地产生了很大影响。蕲春县进步青年成立新蕲春学会，创办《新蕲春》，深受民众欢迎。

在豫南，1920年8月，罗山青年学社正式成立，购进马克思主义经典著作和进步刊物供成员学习和研究，并创办《三日报》。1920年冬，恽代英和雷跻唐到信阳南部柳林高小师生中传播马克思主义，引导他们加入互助社。1921年秋，高擎宇在信阳陈家庙小学成立实现生活社，后创办《实现生活》。1922年，光山青年汪后之、汪慕壳回到家乡，成立光山学界同人研究会，研讨新思想和马克思主义。1922年至1923年，在武汉中学读书的商城籍学生袁汉铭、董汉儒发起组织商城学会，促进马克思主义的学习和新思想的传播。

在皖西，1920年初，六安三农进步教师朱蕴山和进步学生组建“中国革命小组”，学习研究马克思主义。朱蕴山在安庆创办《评议报》，评议安徽时政，宣传革命思想。霍山燕溪小学成立马克思主义学习小组，县劝学所和第一、第四高小把“马克思学说列宁小史编入正课”，县第一高小和女子高小还成立了新文化学社。1921年1月，高语罕编写的《白话书信》出版，这是安徽省最早系统传播马克思主义的课本。霍山县第二高小郑晋燕创办新衡书店，六安县胡苏明在城关开办进化书局，以经销书刊为掩护，秘密发行进步书刊。1924年，在武汉读书的陈绍禹（王明）寒假回乡，在金家寨组建豫皖青年学会，团结进步知识分子百余人。1922年，霍邱县白塔畈青年蒋光慈、叶家集青年韦素园赴俄国留学，韦素园回国后与同乡在鲁迅的指导下，在北京成立青年文艺社团——未名社。蒋光慈回国后著有《少年漂泊者》等著名革命文学作品，影响了胡耀邦、陶铸、习仲勋等老一辈革命家走上革命道路。

大别山区的进步知识分子和青年学生组织进步团体、创办进步书刊，学习研究马克思主义和中国革命的理论，探讨改造中国的革命道路，掀起了思想解放运动的热潮。一批初步接受共产主义思想的进步青年走出课堂，将革命理论和实践相结合，广泛宣传和组织群众，促进了革命运动的进一步发展。

（二）大别山区中共组织的建立

1921年7月，中国共产党第一次全国代表大会召开，宣告中国共产党的成立。大别山区是全国较早建立中共组织的地区之一。

1920年8月，在上海共产党早期组织发起和帮助下，董必武、陈潭秋等7人成立武汉共产党早期组织。1921年7月，董必武、陈潭秋参加了中共一大。1922年2月，陈潭秋利用武汉中学放寒假的机会，回到家乡陈策楼，先后介绍萧人鹄、胡寅亮加入中国共产党，后成立中共陈策楼小组，萧人鹄任负责人。1924年8月，在陈潭秋指导下，中共黄冈支部在陈策楼成立，陈学渭任书记。至1925年3月，中共黄冈支部发展为中共黄冈特别支部，隶属中共湖北地方组织，下辖陈策楼、杨鹰岭、礤子河3个支部。在鄂东其他地方，1924年8月，中共黄梅小组成立，1925年8月发展为中共黄梅特别支部。1923年底，黄安党组织在武汉中学成立，“开始是一个工作组”[①]，1924年初回到黄安开始建党活动。1924年前后，麻城学生蔡济煌等人成立麻城党的工作组，1925年夏建立中共麻城特别支部，王幼安任书记。1925年夏，罗田县李梯云在家乡滕家堡组织罗麻青年协进会，1926年8月秘密成立中共罗田支部，李梯云任书记。1924年，中共广济支部在武昌抚院街广济学社成立，书记为杨振国。1925年7月，中共广济梅川支部成立。1926年11月，中共蕲春特别支部成立，陈方任书记。1926年11月，中共蕲水支部成立，书记为胡铁生。至此，鄂东各地都有了党的组织。至1927年四五月间，鄂东有党员1356名，其中黄冈县有643名。

1922年开始，中共武汉组织即派党员来豫南地区活动，主要集

① 《董必武关于红安建党问题给红安县革命博物馆的复信》（1964年5月14日），原件存于红安县革命博物馆。

中在信阳铁路工人中。1925年4月下旬，信阳党团支部在信阳铁路扶轮学校成立，隶属中共北方区委领导，由刘少猷等5人组成支部委员会。6月至7月，信阳党团支部先后在信阳省立第三师范学校、柳林学校、信阳铁路扶轮学校建立了中共支部。7月，中共信阳地方执行委员会成立，刘少猷任书记。1925年6月，商城党团支部成立，袁汉铭任书记，初期属中共豫陕区委领导。1925年秋，商城党团支部改建为中共商城特别支部，后改由武汉党团组织、中共信阳地委领导。1925年秋，罗山县中共东峰庵支部成立，郑新民任书记。1925年，固始县中共志成学校小组改建为中共志成学校支部，詹谷堂任书记。

皖西是安徽最早建党的地区，全省最早的城市和农村党支部都出现在皖西。1921年10月，舒传贤在安庆开始组建社会主义青年团，负责青年团的工作。1923年春，陈独秀派柯庆施来安庆“做党团工作”。1923年冬，中共安庆支部正式成立，柯庆施任书记，党员有10人。1925年春，陈独秀派徐梦秋、薛卓汉到安庆恢复党组织，建立党的小组，至1926年1月成立中共安庆特别支部，有党员20多人，下辖省立第一师范、省立第一中学、法政专门学校3个党支部。1926年5月，中共安徽地方执行委员会在安庆正式成立。

1922年春，寿县曹蕴真、徐梦周、鲁平阶在上海由施存统介绍入党，组成“二、三同志的组织”①，即中共寿县小甸集小组。1923年，在上海大学读书的寿县学生薛卓汉、徐梦秋、胡永恭先后入党，于1923年冬回乡成立中共小甸集特别支部，直属中共中央，书记曹蕴真。此后，寿县境内还先后成立中共淮上中学补习社支部、瓦埠小学支部、寿县城关支部、窑口集特别支部、堰口集支部等多个党

①《寿县县委报告》(1929年5月9日)，见中央档案馆、安徽省档案馆编:《安徽革命历史文件汇集》第四册上(1928—1934)，1986年内部印行，第218页。

的组织。1925年冬，上海大学党组织派王绍虞回乡，在六安城关成立中共六安特别支部，直属中共中央，书记王绍虞。1926年3月，许继慎回乡帮助建立中共土门店小组，许希孟任组长。1926年2月，在上海东吴大学入党的樊逸仙回乡建党，于6月建立中共霍邱县乌龙庙特别支部，直属中共中央，下辖5个支部，有党员30人。1925年春，商城县笔架山农校成立党团小组，组长李梯云。1925年夏，中共商城南溪特别支部成立，书记詹谷堂。同时，商南的斑竹园、吴家店等地也成立了党的支部。

从中国共产党成立开始，大别山地区的党组织先后成立，成为中国共产党的重要建党基地。这一时期，党的干部较多，革命力量发展较快，对大别山革命斗争产生了深远影响。所以在整个新民主主义革命时期，大别山地区一直是党在全国的活动中心区域之一。

（三）中共组织领导下的大别山区农民运动

在国共合作和北伐战争胜利推进的形势下，大别山区的农民运动普遍兴起。中共组织十分重视对农民运动的领导，促进了大别山区农民运动的兴起。

1924年底，林育南回到黄冈创办平民教育社，在回龙山建立平民书报室，后又筹办了平民夜校和平民俱乐部。黄冈的华家大塆平民夜校有学员30多人，发挥了教育农民、提高觉悟、开展革命活动的作用。

1924年10月，黄梅县党组织派程鹤林在多云镇蒋家嘴建立农民研究会，后改为农民进德会，1925年发展会员600多人，通过农民夜校进行活动。1925年，黄安、麻城、黄冈等县纷纷建立秘密农民协会或农民革命组织。黄安党团特别支部秘密建立桃花、城区、高桥等区农民协会，至1926年4月发展成立14个村农民协会，有会员

1500多人。麻城县的党团员在乘马、顺河、城区等地建立10多个村农民协会。黄冈县的儒林桥、孙急嘴、杨鹰岭、回龙山等处也建立了农民协会。

1925年前后，农民自卫武装性质的枪会在豫南信阳、息县、罗山、光山等地广泛兴起。6月至7月，信阳党团组织在领导声援五卅运动中，派出青年学生、信阳铁路工会到农村宣传发动农民群众。7月，信阳省立第三师范的党团员分成3个农民运动小组，开展调查研究，启发农民阶级觉悟。8月，中共豫陕区委、信阳地委派人指导中共柳林支部组织乡村农民协会。8月至9月，豫南第一批农民协会在信阳县柳林、台子畈、平昌关、谭家河、当谷山、长台关等地建立。到10月下旬，柳林镇农民协会会员达千余人。1925年秋，中共商城特支开办平民夜校。1926年1月，商城南部的南溪和笔架山建立农民协会，发展农协会员100多人，至4月商南丁家埠、香炉寺、周氏祠、墩子堂等地相继成立农民协会。同时，罗山县西南部九里关、朱堂店、青山店等地也成立农民协会，南部山区还建立了区、乡农民协会。1924年秋至1926年春，光山县党组织也在各地开展农民宣传组织工作。

1925年冬，中共六安特别支部在城关涂家公馆建立民众师资训练所，培训农民运动骨干，后分赴城郊农村举办农民夜校，建立农民协会，其中清水河乡农民协会就有会员100多人。1926年，中共土门店小组在苏家埠、独山举办平民夜校，建立农民协会。共产党员桂伯炎、袁继安在金家寨、古碑冲、七邻湾举办农民夜校或识字班，从中发展农民协会会员。1926年9月，中共寿县城关支部成立瓦埠第五区农民协会，有会员200多人。1926年秋，霍邱县乌龙庙支部成立区农民协会，下辖6个支会，有会员500多人。1926年9月，皖西在广州第六届农讲所学习毕业的10多人，在合肥北乡组成安徽省农民运动委员会，并在寿县下塘集一带建立4个农民协会，发展农民武装。

随着北伐军的胜利进军，大别山区的农民运动由秘密转入公开，各地农民协会组织得到普遍发展。1927年5月，鄂东的黄安、黄冈、黄皮、孝感、蕲春、黄梅、广济7县正式成立县农民协会，麻城、蕲水成立县农民协会筹备会，罗田县成立多个区农民协会，10个县共建有区农民协会87个，乡农民协会1534个，农协会员76.45万余人。1927年春，豫南的信阳、商城、息县3县成立县农民协会，区乡农民协会遍及各县。商城南部的汤家汇、南溪、斑竹园一带农协会员发展到1万多人。

1927年3月上旬，在安徽省农民协会筹备委员会的指导下，太湖、青阳、桐城、巢湖、合肥等地相继成立县农民协会筹备处，霍邱县南部一带农民协会会员发展到1000多人，六安县苏家埠、独山、金家寨一带农协会员发展到3000多人。

农民协会自下而上建立之后，在各地党组织的领导下，带领广大农民打击反动势力，少数地方开始组建农民革命武装，直接同地主武装和军阀斗争。豫南地区党组织和信阳农民协会通过对枪会群众的宣传引导，于1926年6月编制信阳南部和北部两个农民自卫团，共1万人，公开拥护北伐战争。1927年春，“河南省农民自卫军总指挥部”成立，到5月间吸收信阳、罗山、潢川、商城、息县有数十万武装农民编入农民自卫军。1926年冬，吴焕先等人在黄安箭厂河利用旧红学，创办郑家边、曹门、詹家湾革命红学，在红学中建立党组织。黄安的七里、紫云和麻城的乘马、顺河等区，也相继建立农民自卫队、义勇队等武装组织。1927年4月，黄安县农民自卫军成立，将各区乡农民武装整编为农民自卫队，有长短枪100余支。中共麻城县委还将在保卫麻城战斗中成立的200余名农民敢死队整编为麻城农民自卫军，孝感、罗田、黄冈、黄梅等也都成立了农民自卫军。1926年9月，在国共两党联合领导下，霍山警备营和六安县麻埠等地的民军毅然起义。1926年11月，寿县、合肥地方民军组成安徽讨贼军第四路军，在吴山庙宣布武装起义，有力配合了北伐战争。

农民运动的普遍兴起，为开展国民革命创造了条件。在大革命中，以脱离生产的农民自卫军为骨干的农民武装，在中共地方组织和农民协会的领导下，一方面配合农民群众，解除反动民团，打击地主武装，维护农民群众的利益；另一方面保护工农群众为北伐军带路、送信、侦查、运输、担架救护，有的还参加了狙击溃兵的战斗，直接配合了北伐军的胜利进军。

二、大别山区是中国土地革命的重要发生地

（一）大别山区的武装起义和革命根据地的创建

1927年，随着蒋介石、汪精卫先后公开叛变革命，国共合作的大革命宣告失败。此后，在党的八七会议精神指引下，鄂豫皖三省党组织领导共产党员和人民群众举起土地革命和武装斗争的旗帜，克服“左”倾盲动错误的影响，开始将工作重点由城市转入农村，在大别山区先后举行了黄麻、商南（立夏节）、六霍、请水寨等著名武装起义，组建了中国工农红军第三十一、三十二、三十三、三十四师等红军主力部队，创建了鄂豫边、豫东南、皖西三块革命根据地。

1. 黄麻起义和鄂豫边革命根据地的创立

八七会议后，中共湖北省委拟定了秋收暴动计划。9月开始，黄

安、麻城北部的农民群众在黄麻党组织领导下，纷纷武装起义，史称“九月暴动”。后因国民党军镇压，农民起义暂时停顿。10月中旬，中共湖北省委根据黄麻两县报告，决定立即组织以黄麻地区为中心的农民武装起义，并派人赴黄麻地区组织秋收暴动。10月下旬，符向一、刘镇一、王志仁、吴光浩等先后到达黄安县七里坪，会同黄麻两县委召开会议，传达省委决定，宣布成立中共黄麻区特别委员会和鄂东革命委员会，符向一任特委书记，刘镇一任革命委员会负责人。11月3日，黄麻特委决定两县联合起义，武装夺取黄安县城，建立革命政权和革命军队，实行土地革命。11月11日，因桂系进占武汉，驻黄麻地区的魏益三部被调走，黄麻一带暂无国民党正规军驻守。黄麻特委在七里坪文昌宫召开会议，决定立即举行起义，夺取黄安县城，并成立黄麻暴动行动指挥部，潘忠汝为总指挥，吴光浩为副总指挥。

11月13日晚10时，黄麻特委和行动指挥部领导农民起义军3万人向黄安县城进发。14日凌晨4时，起义队伍将黄安县城围得水泄不通，守城的黄安警备队60余人吓得四门紧闭。突击队员爬上云梯，登城成功，打开城门。经过紧张的战斗，起义军全歼敌警备队，活捉国民党县长贺守忠等贪官污吏、土豪劣绅数十人，黄麻起义宣告胜利。

14日下午4时，国民党军反攻黄安县城，黄麻特委决定将起义队伍撤回七里坪。15日，黄安农民政府筹备处成立，筹建县政权。16日，起义军再次向黄安县城开进，组织宣传队沿途张贴标语和布告，宣传成立农民政府、暴动夺取政权、打倒土豪劣绅、打倒武汉政府、实行土地革命等。11月18日，黄安县农民政府成立，曹学楷当选为主席。此后，黄麻特委将参加暴动的农民自卫军改编为中国工农革命军鄂东军，黄安自卫军为第一路，麻城自卫军为第二路，全军300余人。同时，群众武装的整顿和指挥机构建设随之进行。黄安、麻城两县的义勇军4万人，以区为单位，分别成立黄安七里、紫云、城区和麻城乘马、顺河等区指挥部，初步形成以自卫队和义勇军为基础，以鄂东军为骨干，革命军队和群众武装相结合的工农武装体系。黄麻起义的胜利，为中国共产党在鄂东、鄂豫皖边区创立了第一支革命武装和第一个革命政权，标志着鄂豫皖边区土地革命的开始。

为保卫起义胜利成果，鄂东军和黄麻人民同强敌开展了顽强的斗争。12月5日，国民党第十二军教导师闻清霖部奔袭黄安，鄂东军据城固守，黄安终陷敌手。8日，敌人占据麻城，侵入七里、紫云、乘马、顺河等地。12月下旬，鄂东党组织和鄂东军负责人吴光浩、戴克敏等人在黄安北木城寨举行会议，决定深入农村、发动群众。鄂东军在紫云区闵家祠集合72人，突破敌人封锁，于12月29日抵达木兰山。1928年1月1日，鄂东军改编为工农革命军第七军，吴光浩任军长，戴克敏任党代表，汪奠川任参谋长，全军3个队，每队20余人。同时，组建以吴光浩、戴克敏、曹学楷、戴季英、汪奠川5人为核心的新的中共黄麻特委，率领第七军以木兰山地区为中心开展游击活动。

1928年5月间，黄麻特委和第七军决定在河南光山南部柴山保地区开展工作，实行武装割据。7月，黄麻特委和第七军在尹家嘴召开会议，对革命武装、党的建设、政权建设和土地革命等问题进行讨论，决定将第七军改组为中国工农红军第十一军三十一师，吴光浩任军长兼师长，戴克敏任党代表，曹学楷任参谋长。全师120余人，分为4个大队。到1928年底，以柴山保为中心的鄂豫边工农武装割据区域不断扩大，黄安县七里、紫云和麻城县乘马、顺河等大部分区域重新为革命势力所控制，柴山保以西的观音保等地也成为红色区域，罗山南部的宣化店和孝感北部的汪洋店一带革命斗争也得到发展。

1928年10月，湖北省委决定由红三十一师和黄安、麻城、光山等县地方党组织的负责人重新组成新的中共鄂东特委，王秀松任书记，特委机关设在柴山保，隶属湖北省委领导。1929年4月，中共鄂东北特委成立，徐朋人任特委书记，辖黄安、麻城等8个县的工作，红三十一师已发展到400多人。5月30日，黄安、麻城、黄陂、孝感及红三十一师党委第二次联席会议召开，总结了一年来边界斗争的经验，适时解决了许多组织问题和政策问题，对红军和革命根据地的建设起到了重大作用。这次会议之后，鄂东北地区的工农武装割据区域北起柴山保，南到黄安的八里、桃花一带，东至麻城黄土岗附近，西达孝感的汪洋店，南北宽约40公里，东西长约70公里，鄂豫边革命根据地初步形成。

2. 商南起义和豫东南革命根据地的创立

大革命失败以后，豫东南地区的革命力量受到严重摧残。1927年9月，中共河南省委根据八七会议精神，制定全省武装起义计划。此后，在豫东南地区先后设立中共豫南特委、南五县特委和豫东南特委，领导发动了确山刘店、信阳四望山、潢川大荒坡农民起义，并在四望山进行工农武装割据的尝试，为武装起义积累了经验。

为推动整个大别山区的工农武装割据，中共鄂东特委派徐子清、徐其虚、卢玉成等人到河南商城帮助工作。1929年3月13日，中共鄂东特委、红三十一师党委和中共豫东南特委在光山南竹园召开联席会议，讨论鄂东和豫东南武装斗争互相配合及商南武装起义等问题，决定把商南党组织暂时划归鄂东特委领导。鄂东特委将商城南部、罗田北部和麻城东部划为特别区，成立中共商罗麻边界特别区委员会，徐子清任书记，李梯云、徐其虚、周维炯、肖方等为委员。

由于商城反动政府加紧“清乡”，大肆捕杀共产党员，5月2日，商罗麻特委在太平山穿石庙召开紧急会议，决定把原定中秋节起义的时间提前到立夏节举行，成立起义指挥部，推举徐子清、肖方为总指挥，周维炯负责军事，廖秉国负责联络。

经过周密部署，5月6日立夏节当晚，商南起义如期举行，丁家埠、斑竹园、吴家店等10多个暴动点同时行动，一举成功。5月9日，起义队伍会师斑竹园，成立了中国工农红军第十一军三十二师，师长为周维炯，副师长为漆德玮，党代表为徐子清，师党委书记兼参谋长为徐其虚，政治部主任为李梯云，全师200余人。5月10日，党和红军领导人在斑竹园文昌宫召开会议，决定在南溪黄鹤湾设立商城县临时办事处，徐其虚、詹谷堂分任办事处主任、副主任。此后，红三十二师在赤卫队和群众支援下，打退了国民党军多次进攻。到1929年8月，红三十二师发展到300多人，初步建立了以南溪、斑竹园、吴家店为中心，南北100多里、东西六七十里的豫东南革命根据地。

3. 六霍起义、请水寨起义和皖西革命根据地的创立

大革命失败以后，皖西党组织从发动群众入手，把工作重心转移到敌人统治力量薄弱的农村，贯彻中共安徽省临委关于武装起义的部署，大力发展农民运动，进而领导农民群众从经济斗争、政治斗争走向武装斗争。1929年5月，六安、霍山境内先后爆发了诸佛庵民团、南庄畈六保联络自卫团起义和武陟山、流波礓农民武装起义，揭开了皖西地区武装斗争的序幕。10月，中共六安中心县委在郝家集正式成立，舒传贤任书记。六安中心县委辖六安、霍山、霍邱、寿县、英山、合肥6县党组织，实现了党对皖西革命力量的统一领导，为开展武装暴动做好了准备。11月7日晚，六安三区二乡农协会秘书被捕，会员花名册被搜去，成为武装起义的导火索。六

安中心县委常委周狷之、委员吴干才和三区区委负责同志连夜赶到独山，在第四高等小学召开紧急会议，决定提前暴动。

11月8日拂晓，独山周围15个乡近万农民涌向独山，将驻独山的民团紧紧围住。敌民团逃走后，起义队伍占领独山，起义取得成功。六安中心县委于9日发出紧急通知，要求六安各区和附近各县立即举行武装起义，独山附近两河口、龙门冲、郝家集等地纷纷举行武装起义。独山起义成功后，中心县委成立六安三区工农革命委员会及军事指挥部，将起义队伍编为72人的六安三区游击队，并从农协会员中挑出一批骨干组成赤卫队。11月16日，六安中心县委委员桂伯炎、袁继安领导六安六区农民起义和六区农民协会，将六区游击队扩建为六区游击大队。11月19日，舒传贤和霍山县委书记喻石泉领导西镇农民起义，在红三十二师支援下打掉驻闻家店的西镇自卫团，在漫水河、燕子河分别成立霍山五区、六区苏维埃政府。西镇起义胜利后，在漫水河成立西镇革命委员会，成立军事指挥部，起义队伍编为360人的西镇游击队。随后，六安中心县委还领导了桃源河农民起义，使独山、西镇两块红色区域连成一片。六安三区游击队策应徐家集、江家店民团起义，成立六安四区革命委员会和四区游击大队。同时，霍邱县委领导了白塔畈、尧冲农民起义，组建霍邱一区、二区游击（大）队，成立一区、二区苏维埃政府。

1930年1月，六安中心县委召开第十次常委会，决定把中心县委直接掌握的武装（六安各区游击队）和西镇游击队分别编为安徽红军游击队第一、二纵队。1月20日，中心县委把两支游击纵队集结于流波　，与六安六区游击大队会合，组建为中国工农红军第十一军三十三师，师长为徐百川，政治部主任为张建民（后为姜镜堂），全师200多人。3月21日至25日，六安中心县委在七邻湾召开所辖六县和红三十三师党的联席会议，切合实际地提出了党在皖西革命斗争新形势下的各项具体任务，促进了以六霍为中心的皖西革命根据地的形成。此后，皖西各地以红军游击战争和农民武装起义相结合的工农武装割据斗争形成燎原之势，红色区域随之迅速扩大。农民武装起义首先席卷霍山全境，各地相继举行武装起义，建立区乡苏维埃政府。同时，英山的金家铺、六安县南部毛坦厂等地，霍邱县河口集一带，舒城县的晓天、张母桥地区，也相继爆发了农民武装起义。4月6日，红三十三师一部前往英山，同中共英山县委开辟了一块纵70里、横50里的苏区，建立英霍边区苏维埃政府。4月12日，红军第二次解放霍山县城，正式成立霍山县苏维埃政府，这是安徽省第一个县级苏维埃政权，霍山因此成为安徽省红色区域的中心。5月，六安县革命委员会正式成立。中心县委在领导发动起义过程中，还对皖西地方土匪势力采取正确的争取策略，一度将土匪权广义部收编为工农革命军第三十五师，后因国民党军强攻，第三十五师建制取消，但仍有一些人加入红军。

在六霍起义的影响下，中共安庆中心县委及潜山县委发动了请水寨起义，建立了工农革命武装和政权，所开辟的红色区域成为皖西革命根据地的组成部分。1930年1月31日，中共衙前中心区委书记王效亭召开紧急会议，决定提前举行武装起义。2月4日，王效亭等人在请水寨召开群众大会，宣布举行武装起义。起义武装组建为工农革命军潜山独立师，王效亭任师长，陈履谦任党代表，严宽任参谋长，下辖3个大队，100余人。潜山独立师在革命群众配合下，开辟了以天堂为中心的红色区域。3月6日，国民党军进攻天堂区域，潜山独立师转移到霍山闻家店一带，改称为潜山工农革命军，配合红三十三师战斗。4月下旬，在红三十二师和红三十三师一部配合下，潜山工农革命军打回潜山，收复衙前镇，再克水吼岭，重建天堂革命根据地，使其与六霍红色区域连成一片。潜山工农革命军改编为工农革命军第三十四师，王效亭任师长，陈履谦任政委，凌霄任副师长兼参谋长，全师200余人。5月3日，潜山县革命委员会在衙前镇宣告成立。

到1930年4月下旬，皖西红色区域发展到了东抵淠河，西接商南，南至金家铺、水吼岭，北起徐家集、丁家集的广阔区域，初步形成了南北200余里、东西100余里、人口40余万的皖西革命根据地。1927—1932年大别山区的武装起义见表2-1。

表2-1 1927—1932年大别山区的武装起义一览表

序号	名称	时间	发生地	中共领导组织	主要领导人	起义主要成果
1	确山起义	1927.4、	确山县城	驻马店特支	张家铎、张耀昶、马尚德	建立确山临时维护治安委员会
2	黄梅秋收起义	1927.9	黄梅、广济	黄梅县委	吴致民、张获伯	初步打开黄梅北区、黄广交界地区斗争局面
3	鄂北秋收起义	1927.10	枣阳、襄阳、随县	鄂北特委	程克绳	成立竹林区、青苔区、吴山镇革命委员会，建立工农革命军鄂北总队
4	安北起义	1927.10	安陆县北部	京汉路区特委、安陆县接官厅区委	盛辅卿	打击了当地地主、团防反动势力
5	刘店起义	1927.11	确山县刘店镇	驻马店办事处	李鸣歧、马尚德	组成确山县革命委员会和确山农民革命军

续 表

序号	名称	时间	发生地	中共领导组织	主要领导人	起义主要成果
6	黄麻起义	1927.11	黄安、麻城	湖北省委、黄麻特委	潘忠汝、吴光浩、戴克敏	大别山区首次大规模农民武装起义，成立黄安县农民政府和工农革命军鄂东军（后改编为工农革命军第七军、红十一军三十一师）
7	四望山起义	1927.11	信阳县四望山	豫南特委、四望山特支	龚逸情、王伯鲁、张志刚	建立临时工农革命政权——豫南革命委员会，组建豫南工农革命军
8	云梦四维起义	1927.12	云梦县南乡	云梦南区区委	金秉衡、徐文汉	消灭反动警察
9	回龙山起义	1927.12	黄冈县回龙山	黄冈县委	罗四维、陈卫东	击溃民团
10	应山年关起义	1928.1	应山、安陆、孝感边界	应山县委	冯树功、万平治	转入3县边界地区继续斗争
11	大荒坡起义	1928.3	固始、潢川、商城3县交界	河南省南五县特委、潢川县委	汪后之、范易、龚逸情	特委书记汪后之等30余人被捕牺牲
12	阜阳起义	1928.4	阜阳城关	皖北特委	魏野畴	驻阜阳第四十七军教导团和农民赤卫队举行起义，成立皖北苏维埃政府和皖北工农红军

续 表

序号	名称	时间	发生地	中共领导组织	主要领导人	起义主要成果
13	刘宋营起义	1928.4	南阳县刘宋营	南阳特委	刘福僧	袭击烟税局、乡公所
14	南新起义	1928.7	孝感县南新地区	孝感县委	卫祖圣	击溃国民党地方部队及民团武装
15	水屯起义	1928.7	确山、汝南边境	汝南县委	周邦彩、张玉衡	进攻水屯镇
16	汪洋店起义	1929.2	孝感县汪洋店（今属大悟）	鄂东特委、汪洋店区委	徐宝珊、张书田	在汪洋店建立了农民协会和赤卫队
17	夏区年关起义	1929.2	大悟县夏店	黄陂县委	徐海东、丁彩光	成立农民自卫军，后加入第七军
18	静山庙起义	1929.3	黄陂县塔耳岗	黄陂县委	陈金台	在红三十一师支持下建立了8个乡苏维埃政府
19	商南起义	1929.5	商城南部（今属金寨）	商罗麻特区委	徐子清、肖方、周维炯	成立红三十二师，开辟了豫东南革命根据地
20	武陟山农民起义	1927.5	六安县武陟山	六安县委	姚宗海	在六安四区开辟了约3万人口的赤区
21	六保联络自卫团起义	1929.5	六安县金家寨（今属金寨）	六安县委	桂伯炎、袁继安	起义部队一部分编入红三十二师，一部分组建六安六区游击队，成立六安六区革命委员会

续　表

序号	名称	时间	发生地	中共领导组织	主要领导人	起义主要成果
22	流波𬒗起义	1929.5	六安县流波𬒗（今属金寨）	六安县委	吴江、黄安仁	成立了乡农会和流波𬒗游击队
23	诸佛庵民团起义	1929.5	霍山县诸佛庵	霍山县委	刘淠西、朱体仁	起义部队编为霍山县游击大队
24	白沙关起义	1929.7	光山南部白沙关（今属新县）	光山县委	曹学楷、吴焕先	成立区苏维埃政府和农民赤卫队，使鄂豫边革命根据地向北扩展了10余公里
25	罗南起义	1929.8	罗山县南部宣化店（今属大悟）	罗南工委	郑新民	建立罗南革命委员会和军事指挥部，与以柴山保为中心的鄂豫边根据地连成一片，使鄂豫边根据地向西扩大数十里
26	包家河起义	1929.9	霍山县包家河（今属岳西）	霍山县委	王仕斌、汪洋	成立区农民协会和赤卫大队，赤卫队后编入红三十二师
27	杨山起义	1929.10	商城杨山煤矿（今属固始）	商城县委	张泽礼	成立杨山煤矿总工会，开辟以杨山为中心纵横数十里的红色区域，促进了豫东南革命根据地形成

续 表

序号	名称	时间	发生地	中共领导组织	主要领导人	起义主要成果
28	广济起义	1929.10	广济县	黄梅中心县委、广济县委	潘丹桂	攻占广济县城，成立县游击大队，后黄梅、广济赤色区域成为了湘鄂赣、鄂豫皖苏区的组成部分
29	六霍起义	1929.11	六安县独山、古碑、徐集、江店，霍山县西镇、桃源河等地	六安中心县委	舒传贤、周狷之、喻石泉等	成立红三十三师，开辟了皖西革命根据地，成为鄂豫皖革命根据地的重要组成部分
30	冷家塆起义	1929.12	应山县（今广水市）冷家塆	鄂东北特委、应山县委	王平章、张振威、刘特森	攻克多个团防据点
31	白塔畈起义	1929.12	霍邱县白塔畈（今属金寨）	霍邱县委	潘荣初	组建百余人枪的红军游击队，成立了霍邱一区苏维埃政府
32	小河年关起义	1930.1	孝感县小河	孝感县委	卫祖圣、方思法	成立孝感县和3个区革命委员会及县赤卫军，后成立县苏维埃政府和红色补充军第7师

续　表

序号	名称	时间	发生地	中共领导组织	主要领导人	起义主要成果
33	请水寨起义	1930.2	潜山县天堂地区（今属岳西）	潜山县委	王效亭、刘中一、吴介	成立工农红军潜山独立师，开辟以天堂为中心的革命根据地，成为鄂豫皖革命根据地的东南屏障
34	霍邱南乡起义	1930.2	霍邱县南乡一带	霍邱县委	杜红光	建立霍邱四区苏维埃政府和游击大队，为皖西革命根据地的初创作出了贡献
35	霍山南乡起义	1930.4	霍山头陀河黄尾河（今属岳西）	霍山南乡区委	蔡世钊、胡祥仁	成立霍山四区苏维埃政府和赤卫军总指挥部，使六霍苏区和潜山苏区连成一片
36	霍山东北乡起义	1930.4	霍山县下符桥、但家庙	六安中心县委、霍山县委	舒传贤	成立霍山县第一区苏维埃政府，后在城关成立霍山县苏维埃政府
37	殷区起义	1930.4	光山县殷区	光山县委	熊少山	成立殷区苏维埃政府
38	大石岭起义	1930.4	太湖、宿松、望江3县交界	太湖县委	甘信元	成立太望赤卫队
39	南山起义	1930.4	六安县毛坦厂等地	六安中心县委	吴伯孚、吴善章	建立六安二区苏维埃政府，使皖西苏区向东南扩展到六安、舒城边界

续 表

序号	名称	时间	发生地	中共领导组织	主要领导人	起义主要成果
40	株林河起义	1930.4	蕲春县株林河	蕲春县委	张觉仁、张天佑	组建蕲春县游击大队
41	高河埠起义	1930.4	怀宁县高河埠	怀宁中心县委	操球	起义队伍后编为红三十四师第三团
42	黄柏起义	1930.5	潜山县黄柏地区	潜山县黄柏区委	金在荣、金汉青	起义队伍后随红军转移到霍山参加红三十四师
43	梅寨起义	1930.5	潜山县石河地区	潜山县石河区委	梅竹松、梅魁北、李凤吾	起义队伍后参加红三十四师
44	黄梅立夏节起义	1930.5	黄梅县	黄梅县委	何介仁、柳步月	歼灭一天门团防，队伍被编入红八军第四纵队
45	襄枣宜起义	1930年5—6月	枣阳、襄阳、宜城等县	鄂北特委	袁恕堂、张履中	成立中国工农红军第九军二十六师，开辟了襄枣宜苏区
46	欧家岭起义	1930.6	桐城舒城边境	桐城县委	陈雪吾	成立红军皖中独立团和桐舒庐边区苏维埃政府
47	蕲北起义	1930.6	蕲春县田家桥、何家铺	蕲春詹家山支部	詹文卿、何寿堂	后组建了蕲北第八游击大队，编入红军独立第一师五团，开辟了蕲北苏区
48	白狗庙起义	1930.7	确山、信阳、正阳边境	京汉特委、信北区委	金克清、朱群	起义队伍后加入红一军

续 表

序号	名称	时间	发生地	中共领导组织	主要领导人	起义主要成果
49	桐柏起义	1930.7	桐柏县城	南阳中心县委	刘福僧	起义队伍编为中国工农红军第二十五师第一大队
50	鲁祺山起义	1930.7	桐城鲁祺山	桐城鲁祺区委	吴克正、王定华	赤卫队一个连起义
51	蕲中起义	1930.9	蕲春中部	蕲春县委	张觉仁、胡维庆	组成第九游击大队,蕲中苏区形成
52	宿松起义	1930.9	宿松县城	鄂东特委、蕲黄广中心县委、宿松县委	王新儒、祝汝昌	攻占宿松县城,起义队伍部分编入红军独立第三师九团
53	六安起义	1931.2	六安城关	国民党军第四十六师中党组织	魏孟贤、李继武、蔡凤玉	起义部队编入红军中央教导第二师
54	瓦埠起义	1931.3	寿县瓦埠区	皖北中心县委	曹鼎、方和平	成立皖北红军游击大队
55	河西起义	1931.5	六安县河西地区	皖西分特临委、六霍前方办事处	毛正初	成立了六安八区、九区苏维埃政府,使六安淠河以西全部成为苏区
56	有牛岗起义	1932.4	六安、舒城边界	六霍县委	汪孝芝	成立六霍二区苏维埃政府和六霍游击大队,后发展为六霍县苏维埃政府和六霍独立营,编入红军第二十五军七十四师

（二）鄂豫皖革命根据地的形成和发展

鄂豫皖边区的党组织从发动武装起义到开展游击战争、从流动游击到固定区域割据、从多块根据地到最后统一为整块根据地的过程中，逐步认识和成功实行了武装斗争、土地革命、根据地建设三者紧密结合的工农武装割据。

1.鄂豫皖革命根据地的形成

各地武装起义爆发之后，鄂豫皖三省党组织对边界地区工农武装割据的探索进入了新阶段。鄂豫边和豫东南根据地初步形成之后，鄂东北特委和信阳中心县委以根据地为依托，经受住了三次反“会剿”斗争的严峻考验，边界地区工农武装割据不断巩固和扩大。在此期间，光山、罗山南部的革命群众先后举行了白沙关、卡房、桂店、宣化店起义，使鄂豫边革命根据地由光山南部向西扩展到罗山宣化店一带，红三十一师也由400余人发展到700余人。外线作战的红三十二师与红三十一师在光山、麻城边界首次会师，调动入侵商南的国民党军队回援，红三十二师趁机回师商南收复失地，开辟新区。1929年10月初，商城县工农革命委员会在南溪成立，红三十二师由300余人发展到500余人。此后，红三十二师东进皖西，支援了六霍起义和皖西根据地的创建。

根据中共中央关于将湖北省黄安、麻城、黄陂、罗田、黄冈和河南省商城、光山、罗山8个县划为鄂豫边特区，将鄂东北特委改组为鄂豫边特委的决定，1929年11月20日至12月2日，鄂豫边第一次党代表大会在光山县胡子石召开，选举产生了以徐朋人为书记的中共鄂豫边特委。12月27日至29日，鄂豫边区第一次工农兵代表大会在光山南细吴家召开，选举产生了鄂豫边革命委员会，曹学楷为主席。这两次大会产生了鄂豫边地区党和革命政权的统一领导机构，对实行大别山区工农武装割据的条件和发展前途有了更加明确的认识，有力地推动了鄂豫边革命根据地在武装斗争、政权建设、土地革命三者结合的正确道路上迅速发展壮大。

1930年2月25日，中共中央发出给湖北省委、河南省委、六安中心县委的指示信，决定将湖北的黄安、麻城、黄陂、孝感、罗田、应山（后又增加黄冈、安陆），河南的商城、光山、固始、潢川（后增加罗山），安徽的六安、霍山、英山、霍邱、寿县、颍上、合肥等县，划为鄂豫皖边特别区，建立中共鄂豫皖边特委，统一领导边区的革命斗争。3月17日，中共中央发出给湖北省委的指示信，决定成立鄂豫皖边特委，郭述申任书记。3月18日，中共中央发出给鄂豫皖边特委并转红三十一、三十二、三十三师的指示信，决定将3个师合编为中国工农红军第一军。3月20日，鄂豫皖边区第一次党的代表大会在黄安县箭厂河召开。中共中央巡视员曹大骏主持大会，宣布成立中共鄂豫皖边特别委员会，委员25人，郭述申任书记。根据中央指示，中共鄂豫皖边特委由湖北省委指挥，与河南省委发生横的关系，统一领导鄂豫皖边区的革命斗争，直接指导鄂东北、豫东南各县党组织的工作，同时保留六安中心县委继续指导皖西各县党组织的工作。至此，鄂豫皖边区基本实现了党对革命根据地的集中统一领导。

4月10日，郭述申在黄安箭厂河主持召开鄂豫皖边特委和红军领导干部会议，宣布成立红一军前敌委员会，曹大骏任书记，讨论通过红军改编的决议。会后，组成红一军军部，许继慎任军长，曹大骏任政治委员，徐向前任副军长，熊受暄任政治部主任。红三十一师改编为红一军第一师，徐向前兼师长，戴克敏任政委，下辖5个大队，800多人。

4月中旬，许继慎、曹大骏率红一军军部前往商南、皖西继续进行红军改编。5月中旬，红三十二师与军部会合，在南溪改编为红一军第二师，漆德玮任师长，王培吾任政治委员，下辖4个团，600多人。另以红三十二师一部和当地游击队300多人，组成红一军独立旅，廖业祺任旅长，留守豫东南根据地。5月23日，红一军前委在霍山县流波礅召开六安中心县委和红一军第二师、红三十三师师委联席会议，决定以第二师一部与红三十三师合编为红一军第三师，周维炯任师长，姜镜堂任政治委员，肖方任副师长，共2个团、300多人。至此，鄂豫皖边区的三支红军完成统一整编，全军辖3个师、1个独立旅，共2100余人，直属中央军委指挥。

6月下旬，鄂豫皖边区第一次工农兵代表大会在光山县王大湾召开，选举产生了鄂豫皖边区苏维埃政府，甘元景为主席。中共鄂豫皖边特委、红一军、鄂豫皖边区苏维埃政府的相继成立，标志着以大别山为中心的鄂豫皖革命根据地正式形成，使鄂豫皖三省党组织在大别山区进行工农武装割据的夙愿成为现实。从党的领导上看，将鄂豫皖边区的武装斗争、土地革命和根据地建设置于党的统一领导之下；从根据地发展来看，分散在大别山周边的三块根据地形成了一个有机整体，其战略地位得到充分利用；从红军发展来看，红一军统一指挥了大别山区分散的三支红军队伍，有利于提高红军的整体作战能力和正规化建设，便于集中兵力大规模歼敌，成为巩固和发展鄂豫皖革命根据地的支柱力量。从此，鄂豫皖边区的革命斗争进入了新的发展阶段。

1930年6月，活跃于鄂东南地区蕲黄广区域的鄂东游击大队同红五军第五纵队留守人员统编为红八军第四纵队。7月下旬，赣西北部分游击队改编为红八军第五纵队。9月11日，红八军第四、五纵队北上英山，与皖西中央独立第一师第五团及英山游击队会合，收复英山县城。但此时皖西根据地遭敌围攻，第四、五纵队返回黄梅。10

月16日，红八军第四、五纵队改编为中国工农红军第十五军，军长蔡申熙，政治委员陈奇，全军2000余人。11月中旬，红十五军经英山、罗田北上，到达商城县南部。12月初，红十五军西进到达黄麻，与中共鄂豫皖临时特委会合。根据中央决定，红十五军与红一军合编为红四军，蕲黄广等县也成为鄂豫皖革命根据地的重要组成部分。

2.鄂豫皖革命根据地的发展

鄂豫皖根据地形成以后，红一军实施进攻作战，使根据地得到巩固并向外扩展。1930年6月中旬至7月下旬，红一军第一师在徐向前指挥下，出击平汉线，开展机动灵活的游击战争，三战三捷，三次扩编。6月11日，红军第一师夜袭鄂北广水镇杨家寨车站，随后进行第一次扩编，由800余人发展到1200余人。6月29日，红军第一师在孝感游击队配合下，消灭进驻杨平口以南的郑家店之敌，歼敌千余人，缴获枪支800余支，后在黄安西北黄柴畈进行第二次扩编，由3个支队改为2个团、1500余人。7月29日，第一师突袭孝感县花园镇，歼敌1个团，后在孝感小河溪进行第三次扩编，发展到3000余人。红一军第二师、第三师在许继慎和曹大骏率领下，于6月中旬出击皖西，先后收复流波𬒈、麻埠、独山、两河口等地，第三次攻克霍山县城，歼敌武装千余人，7月13日在英山金家铺歼敌一个旅1000余人，占领英山县城。红一军东进皖西期间共歼敌3000多人，第二师发展到1200余人，第三师发展到600余人。8月22日，第一师在黄安四姑墩与敌激战，军部率第二、三师赶到，歼敌1个团、溃敌1个团，实现了三个师会合后的第一次胜利。从6月至8月，红一军东西两线进攻作战，取得了一系列战斗重大胜利，并由2100余人发展到5000余人，根据地也进一步扩大。

正当革命根据地顺利发展之际，李立三“左”倾冒险错误传达到了鄂豫皖边区，给鄂豫皖根据地带来了严重损失。中央军委长江办事处和中共长江总行动委员会要求鄂豫皖边区的党和红军“迅速发动武汉周围的地方起义”，切断平汉路，以进逼武汉，并准备联合红二军和红六军进攻武汉，红一军要在“八一”前扩大到3万人。1930年8月下旬，红一军前委集中兵力出击平汉铁路，在广水、信阳作战中未能实现截断平汉线的任务，转而攻占光山、罗山。红军远离根据地，遭受不小伤亡，也给各根据地造成了严重损失。在黄安，各种反动武装侵入红色区域，苏维埃政权大部分塌台。鄂豫边许多区域几十里没有人烟，房屋和村落被敌人完全破坏。皖西苏区遭到的破坏尤为严重，六安中心县委领导六霍赤卫师、中央独立一师和广大群众奋勇抗争，苦战月余，被迫于9月上旬转移商南；英山的独立一师第五团在强敌围攻下退向蕲黄广地区；霍山县苏维埃政府带领部分群众先后转移到英山、舒城境内，在沈家桥遭敌包围，牺牲近半。到10月初，皖西根据地几乎完全塌台，军事上只留小部分人员。

1930年10月18日，中共中央在给鄂豫皖边特委的指示信中，对“立三路线”进行了纠正。11月底，中共中央派曾中生到鄂豫皖根据地担任特委书记兼军委主席，进一步纠正“左”倾冒险错误的各项政策，使根据地和红军走向健康发展道路，第一、二次反“围剿”先后取得胜利。10月，国民党对革命根据地由分散“会剿”转入“围剿”阶段，蒋介石集结10万兵力准备对鄂豫皖根据地实行第一次“围剿”。红一军军部于11月间率第二师攻击黄陂县姚家集和黄安县城守敌，突袭麻城县谢店、黄冈县新洲驻军，打乱了敌人的部署，迟滞敌军于12月上旬才发动“围剿”。此时，由于皖西根据地被敌侵占，商南形势告急，红一军决定第一、二师去皖西、商南与第三师会合，寻机歼敌。12月中旬，红一军在皖西连克金家寨、麻埠、独山、叶家集、苏家埠、韩摆渡，包围六安，转逼霍山，收复了皖西苏区大部。12月下旬，在东西香火岭歼敌3个团3000余人，接着西进商城在叶家墩地区再歼敌1个团。

由于红军主力东进，鄂豫边区情况危急。中央特派员曾中生在黄安县七里坪召集原鄂豫皖边特委成员和邻近各县县委负责同志，决定采取“避强击弱”和“群众战争”的战略战术，打击进犯之敌；取消“行动委员会”，建立中共鄂豫皖临时特委，成立临时军委和临时苏维埃政府，统一领导与指挥反“围剿”。临时特委以鄂豫边区各县地方武装和红色补充军为基础，组成三路游击武装，开展游击战争。12月中旬，蔡升熙率红十五军到达黄麻地区，成为鄂豫边区反“围剿”的主力。此后，红一军主力西进麻城福田河，与红十五军合编为红四军，军长旷继勋、政治委员余笃三，下辖第十、十一师和独立团，12500余人。红四军随即转入反攻作战，先后攻占麻城磨角楼和光山新集。

1931年2月初，鄂豫皖临时特委在黄安县杨李家召开扩大会议，正式成立中共鄂豫皖特委和鄂豫皖革命军事委员会，曾中生任特委书记兼军委主席。会议决定红军立即转入战略进攻，收复失地，扩大根据地，彻底粉碎敌人的“围剿”。红四军决定采取“飘忽战术”，集中兵力避强击弱，主动向平汉线出击。3月初，第十一师连袭李家寨和柳林车站，进逼信阳。3月9日，第十、十一师和罗山独立团在孝感双桥镇取得大捷，全歼敌第三十四师，俘敌师长岳维峻以下5000余人，毙敌1000余人，“宣告了敌人的第一次‘围剿’的彻底破产”[①]。在第一次反“围剿”中，鄂豫皖红军歼敌13000余人，根据地得到进一步巩固与扩展，人口达200万。

1931年3月中旬，蒋介石集中10多个师的兵力，开始部署第二次“围剿”，并计划在5月肃清鄂豫皖红军。4月上旬，“围剿”皖西

① 徐向前：《历史的回顾》，人民出版社2016年版，第77页。

之敌7个团进占独山、诸佛庵、麻埠，并伺机进攻金家寨。鄂豫皖特委将皖西中央教导第二师改编为红四军第十二师，并集中红四军3个师主力，打击皖西之敌。4月25日，红四军攻克独山，歼敌2000余人，击退东线堵击部队。接着，以第十二师留在皖西支持霍邱南部和六安河西起义，以另两个师西进，于5月9日在新集以北浒湾歼敌1000余人，击退北线堵击部队。此后，红四军南进黄安，先后在桃花、十里铺歼敌一部，迫使南线之敌龟缩于少数据点，至此敌第二次“围剿”被粉碎。在第二次反“围剿”中，红四军发展到4个师，近2万人，根据地扩大到东起淠河，西达平汉铁路，南达黄陂、罗田北部，北抵潢川、固始南部，东西长300多里，南北宽150余里，人口近250万。

中共六届四中全会后，中央派沈泽民、张国焘、陈昌浩先后抵达鄂豫皖根据地。1931年5月12日，根据中央决定，成立中共鄂豫皖中央分局和新的鄂豫皖革命军事委员会，张国焘任分局书记兼军委主席。后成立中共鄂豫皖省委，沈泽民任书记。中央分局在第一次扩大会议上，完全否定了中共皖西临时分特委和鄂豫皖特委的工作，全面贯彻王明“左”倾教条主义错误的政治纲领和政策。不久，张国焘命令红四军东出潜山、太湖，进攻安庆，威逼南京。曾中生、徐向前等认为孤军远征，无胜利之把握，在8月初打下英山县城后，从有利于扩大战果的实际情况出发，一面将红四军的作战方向报告分局，一面率部南下蕲黄广地区。张国焘严厉指责红四军领导人“抗拒分局命令”“重复立三路线”，强令红四军立即北返。曾中生被撤销红四军政治委员职务，红四军内部以反“改组派”为主要内容的肃反运动开始，继而扩展到各级党政机关、群众团体和地方武装，大批对创建根据地和红军作出重大贡献的党政军干部、群众领袖遭到杀害。党的民主集中制原则受到严重破坏，给鄂豫皖革命根据地造成巨大损失。

中共鄂豫皖中央分局和鄂豫皖省委在推行“左”倾错误路线的同时，也采取了一系列正确的方针、政策和措施，巩固与扩大革命根据地。1931年11月上旬，敌人开始谋划对鄂豫皖根据地进行第三次“围剿”，集结在根据地周围的敌军已达15个师。中央分局根据党中央指示，决定采取进攻策略，积极扩大主力红军和地方武装。10月25日，中国工农红军第二十五军在六安麻埠成立，军长旷继勋，政治委员王平章。11月7日，中国工农红军第四方面军在黄安七里坪成立，徐向前任总指挥，陈昌浩任政治委员，下辖红四军和红二十五军，近3万人。苏区各县的赤卫队、游击队改编为赤卫军，成立县赤卫军司令部，并新建或扩编了各县独立团，共编成15个赤卫师和20多个独立团，根据地周围的非苏区县也组建或扩编了游击武装。

1931年11月10日至1932年6月16日，红四方面军在地方武装参战和广大群众支持下，先后发起了黄安、商潢、苏家埠和潢光四大战役，共歼敌约6万人，其中成建制歼敌40个团，使敌人对鄂豫皖革命根据地的第三次“围剿”计划彻底失败。特别是在苏家埠一役历时48天，歼敌3万余人，俘敌总指挥厉式鼎以下1.8万余人，缴获长短枪1.5万余支、机枪250挺、各种炮44门、电台5部，击落飞机1架，取得了鄂豫皖苏区红军的空前大捷。中华苏维埃临时中央政府发出贺电，指出这次胜利“给予全国反帝国主义、反国民党的革命运动以无限的兴奋，更加强了苏维埃、红军对于全国革命运动的领导”①。

经过四大战役，鄂豫皖根据地进入全盛时期，主力红军发展到2个

①《中华苏维埃临时中央政府致贺鄂豫皖红四方面军胜利电》(1932年5月23日)，见中国工农红军第四方面军战史编辑委员会:《中国工农红军第四方面军战史资料选编(鄂豫皖时期 下)》,解放军出版社1993年版,第629页。

军6个师，还组建了4个独立师和少共国际团，总兵力达4.5万余人。

各县独立团、游击队、赤卫军等地方武装发展到20万人以上。根据地发展到东起舒城、合肥，南到黄梅、广济，西跨平汉铁路，北濒淮河，面积达4万余平方公里，人口350万，拥有黄安、商城、霍邱、英山、罗田5座县城，建立起26个县的革命政权。

（三）鄂豫皖革命根据地的坚持和保卫

鄂豫皖根据地的迅猛发展，一方面使国民党南京政府受到直接威胁，蒋介石急忙调集并亲自指挥30余万兵力，分左、中、右三路向根据地发起规模空前的第四次“围剿”；另一方面也使中央分局主要领导人被胜利冲昏头脑，对形势作出错误估计，主张采取“不停顿进攻”的冒险战略，以红军主力出击平汉线，计划夺取武汉。1932年7月，在红军主力围攻麻城之际，敌右路军趁机进犯皖西，攻陷霍邱，进逼中心区域。中路军亦向鄂东七里坪、黄安进犯，红军被迫撤麻城之围迎击敌军。8月中旬，红四方面军在黄安冯受二、七里坪等地区歼敌5000余人，但自身也遭到重大伤亡。随后，国民党军围攻新集，红军经5天激战退出新集。9月中旬，红四方面军主力到达皖西金家寨、燕子河地区后，又面临国民党重兵压境的严重局面，只得经英山、罗田返回黄安地区。广大指战员虽英勇奋战3个多月，歼敌上万人，但终未打破敌人“围剿”。10月10日，中央分局在黄安黄柴畈召开紧急会议，决定由分局和方面军总部率第十、十一、十二、七十三师和少共国际团暂时撤离根据地，到平汉路以西地区活动，待机打回根据地；鄂豫皖省委率领红七十四师、七十五师和地方武装坚持根据地斗争。12日傍晚，红四方面军主力2万余人越过平汉线，仓促西去。

红四方面军主力西撤之后，蒋介石除以10余万兵力追击红四方面军主力以外，继续以20万兵力对根据地进行“围剿”。根据地大部丧失，被分割为鄂豫边、皖豫边两个隔绝的地区，留下的红军又很分散，鄂豫皖省委一时难以实现统一领导。10月1日，皖西北道委根据中央分局撤离前的指示，在英山县土门潭组成中共鄂皖工委，书记郭述申统一领导鄂皖边区的斗争；同时组成红二十七军，军长刘士奇，政治委员郭述申，共4500多人。鄂皖工委和红二十七军带领2万多名地方干部、群众和伤病员，从内线转向外线，进行东线转战，在不到2个月的时间里歼敌近4000人，牵制敌军5个师，减轻了根据地的压力，保存了革命力量。

在敌人重兵“围剿”和主力红军不知去向的情况下，鄂豫皖省委于1932年11月29日在黄安檀树岗召开最高军事会议，决定独立坚持斗争，重建红二十五军，军长吴焕先、政治委员王平章，全军约7000人，初步结束了红军主力转移后根据地力量分散和局面混乱的状态。这时，蒋介石又集结80个团的兵力，对根据地实行大规模划区“清剿”。鄂豫皖省委于12月30日在麻城大畈召开紧急会议，决定红二十五军以师为单位在鄂豫边分开活动，恢复基层政权，扩大地方武装，寻机打击敌人；组建红二十八军，作为恢复皖西北根据地的主力红军；同时，撤销豫东南道委，将光山、罗山、潢川三县划入鄂东北道，赤城、赤南、固始等县划入皖西北道。1933年1月上旬，红二十八军组成，军长廖荣坤，政治委员王平章，约3000人。在此前后，鄂东北道委、皖西北道委先后整编了9个游击师和一些游击队，与留下的红军一起开展游击战争，经过两个月的战斗，打破了敌人的划区“清剿”。

1933年3月初，红二十五军先后取得光山郭家河、黄安九龙缠顶和麻城杨泗寨战斗的胜利，歼敌3000多人。4月上旬，鄂豫皖省委又将红二十五军与红二十八军合编为新的二十五军，军长吴焕先，政治委员戴季英，共1.2万多人。皖西北道委根据省委指示，于4月下旬组建了红八十二师，共1000多人。两支主力红军在东西两线作战，红二十五军又连续取得了潘家河、杨泗寨战斗的胜利，红八十二师也在皖西打了不少胜仗，使鄂豫皖根据地形势初步好转。但是，由于中央一再指示要夺回中心城镇，省委也在连续取得一系列战斗胜利后激长了轻敌冒进的思想情绪，逐步形成冒险主义的军事行动方针，贸然决定夺取敌军重兵驻守的七里坪。从5月2日到6月13日，红二十五军经过43天的七里坪围攻战，部队减员6000余人，最后不得不撤出阵地，第四次反“围剿”失败。

1933年夏，蒋介石任刘镇华为豫鄂皖三省边区“剿匪”总司令，纠集10万余兵力，以鄂东北为重点发动第五次“围剿”。鄂豫皖省委没有觉察到敌人正在组织新的进攻，仍采取内线单纯防御的作战指导方针。7月17日，刘镇华坐镇新集，指挥对鄂东北中心区的进攻。鄂豫皖省委以红二十五军和地方武装正面对抗，部队伤亡惨重，主力红军被迫东移皖西。在鄂东北中心区保卫战之时，皖西北道委正确领导红八十二师和各路游击师开展外线活动，主动出击根据地中心区方圆百余里。红二十五军和红八十二师在立煌南溪会合后，得到很好的给养，进行了短期休整。9月上旬，敌调集7个多师的兵力，向皖西北中心区合围红军。鄂豫皖省委依然采取内线单纯防御的作战方针，命令红军主力实行分兵抵御，导致了中心区保卫战失败。此时，红二十五军已减员到3000人，省委决定返回鄂东北。10月初，红二十五军在越过潢麻公路时，遭敌夹击截为两段，沈泽民、吴焕先率领约2000人返回鄂东北地区，徐海东率领后续部队活动于皖西北地区，反“围剿”进入更为艰难的时期。

皖西北道委从中心区保卫战失败中吸取教训，于10月10日在南溪吕家大院召开会议，将红二十五军后续部队与红八十二师合编，重组为红二十八军，军长徐海东，政治委员郭述申，共2300余人；并确定军事行动方针，不打消耗仗，不硬拼，积极向外线游击，寻机歼灭敌人。会后，红二十八军与各路游击师分兵行动，分别取得了熊家河、狗迹岭、铁炉冲等战斗的胜利，歼敌1000余人。省委这时也重新考虑斗争方针，决定采取游击方式和内外线结合的战法，主动灵活地打击敌人，恢复和巩固根据地，同时开展便衣队活动。红二十五军在鄂东北地区开展外线游击，恢复了老君山、天台山和东西高山为中心的3块游击根据地，地方武装保存了3个独立团、3个游击大队和若干游击队，便衣队发展到6个大队和20多个小队。红二十八军和皖西北第一、二、三路游击师的游击战争也不断取得胜利，尤其是1934年3月中旬进行的葛藤山反击战，毙俘敌1000余人，使皖西根据地恢复到东西270余里，南北100余里。

1934年4月，蒋介石纠集了80多个团的兵力，继续对根据地进行“围剿”。鄂豫皖省委于4月10日决定集中红军主力反“围剿”，在根据地边沿恢复老苏区，开辟新苏区。16日，红二十五军与红二十八军在立煌豹子岩会师，两军合编为红二十五军，军长徐海东，政治委员吴焕先，共3000余人。同时，省委决定将皖西北第三路游击师和红二十八军一部改编为新的八十二师，共1000余人。红二十五军在经扶县高山寨给东北军以首次打击，红八十二师也接连取得了长竹园、四顾墩、苏仙石战斗的胜利。随后，省委率领红二十五军活跃于皖西北、鄂豫边两地，到7月中旬恢复和开辟了南北长60余里、东西宽40余里的游击根据地。

6月下旬，国民党重新制定“三个月围剿计划”，用70多个团的兵力采取划区“驻剿”和分兵“追剿”的战术，企图将鄂豫皖红军“全部扑灭”。鄂豫皖省委于7月初召开会议，决定红军主力应在避实击虚的原则下，设法消灭孤立、薄弱之敌；地方武装在根据地内外开展游击战争，进行群众工作，巩固和扩大鄂东北与皖西北游击根据地。在省委这一正确方针指导下，主力红军和地方武装紧紧依靠群众，反敌“围剿”的斗争形势逐步好转，到8月，在鄂东北巩固了4块苏区，在皖西北巩固了6块苏区。9月初，红二十五军奔袭太湖县城，进入英山，到10月间建立了以陶家河为中心的纵横约30里的游击根据地，粉碎了敌人“三个月围剿计划”。

1934年11月上旬，省委率领红二十五军从皖西北西返，于11月11日在光山县花山寨召开第十四次常委会议，根据中央指示精神讨论行动方针。会议决定省委率红二十五军以“中国工农红军北上抗日第二先遣队”名义实行战略转移，留下部分武装重建红二十八军坚持鄂豫皖边区斗争。11月16日，红二十五军2980人从罗山县何家冲出发，向西挺进，开始长征。

（四）鄂豫皖革命根据地三年游击战争

红二十五军长征后，敌除以18个团尾随追击外，仍以56个团和反动民团10余万人继续对鄂豫皖根据地进行划区“清剿”。这时，在鄂东北尚存在黄礼罗经边界、礼罗边界、光麻和黄安4块苏区，有部队、伤病员及机关干部1500多人；在皖西北有赤城、赤南苏区，六安县第三区、六区、七区苏区，霍山县第六区苏区、潜北苏区，部队共有2000余人，由鄂东北道委、皖西北道委分别领导，坚持斗争。

鄂东北道委书记王福明根据省委转移前的指示，于1934年11月底将地方武装整编为鄂东北独立团，共300余人，由少共道委书记方永乐率领东进，向皖西北道委传达省委指示。皖西北道委于1934年11月初命令红八十二师和第三路游击师实行东线游击，先后攻克潜山县衙前镇、舒城县晓天镇。12月初，东线游击部队在霍山县县长山冲战斗中失利，红八十二师师长周世觉等200多人牺牲。12月中旬，皖西北道委将突围出来的部队和其他部队集中组建了红二一八团，共约700人。

蒋介石获悉鄂豫皖边区的主力红军和地方武装仍在发展，遂于1935年1月命令采用“驻剿”“追剿”“堵剿”的办法，以皖西为重点，计划在3个月内剿灭红军。为了反敌“清剿”，鄂东北道委组建了中共光麻中心县委和红罗光中心县委，再次组建鄂东北独立团和2个特务营，共380多人。在敌军向赤城、赤南根据地“清剿”时，皖西北道委令第一、二路游击师到外线游击，由红二一八团和商北大队坚守熊家河，因兵力悬殊只得辗转游击。2月1日，红二一八团在立煌抱儿山与鄂东北独立团会合。皖西北道委书记高敬亭遵照省委指示，于2月3日在太湖县凉亭坳召开会议，决定以红二一八团与鄂东北独立团为基础，第三次组建红二十八军，共1000余人，高敬亭任政治委员，统一领导鄂豫皖边区党政军工作。

红二十八军重建后，先后在潜山分水岭、霍山长岭庵、潜山王庄等地歼敌一部，于2月16日到达舒城驼岭附近白果树。高敬亭召开会议，决定成立中共皖西特委和红二四六团，由徐成基任特委书记兼团政治委员，开辟舒（城）霍（山）潜（山）太（湖）游击根据地，并统一领导皖西各地便衣队。会后，红二十八军开始分散活动。高敬亭率领红二四四团和手枪团一分队回赤城、赤南老区；方永乐率军主力在舒城、霍山、潜山、太湖地区游击，掩护皖西特委开辟根据地。4月6日，红二十八军各部在太湖李杜店会合，将皖西北第三路游击师编入红二十八军，接着南下蕲春、东进潜山，后于4月20日在潜山桃岭歼敌2个营。这一时期，红二十八军和地方武装得到发展，老根据地没有完全丧失，反而开辟了新的游击根据地，使敌人三个月“剿灭”红军的计划宣告破产。

4月24日，蒋介石急电豫鄂皖三省边区“剿匪”总司令部，重新部署两个月“清剿”计划，集中61个团的兵力，仍以皖西为重点，企图彻底消灭红军。5月7日，红二十八军主力与皖西特委及红二四六团在霍山县黄泥河会合，决定红二十八军离开皖西，西进桐柏山，向陕南与红二十五军会合，皖西特委领导红二四六团坚持斗争。会后，红二十八军在5月28日到达泌阳五道岭后，高敬亭决定重返鄂豫皖边区坚持斗争，7月2日在太湖店前河与皖西特委会合。红二十八军从皖西地区西进桐柏山，往返平汉铁路，历时2个月，行程700多公里，打乱了敌人的“清剿”部署，并在战斗中歼敌5个营又2个连。同时，皖西特委领导地方武装广泛发动群众，开展游击战争，扩大了游击根据地；鄂东北道委又再次重组了鄂东北独立团，配合各地游击队、便衣队牵制、骚扰和袭击敌人，再一次粉碎了敌人在2个月内“消灭”红军的企图。高敬亭在店前河召开营以上干部会议，总结反“围剿”的基本经验，确定“敌情不明不打，地形不利不打，伤亡过大不打，缴获不多不打”的作战指导原则，采取以游击战为主、辅之以必要的伏击战的作战形式，采取集中优势兵力、突然迅猛的战术手段，正确处理走与打、内线与外线作战的关系，并将皖西北第一、二路游击师和商北大队及红二四六团一部编入红二十八军。此后，红二十八军在各地地方武装和便衣队的配合下，继续驰骋于鄂豫皖边区。

1936年2月，蒋介石调卫立煌任豫鄂皖边区“清剿”总指挥，纠集44个团的兵力，采取步步为营、稳扎稳打的战术，并增筑碉堡封锁线，强行移民并村，妄图在最短期内彻底“肃清”红军。3月上旬，红二十八军各部队在太湖柴家山会合，提出“化整为零、集零为整”的方针，决定以营为单位深入平原，开展敌后游击战争。11月，皖西北道委将皖西特委改为中共鄂皖边区特委，何耀榜任书记，以鹞落坪、大岗岭为中心，广泛开展游击斗争和便衣队活动。

西安事变和平解决以后，蒋介石仍继续调兵对南方各省的红军和游击队进行“秘密清剿”。1937年4月，卫立煌出任豫鄂皖边区督办公署督办，提出“剿抚兼施”，严令各地方政府及民团加紧移民并村，强化保甲制度，以断绝红军、便衣队与人民群众的联系，鄂豫皖边区的游击战争进入最困难的阶段。由于鄂豫皖地区的党组织和红军对“秘密清剿”的严重性估计不足，6月初敌军“清剿”后才开始仓促应战，多数地方武装和便衣队也受不同程度的损失，游击根据地大部被摧残。面对这一严峻局势，党组织领导主力红军、地方武装和便衣队，在人民群众的大力支持和掩护下，抱定革命必胜的信念，各自为战，人自为战，同敌人进行殊死战斗。

在三年游击战争中，红二十八军转战于鄂豫皖边区45个县，地方武装和便衣队就地坚持斗争，人民群众始终全力支持。红二十八军以不足2000人的主力红军，牵制国民党大量正规军，最多时达68个团约17万人，歼敌18个营又15个连以及大量小股军，粉碎了敌人的反复“清剿”，使革命红旗始终飘扬在大别山上，同时有力地支持了主力红军的战略转移，配合了南方各省红军游击队的斗争。

三、大别山区是中国共产党敌后抗日的重要战场

（一）全面抗战初期大别山区抗日民族统一战线的形成

七七事变后，鄂豫皖边区的共产党组织和红军面临着由反对国民党“清剿”的战争到反对日本帝国主义侵略战争的战略转变。1937年7月13日，高敬亭率红二十八军手枪团二、三分队到达岳西县南田村，与中共皖鄂特委书记何耀榜会合，得悉党中央关于建立

抗日民族统一战线的方针后，立即向国民党豫鄂皖边区督办公署提出停战谈判的倡议。7月22日，鄂豫皖边区中共代表与国民党豫鄂皖督办公署、安徽省政府代表在岳西县青田畈举行谈判，并于27日达成停止内战、共同抗日的协议。停战协议签订后，红二十八军和地方武装及便衣队陆续开赴七里坪等地集中，随后改编为新四军第四支队。第四支队司令员为高敬亭，下辖第七、八、九团和手枪团，共3100余人。1938年3月，第四支队奉命东进皖中抗日，指挥机关进驻舒城东西港冲。5月12日，第四支队一部在巢县蒋家河口首战告捷，打响新四军华中抗战第一枪，破除了日军不可战胜的神话，极大地鼓舞了抗日军民的斗志。

全面抗战爆发后，中共中央、长江局及后来的中原局、南方局、东南局和新四军及江北指挥部等，先后派大批干部到大别山区帮助成立党的组织，指导新四军整训与东进，建立抗日民族统一战线。根据中共中央和长江局的指示，为加强安徽抗战工作的领导，1938年4月，在六安成立中共安徽省工委，彭康任书记。6月，安徽省工委迁往立煌桃树岭，8月迁往立煌白水河，领导安徽省长江以北地区和大别山地区党的工作及抗日救亡活动。1939年2月，中共鄂豫皖区委员会在白水河成立，郑位三任书记，先后下辖舒无地委，皖北、霍邱中心县委，立煌市委，鄂皖边地委，鄂东地委，潢川、黄冈、英山、黄安麻城经扶中心县委等30多个党组织，以隐蔽活动方式领导津浦铁路以西、平汉铁路以东、浦信公路南北广大地区党的工作。1939年11月，中共中央中原局鉴于大别山区形势劣转，决定撤销中共鄂豫皖区委员会，另成立中共鄂豫边区委员会和皖西省委，分别领导大别山及周围地区的工作。1940年2月，中共皖西省委在立煌白水河成立，鄂东北和豫东南的党组织划归中共鄂豫边区党委领导。

处于地下工作状态的中共组织，积极促成与国民党地方当局和地方势力的合作，以更好地发动群众、发展组织和进行抗日救亡工作。1938年2月23日，安徽省民众总动员委员会在六安成立，6月随省政府迁往立煌金家寨。安徽省民众总动员委员会先后组成40多个直属工作团、10多个委托工作团派往全省各地，并派工作团或指导员到鄂东的麻城、罗田、黄梅、英山、浠水，以及豫南的固始、商城等县开展抗日动员工作。在中共安徽省工委、鄂豫皖区党委和安徽省动委会的指导促进下，安徽省及大别山区各地的青抗、农抗、妇抗、商抗等群众性抗日团体普遍建立起来。在民众总动员委员会的掩护配合下，党的工作卓有成效，力量发展很快，大别山各地都恢复发展了党的组织。据负责大别山区中共地下工作的张劲夫同志回忆：当时大别山区有党员4万人，大部分以国民党军政文教人员的公开合法身份参加抗日工作，其中约半数活动在皖西。从1938年2月到1940年3月，省动委会名义上是国民党安徽省政府主办，实际上成为中共领导下的具有安徽特色的自主开展抗日救亡活动的特殊统战组织，是国共两党在安徽以党外合作的组织形式开展战时动员工作的领导机构。由中共推动成立并实际领导的安徽省民众总动员委员会，实行全民总动员，形成了大别山区全面抗战的大好局面。

鄂豫皖区党委还通过统一战线关系，努力在大别山区组建抗日武装。1939年初，为使中共黄冈县委领导的鄂东抗日游击挺进队取得合法地位并解决给养，区党委负责人与驻立煌的桂军将领谈判，将其改编为国民革命军第二十一集团军独立游击第五大队，大队长张体学，大队军政委员会书记先后为方毅、谭希林、刘西尧。区党委选派干部到第五大队工作，对内称独立团，不久发展到11个中队，编为3个营。4月，鄂豫皖区党委指示新成立的鄂皖地委，在黄梅县组建新四军江北游击第八大队，大队长为邹一清，政委为桂林栖。第五、八大队因遭顽固派袭击，受到很大损失，但后来成为新四军第五师的源头之一。中共安徽省工委和鄂豫皖区党委在皖中沿江发展的江北游击纵队，加上皖南事变后突围到江北的少数部队，后来发展为新四军第七师。

（二）豫鄂（鄂豫）边区抗日民主根据地的建立和发展

1938年11月，中共六届六中全会决定撤销中共中央长江局，成立以刘少奇为首的中共中央中原局，并决定撤销河南、湖北两省委，成立豫南、豫西、鄂豫皖、鄂中等省委或区党委，并规定党在沦陷区的主要任务是建立、恢复与发展党组织，发动武装群众，开展抗日游击战争。1939年1月，中共豫南省委抽调新四军第四支队八团留守处一个连和60余名干部，组成新四军豫鄂独立游击大队，李先念任司令员，以信阳四望山为立足点开展游击战争。6月上旬，陈少敏率竹沟留守处一个中队、信阳挺进队两个中队和50多名干部南下，与李先念部会合，成立了新四军豫鄂独立游击支队，李先念任司令员，陈少敏任政委。游击支队发动群众打击日伪，驰骋于江淮河汉广大地区，取得了杨柳河、朱堂店一系列战斗的胜利。12月，中共豫鄂边区委员会在京山八字门成立，书记郑位三（未到任）、副书记陈少敏（代理书记），统一领导豫南、鄂中、鄂东三地党的组织和抗日武装。1940年1月，豫鄂边区党委将所属抗日武装整编为新四军豫鄂挺进纵队，李先念任司令员，下辖5个团、3个总队，共9500余人。9月，豫鄂边区召开第一次军政民代表会议，选举成立了边区最高行政领导机关——豫鄂边行政联合办事处，许子威任主任。到1940年底，豫鄂边区扩大到19个县的范围，建立了9个抗日民主县政权，全区部队发展到1.5万余人，民兵发展到约10万人，根据地的财经工作、生产建设和文化教育事业也有很大发展，豫鄂边抗日民主根据地初步形成。

1941年初，国民党当局在制造皖南事变的同时，在豫鄂边区划定鄂中、鄂东、襄西三个“清剿”区，调集8.8万兵力“清剿”新四军豫鄂挺进纵队。豫鄂边区党委和挺进纵队采取灵活机动的战略战术，以侵入陂安南地区的程汝怀部为重点打击对象，集中主力歼敌2000余人。挺进纵队在完全恢复大、小悟山地区根据地后，边区指挥中心也迁至这里。皖南事变后，新四军军部重建，原辖各部统一整编为7个师，豫鄂挺进纵队整编为新四军第五师。2月18日，中共中央军委任命李先念任第五师师长兼政治委员，刘少卿任参谋长，任质斌任政治部主任。4月5日，新四军第五师组建完毕，下辖十三、十四、十五3个旅、2个纵队、1个警卫团，全师兵力达1.53万余人。五师的建成，标志着豫鄂边区抗日民主根据地及其主力部队的建设发展到一个崭新阶段。1941年12月，太平洋战争爆发，武汉周边各据点日军守备兵力减弱，伪军恐慌动摇。新四军第五师抓住战机发起侏儒山战役，自1941年12月7日开始至1942年2月4日，对日伪作战14次，歼灭伪定国军第一师5000余人，击溃伪定国军第二师1000余人，击溃日军数次增援，毙伤日军200多人，解放了大片国土，形成四面对武汉的战略包围，同时配合了国民党军队正面战场的作战。

新四军第五师成立后的两年多时间，是敌后抗日战争最困难的时期。日军大规模推行“治安强化运动”和“清乡运动”，国民党顽固派千方百计地限制、削弱共产党及其领导的人民抗日力量。豫鄂边区党委（1942年6月改称“中共鄂豫边区委员会”）领导军民团结一心，同仇敌忾，粉碎了日、伪、顽一次又一次的夹击阴谋。仅1942年5至12月，新四军第五师就战胜了国民党顽军12个正规师、4个保安团、11个游击纵队、5个独立游击支队的疯狂进攻，多次粉碎日伪军的连续“扫荡”。从1943年春开始，日伪军对鄂豫边抗日根据地的“扫荡”更为频繁，边区党委和第五师紧紧依靠人民群众，开展广泛艰苦的游击战争，连续粉碎日伪军的春季、夏季、秋季“扫荡”。

新四军第五师组建后，除以主力坚持和保卫鄂中、鄂东、襄西基本根据地外，还根据全国抗战局势的变化，向长江、汉水以南扩大根据地，组织以战略包围武汉为目的对日攻势作战。1942年4月，日军发动浙赣战役，新四军第五师多次派遣部队南渡长江，配合国民党抗日军队作战，积极向大幕山区和武汉近郊发展，在武汉以南地区争取了一块抗战阵地。襄南失陷后，新四军第五师立即派部队南渡襄河，打击日伪，发动群众，建立政权，创建以洪湖为中心的襄南抗日根据地。1943年11月，日军发动常德战役，五师挺进支队以襄南根据地为依托，南渡长江，在石首、公安、华容边界建立了一块游击根据地。至此，新四军第五师从四面完成了对武汉日军的战略包围，鄂豫边区所辖地区扩大到51县，其中基本区14县，游击区37县，总人口突破1000万，有30多个县建立了比较稳定的党组织，主力和地方部队发展到4万人，为后来进行战略反攻积蓄了力量，开创了鄂豫边区抗日民主根据地的兴盛局面。

1944年7月，新四军第五师又挺进豫南、豫中，扩大了抗日根据地。同年10月，中共鄂豫边区委员会改称“中共鄂豫皖湘赣边区委员会”，并成立鄂豫皖湘赣军区。到1945年8月，根据地发展到东起安徽宿松，西至湖北宜昌，北接河南舞阳，南抵湖南洞庭湖畔的广大区域，面积9万多平方公里，辖8个专区、11个中心县委和66个县级抗日民主政权，人口1300余万，从战略上配合了八路军、新四军兄弟部队的敌后抗战，支持了国民党抗日部队正面战场的作战，为全国抗战的胜利作出了重大贡献。

四、大别山区是解放战争两大转折的重要发生地

（一）中原突围和大别山游击根据地的坚持

抗战胜利后，武汉成为国民党军从大后方进军华东、华北和东北的战略枢纽。中原解放区就成了这一时期国共双方军事力量较量的战略要地，成为全国解放区的前哨阵地。鉴于中原地区的重要战略地位和牵制蒋军的需要，中共中央在抗日战争刚刚胜利时就决定加强中原地区的军事力量，以阻滞国民党军进军华东、华北并做好反内战的准备。1945年9月，王震、王首道率领八路军三五九旅南下支队自粤北返，王树声、戴季英率嵩岳军区部队，王定烈率冀鲁豫军区水东八团自豫南下，与新四军第五师会合。10月24日，八路军、新四军的三大主力在桐柏胜利会师，组建中共中央中原局、中原军区和中原人民解放军。

为加紧包围和蚕食中原解放区，蒋介石调集了20多个师，先后占领鄂中、襄西、鄂东、鄂南、豫中、豫西等地，企图消灭中原军区的部队，打通国民党军向华东、华北和东北进军的通道。1946年1月10日，国共签订停战协定，中原军区部队即停止东进，决定在罗山、礼山、经扶、光山地区以宣化店为中心，就地布防待命。但国民党第六十六军驻防于平汉线的明港、武胜关一带，在停战令下达之后仍向平汉路东侧抢占地盘，直逼中原军区首脑机关驻地宣化店附近。5月10日，国共双方代表就中原地区停止武装冲突签订了汉口协定，但国民党军的蚕食进攻并未停止。至6月，国民党军将中原军区部队6万余人包围在以宣化店为中心，方圆不足百里的罗山、光山、商城、经扶、礼山之间的狭长地带，中原解放区的面积

只及原来的十分之一。为避免内战，中共中央多次与国民党谈判，表示愿意让出中原解放区，将部队转移至其他解放区。但蒋介石一意孤行，加紧调动部队，至6月下旬将包围兵力增至10个整编师约30万人。

1946年6月26日，蒋介石撕毁“停战协定”，郑州“绥靖”公署主任刘峙指挥发起对中原军区的大规模进攻，致使内战全面爆发。对于蒋介石的军事进攻，中原军区首长早在意料之中，曾经设想了多种应对方案，并及时上报中共中央。这时，中共中央和中央军委电示中原局、中原军区，同意“立即突围”，并嘱“越快越好”。遵照党中央和中央军委批准的战略部署，中原解放军于6月26日晚，主力分为南北两路军，向西行动。北路军在李先念、郑位三、王震等率领下，突破平汉路封锁线，翻越桐柏山，穿过豫西南，于7月下旬进入陕南；南路军在王树声等率领下，突破平汉路之后，横越大洪山，强渡襄河，于7月中旬抵达鄂西北武当山区。与此同时，为了迷惑敌人，掩护主力西进，张体学率鄂东军区独立第二旅佯装主力，在大别山坚持斗争；皮定均率领中原军区第一纵队第一旅声东击西，掩护主力向西突围后向东突进，孤军转战24个昼夜，历经23次大小战斗，穿过大别山和皖中平原，整建制5000余人抵达苏皖解放区，创造了中原突围的一个奇迹。整个中原军区部队在党中央、中原局和中原军区的直接领导下，团结战斗，英勇顽强，胜利地突破了30万敌人的重兵包围，战胜了敌军的堵截和追击，粉碎了蒋介石的“聚歼”阴谋，创建了鄂西北、豫鄂陕两块根据地，坚持了鄂东、鄂中、鄂南和陕南、豫西、豫南等地区的游击战争，并继续牵制和调动了国民党24个师以上的正规军和地方部队，为全国解放战争作出了重要贡献。

中原突围以后，大别山地区的党组织和游击武装继续坚持战斗。

在豫鄂边，1946年7月2日，中共豫鄂边工委成立，书记张波指挥豫鄂支队在信阳、应山、随县、桐柏边区开展武装斗争。11月，豫鄂支队与鄂西北军区江汉支队在信阳北合编为豫鄂游击支队，由李人林领导。1947年1月中旬，豫鄂游击支队渡江南下，留下部分人员组成中共信确桐工委，后改组为中共汝正确信工委。1946年7月初，中共罗礼经光中心县委成立，刘明榜任书记，辖经扶、光山、罗山、礼山、黄安县委，后与鄂东军区独立第二旅第五团会合，坚持边区的斗争。在鄂皖边区南部，成立了以易鹏为书记的中共鄂皖边中心县委，集结突围后幸存的部分指战员300多人，分散活动于蕲黄广地区；在中部有漆少川、漆先庭领导的中共黄冈中心县委，顽强坚持在黄冈大崎山和罗田滕家堡一带。在皖西，早在1945年10月新四军第七师北撤时就建立了中共皖西工委，桂林栖为书记，领导皖西大队400余人活动在舒城、桐城、潜山3县边区。1947年春，鄂西北军区副司令员刘昌毅率军区独立旅1000多人转战到皖西，于3月27日在潜山千佛寺与皖西工委会合，后成立皖西人民自卫军，刘昌毅任司令员，人民自卫军主动出击敌人，逐步建立和扩大了皖西革命根据地。

（二）刘邓大军挺进大别山和大别山解放区的创建

1947年夏，遵照党中央和毛泽东实行战略反攻的战略决策，刘邓大军千里跃进大别山，揭开了全国解放战争战略进攻的序幕。在刘伯承、邓小平的率领下，晋冀鲁豫野战军4个纵队12.4万人，于6月30日突破黄河天险，发动鲁西南战役，由战略防御转入战略进攻。8月7日，大军兵分三路向南疾进，经过20多天的艰苦跋涉和激烈战斗，于8月末先后进入大别山区。8月27日，刘、邓电令各纵队今后的任务，是“全意地义无反顾地创造巩固的大别山根据地”[①]。各个纵队迅速向预定区域实施展开，第一、二纵队挺进豫南，第三纵队在皖西作战，第六纵队直出鄂东。9月份，经过3次较大战斗，歼敌正规军6000余人，攻克县城23座，在皖西和鄂东完成了初步战略展开，建立了17个县的民主政权。10月上旬，第三纵队在六安东南张家店歼敌第八十八师师部及第六十二旅，毙俘敌5600余人，取得了刘邓大军南下后第一次消灭敌一个正规旅兵力的胜利，10月下旬又在蕲春高山铺战役中毙俘敌1.26万余人，完成了在大别山区的战略展开。

在采取军事行动的同时，大别山区各级党政军组织逐步建立。刘邓大军进入大别山之初，将鄂豫皖边区分为4个工作区，成立豫东南、鄂东、鄂皖、皖西4个工作委员会，工作委员会下设县区工委和工作队。10月12日，中原局和中原军区决定建立鄂豫和皖西两个区党委、军区。11月15日，皖西区党委、行署、军区在岳西汤池成立，下设3个地委和分区，后增加四地委、四分区。12月15日，鄂豫区党委、行署、军区在黄冈以北地区成立，下设5个地委和分区。各级地方党组织、政权机构、地方武装和野战军主力相互配合，完成了根据地的建立、巩固和发展的战略任务。

1947年11月底，蒋介石纠集14个整编师33个旅的兵力，对大别山区采取所谓军事政治相结合、围攻和清剿相结合的总体战。根据中央指示，刘邓大军决定兵分三路：一路由邓小平指挥，留在内线坚持大别山斗争；一路由军委新调入的两个纵队（第十、十二纵队）进入桐柏、江汉地区开辟根据地；一路由刘伯承率领进入淮西地区，开辟新区。三个地区相继展开，扩大了根据地，分散了敌人围攻的兵力。经过一个多月的外线作战，刘邓大军歼敌2万余人，

①《邓小平年谱(一九〇四——一九七四)》中卷，中央文献出版社2009年版，第686页。

收复10座县城，使大军在大别山区站稳脚跟。1948年2月20日，中央军委指示刘邓大军主力转出大别山，进至淮西地区。3月，陈粟、陈谢和刘邓三支大军在河南遂平、西平地区胜利会师，从而转入更大规模的大兵团作战。刘邓大军转出大别山区后，大别山的人民面临国民党军队的疯狂扫荡，处于极端困难的对敌斗争之中。大别山区的地方武装及时传达党中央、毛泽东对大别山斗争的指示，进一步树立长期坚持大别山战略基地的思想，开展了反清剿、反扫荡的游击战争。大别山军民在恶劣的环境中，在内线牵制了大量敌人，有力支持了其他战场，坚守住了阵地，从而度过了这一艰苦时期。

1948年夏，中原解放军接连取得宛西、豫东、襄樊战役的重大胜利，彻底粉碎了蒋介石的中原防御体系，大别山区的国民党兵力陆续外调。大别山军民抓住时机，集中力量主动出击，恢复和重建根据地，掌握游击战争的主动权。1948年秋，鄂豫区和皖西区党委先后召开扩大会议，配合全国的战略决战。在辽沈、淮河、平津三大战役胜利进行之时，大别山区的党组织一面对敌开展政治攻势，分化瓦解敌人；一面对敌进行军事打击，歼灭敌人有生力量。到1949年初，皖西区共解放了岳西、霍山、寿县、六安、合肥、舒城、霍邱7座县城和20多个较大集镇；豫南的新县、商城、固始、光山、潢川、息县、罗山等县城也陆续解放。随后，皖西的桐城、枞阳、怀宁、潜山、宿松、望江等地解放。1949年4月21日至22日，解放军在安庆沿江各县强渡成功，安庆守军弃城逃跑，22日安庆宣告解放。5月，鄂东的麻城、罗田、英山、黄冈、黄州、黄梅、浠水、广济、武穴、蕲春全部解放。至此，国民党在大别山区的统治基本被摧毁。

鄂豫区和皖西区党委在部署本区解放战斗的同时，还积极部署支前工作，支持大军渡江战役。各地普遍建立支前机构，各行署、专署成立战勤指挥部，县、市人民政府设支前指挥部，区设支前委员会，乡设支前小组，由各级党政主要负责人担任领导，具体承办支前工作。支前工作的主要内容是组织民工，筹集粮草、钱款，设立兵站、民站，维护交通运输。各地采取自动报名、组织批准的办法，将18岁到50岁的男子组织起来，组成随军的常备担架队、二线的常备运输队及临时运输队。据不完全统计，鄂东各县支持渡江船只2000多只，仅黄冈县就供应大军粮食1000多万斤；豫南各县筹粮3657万斤，柴草5927万斤；皖西六安地区参加常备担架队和运输队的就有12700多人，支援渡江粮5559万斤，款1007.6万元，食油6.2万斤，盐20万斤；安庆各地支援船只5000多只，组织水手船工3000多人，有8.5万名民工参加了渡江支前工作。大别山区人民踊跃支前，为确保百万雄师横跨长江、解放全国作出了巨大的贡献。

在中国新民主主义革命时期，中国共产党领导大别山人民在长期而艰苦的斗争中，形成了以大别山精神为代表的伟大革命精神。

大别山精神孕育于中国新民主主义革命伟大斗争的历史进程之中。大别山是中国革命的重要策源地，其革命的历史与中国新民主主义革命历程始终同频共振。从1921年中国共产党成立到1949年新中国诞生，大别山地区始终坚持革命斗争，缔造了28年红旗不倒的奇迹，是全国范围内坚持革命斗争最久的地区之一。大别山是人民军队的重要发源地。从1927年黄麻起义开始，大别山区22年武装斗争不断，先后走出了红四方面军、红二十五军、红二十八军、新四军五师等多支主力队伍，成为人民军队的重要源头。大名鼎鼎的“红军”一词，也最早见于大别山人民对农民自卫军的称呼。

大别山精神锤炼于大别山地区艰苦而特殊的斗争环境之中。大别山特殊而重要的地理位置，令其成为各个阶段革命斗争的最前线。在大别山革命斗争历史中，主力红军、新四军、解放军和党组织先后6次转出大别山，分别为红四方面军、红二十五军、新四军第四支队、鄂豫皖区党委、中原军区、刘邓大军，大别山的军民因此付出了巨大的牺牲。据不完全统计，大别山区在新民主主义革命时期牺牲的人数在100万以上，新中国成立后大别山根据地26县被追认为革命烈士的有132633人，牺牲之重、贡献之大全国罕见。艰难曲折的革命斗争历程锻炼出一大批久经考验的革命干部，大别山走出了一位开国元帅、两任国家主席，在1955年至1964年被授予少将以上军衔的1614位将帅中，来自大别山的就有349位（另有341位之说）。全国十大将军县大别山占有5席（分别为红安县、金寨县、新县、大悟县、六安县），仅黄冈、信阳、六安、安庆4市登记在册的革命旧址就有2935处。

大别山精神形成于党和人民群众共同奋斗的探索实践之中。大别山地区革命斗争能够坚持下来，与大别山区人民群众被普遍发动起来密切相关，被革命思想武装的大别山工农群众前赴后继，投入革命洪流之中。无论是在革命的初始阶段、高潮阶段，还是革命运动遭受挫折的危急关头，大别山军民始终坚守马克思主义的信仰和共产主义的信念，面对敌人反复多次的“围剿”“清剿”，义无反顾地坚持革命斗争，确保革命红旗不倒，革命薪火相传。作为中国新民主主义革命的历史产物，大别山精神在中国革命历程中发挥了重要作用，为中华民族的解放作出了巨大的历史贡献，是值得我们永远传承的红色基因。

第三章　坚定信念　对党忠诚

中国共产党是依靠伟大的理想信念建立起来的无产阶级政党。党的一大通过的纲领规定，党的奋斗目标是建立无产阶级专政，消灭阶级区分。这实际上提出了实现共产主义的目标，最终实现中国人民和全人类的彻底解放。党的二大通过了党的最高纲领和最低纲领，确定最高纲领是实现共产主义，最低纲领是进行民主革命。党的十九大通过的《中国共产党党章》的开头，既开宗明义又一如既往地指出："党的最高理想和最终目标是实现共产主义。"近百年来，中国共产党领导全党和全国人民，坚定理想信念，取得了革命、建设、改革的伟大胜利。同时，中国共产党始终强调它的党员对理想和信念的高度忠诚，保证了中国的革命、建设、改革虽历尽艰难曲折，但仍一路凯歌前行。坚定信念，对党忠诚，是中国共产党团结和带领全国各族人民披荆斩棘，取得伟大成就的根本保障。

中国共产党，从它的诞生之日起，一直高度强调坚持坚定信念、保持对党忠诚的极端重要性。毛泽东曾说过，“人是要有一点精神的”，这个“精神”就是共产主义的理想和信念。他还指出：“中国自有科学的共产主义以来，人们的眼界是提高了，中国革命也改变了面目……现在的世界，依靠共产主义做救星；现在的中国，也正是这样。”[①]邓小平在回顾党的历史时曾说过：“为什么我们过去能在非常困难的情况下奋斗出来，战胜千难万险使革命胜利呢？就是因为我们有理想，有马克思主义信念，有共产主义信念。”[②]1949 年 9 月 17 日，在新中国成立的前夕，邓小平在中共南京市委支部书记及排以上干部大会上作报告，谆谆告诫共产党员：“忠诚与老实是一个共产党员必须具有的品质。忠诚就是将全部真情率直而老实地向党坦白出来，就是要忠实于党的事业，忠实于人民的事业。”[③]党的十八大以来，习近平总书记更是不断强调保持坚定信念、保持对党忠诚的极端重要性。2012 年 11 月 17 日，在十八届中共中央政治局第一次集体学习时，习近平总书记强调：“坚定理想信念，坚守共产党人精神追求，始终是共产党人安身立命的根本。对马克思主义的信仰，对社会主义和共产主义的信念，是共产党人的政治灵魂，是共产党人经受住任何考验的精神支柱。形象地说，理想信念就是共产党人精神上的‘钙’，没有理想信念，理想信念不坚定，精神上就会‘缺钙’，就会得‘软骨病’。”[④]习近平总书记还特别强调广大共产党员要对党忠诚。2016 年，在中共中央政治局召开的民主生活会上，他

---

①《毛泽东选集》(第二卷)，人民出版社 1991 年版，第 686 页。

②《邓小平文选》(第三卷)，人民出版社 1993 年版，第 110 页。

③《邓小平年谱(一九〇四—一九七四)》中卷，中央文献出版社 2009 年版，第 842 页。

④《习近平关于全面从严治党论述摘编》，中央文献出版社 2016 年版，第 57 页。

指出："对党忠诚，不是抽象的而是具体的，不是有条件的而是无条件的，必须体现到对党的信仰的忠诚上，必须体现到对党组织的忠诚上，必须体现到对党的理论和路线方针政策的忠诚上。"①不但要做到对党忠诚，而且要做到绝对忠诚。2014年10月31日，习近平总书记在全军政治工作会议上的讲话强调："对党绝对忠诚要害在'绝对'两个字，就是唯一的、彻底的、无条件的、不掺杂任何杂质的、没有任何水分的忠诚。"②

回顾大别山革命史，它就是广大共产党员坚定理想信念、保持对党忠诚的一部奋斗史。坚定信念、对党忠诚，是大别山精神形成的根本保证，也是大别山精神最为重要的组成部分。在本章，我们将通过回顾大别山历史，通过大别山革命历史的发展和大量鲜活的故事，展示大别山精神的一个重要方面：坚定信念，对党忠诚。

一、坚定信念铸辉煌

中国共产党从诞生之日起，坚持理想信念高于天，带领广大党员和人民群众，为争取民族独立和人民解放，艰苦奋斗，流血牺牲，迎来了新中国的诞生。中国革命的胜利是党领导人们坚定理想信念的胜利，正像邓小平所说的："为什么我们过去能在非常困难的情况下奋斗出来，战胜千难万险使革命胜利呢？就是因为我们有理想，有马克思主义信念，有共产主义信念。"③习近平总书记在庆祝中国共产党成立95周年大会上的讲话中指出："95年来，共产主义远大理想激励了一代又一代共产党人英勇奋斗，成千上万的烈士为了这

①《习近平谈治国理政》(第二卷)，外文出版社2017年版，第189页。

②《习近平关于严明党的纪律和规矩论述摘编》，中央文献出版社2016年版，第24页。

③《邓小平文选》(第三卷)，人民出版社1993年版，第100页。

个理想献出了宝贵生命。‘砍头不要紧，只要主义真’，‘敌人只能砍下我们的头颅，决不能动摇我们的信仰’，这些视死如归、大义凛然的誓言生动表达了共产党人对远大理想的坚贞。理想之光不灭，信念之光不灭。”①

在28年的艰苦奋斗中，中国共产党人怀着对马克思主义的信仰和对共产主义的信念，团结和带领全国人民前赴后继，不懈奋斗，取得了人民的解放和国家的独立，中华人民共和国如一轮旭日升起在世界的东方。回顾大别山革命历史，它就是一部坚定理想信念，坚持不懈斗争，使大别山成为重要的建党基地，铸就大别山的四度辉煌，成就大别山28年红旗不倒的辉煌史诗。

（一）坚定信念，铸就先辈的使命初心

习近平总书记在党的十九大报告中指出，中国共产党人的初心和使命，就是为中国人民谋幸福，为中华民族谋复兴。中国共产党成立后，大别山地区的共产党员坚守共产党人的初心和使命，把大别山地区建设成中国共产党的重要建党基地，为大别山革命的发展奠定了坚实基础，为中国革命的胜利作出了不朽贡献。

作为中国共产党的重要建党基地，大别山地区党组织的建立是从董必武、陈潭秋领导创立武汉党组织开始的。以董必武、陈潭秋为代表的大别山区的先进分子，在中国半殖民地半封建社会的沉沉暗夜中苦苦求索救国救民的道理，最终找到解决中国问题的光明前景——共产主义和社会主义。从此，他们以崇高的理想为依托，筚路蓝缕，探索新路，使大别山区成为中国共产党重要的建党基地。

作为中国共产党创始人之一的董必武，在内忧外患、风雨飘摇的旧中国，从早年就开始思考国是，关心时事，探寻救国救民的道

①《习近平谈治国理政》(第二卷)，外文出版社2017年版，第35页。

路。1911年10月，辛亥革命爆发，身在家乡黄安的董必武闻风而起，剪去辫子，当夜奔赴武汉，参加革命。离家时，他还写下一首诗，表达自己的抱负和志向，也是他作为共产党初心的鲜明体现："重违庭训走天涯，不为功名不为家。旋转乾坤终有日，神州遍种自由花。"

董必武最初从辛亥革命运动看到了改造中国、救亡图存的希望，心情十分激动。在武汉，董必武任湖北军政府财政部秘书。但辛亥革命的成果不久被袁世凯所篡夺，董必武再次陷入苦闷之中。1914年，董必武赴日本学习，并在日本参加了中华国民党。1915年，董必武奉孙中山之命回武汉从事反袁活动。在武汉，董必武全身心投入策划反袁的武装起义中去，两次被捕。中国的前途在哪里？救世的良方在哪里？深深关心国事民瘼的董必武一筹莫展。1917年，俄国十月革命爆发，人类历史上崭新的社会主义国家诞生了，这使苦苦求索的董必武看到了新的希望。董必武开始关注、研究十月革命。1919年五四运动爆发，在此前后，马克思主义的书籍开始传入中国，董必武在实践中接触到马克思主义，经过反复的思考、比较，终于认识到：只有"走十月革命的道路"，走社会主义的道路，才是解决中国问题的根本途径。从此，董必武从一个旧民主主义者转变为一个共产主义者，走上为实现共产主义理想而奋斗一生的道路。1919年8月，董必武从上海回到武汉。1920年3月，董必武和张国恩、陈潭秋等人在武汉涵三宫创立私立武汉中学。在董必武、陈潭秋等人的领导下，武汉中学在党组建时，就成为党的据点之一，成为培养革命力量的摇篮。学校的不少师生后来加入中国共产党和社会主义青年团。在后来爆发的黄麻起义中，总指挥部的10名领导人中有5名毕业于武汉中学。8月，在董必武、陈潭秋等人的领导下，武汉共产主义小组成立。武汉共产主义小组成立后，成员们开始深入工农群众，宣传马克思主义，为中国共产党及其领导的革命事业在武汉及周边地区的发展奠定了初步基础。董必武在主持武汉中学工作之外，还在任教的启黄中学、省立一师、旅鄂湖南中学传播马克思主义，培养革命骨干。在这些学校中，来自大别山地区的大量进步青年接受新思想的教育和引导，成为坚定的马克思主义者。

1921年7月初，董必武和陈潭秋作为武汉共产主义小组的代表参加中国共产党第一次全国代表大会，参与中国共产党的创建工作。大会以后，董必武、陈潭秋到武汉成立党的工作委员会，作为武汉地区党的临时领导机关，推动武汉地区革命运动的发展。在董必武的领导和推动下，黄麻地区反帝反封建运动的烈火愈烧愈猛，广大乡村普遍燃起农民运动的熊熊大火。

陈潭秋，和董必武一样，既是中国共产党的创始人之一，也是大别山地区建党基地的重要领导人。陈潭秋的哥哥是同盟会会员，辛亥革命的参加者，曾在孙中山领导的南京临时政府任职。陈潭秋的故乡湖北黄冈陈策楼得时代风气之先，成为革命志士们经常聚会活动的地方。这种进步开明的环境深深地影响了少年陈潭秋，使他很早就走上追求进步从事革命的道路。1916年，陈潭秋进入武昌高等师范学校读书。在时代的风云激荡中，他反复比较，最终选择了马克思主义的学说和主张。在武汉中学，他对在苦闷中求索的青年学子说，如果我们不懂马克思主义，不懂十月革命，就等于瞎子、聋子，找不到出路。参加过党的第一次代表大会后，陈潭秋于当年11月回到家乡黄冈，召集陈策楼、八斗湾两地的党员，成立了陈策楼、八斗湾两个党小组，1922年春发展为陈策楼党支部和八斗湾党支部。两个党支部的成立，是鄂东革命史和大别山革命史上的一件大事。在大革命运动中，黄冈地区农民运动发展迅速，开湖北农民运动之先河。

在大别山革命史上，有许许多多的先进分子在探索救国救民的道路上选择和接受了马克思主义，加入了中国共产党。入党后，他们始终牢守党的初心和使命，不懈奋斗，直至献出宝贵的生命。在大别山革命史的各个阶段，都涌现出了数不清的英雄模范，留下了许多动人的故事。安徽霍山的舒传贤就是其中的一个重要代表。

舒传贤，1899年出生于霍山县一个农民家庭，1919年考入安徽省第一甲种工业学校读书。五四运动期间，舒传贤积极投身反帝爱国运动。1921年春，舒传贤与蔡晓舟等人在安庆传播马克思主义，深入工人农民中开展革命的启蒙工作。1921年10月，舒传贤在安徽安庆开始社会主义青年团的组建工作。在安徽党组织尚未成立之际，青年团实际上发挥着安徽青年和学生运动领导核心的作用。后来，舒传贤留学日本。1926年春，舒传贤转为中共党员。大革命失败后，大别山地区和全国一样，陷入严重的白色恐怖之中。舒传贤没有被国民党的其他地方恐怖镇压所吓倒，而是义无反顾地投身到土地革命和武装反抗国民党反动派的斗争中去。1929年8月，舒传贤担任中共六安中心县委书记，筹备发动六霍起义。六霍起义后，起义队伍编为中国工农红军第十一军第三十三师。在革命形势迅速发展的大好形势下，1930年秋，李立三“左”的路线开始在皖西革命根据地推行起来，给革命造成了严重的损失。舒传贤毅然解散“六霍暴动总指挥部”，停止攻打武汉的军事冒险行动，暂时撤离皖西，转移到商南根据地，以保护革命力量和人民群众。在商城、六安、霍山县委和独立一师的联席议上，舒传贤严厉批评主张向黄安、金刚山退却的主张，指出：我们的六霍有六七万群众，商城有十几万群众，把这些群众丢给敌人杀吗？共产党到底替什么人谋利益？暂时撤离皖西，并不是一味逃跑退却，而是为保存我红军的实力有退的必要。在极为困难的情况下，舒传贤想的仍然是六霍、商城地区二十多万的人民群众，想的仍然是共产党代表的是人民的利益。

在大别山革命者群像中，还有一位比较特殊的先烈，他就是中国无产阶级革命文学的创建者——蒋光慈。蒋光慈是安徽霍邱县人，1901年生。1921年初夏，蒋光慈和刘少奇、任弼时等辗转前往莫斯科，后被分配到莫斯科东方大学学习。1922年，蒋光慈由社会主义青年团员转为中国共产党党员，1924年7月回国，在从事革命工作的同时，进行无产阶级革命文学的创作。1926年，蒋光慈发表自传性书信体小说《少年漂泊者》。小说以酣畅率直的笔墨，塑造了一个现代革命青年汪中的形象，叙述了主人公汪中自1915—1924年的漂泊历程，抒发了主人公内心愤恨不平的心情。汪中因从事革命活动被投入监狱，出狱后到上海从事工人运动，不久又进入广东黄埔军校，在北伐革命战争中英勇牺牲。小说出版后受到极大的欢迎。许多老一辈无产阶级革命家回忆，都是受到蒋光慈《少年漂泊者》的影响，开始走上革命道路的。

（二）坚定信念，铸就大别山的四度辉煌

中共中央党史研究室原副主任石仲泉，在《“大别山精神”刍议》一文中曾指出：大别山的红色历史有四度辉煌，构成“大别山精神”的历史基础。在新民主主义革命时期，大别山人民在党的领导下，坚定理想信念，坚持武装斗争，前仆后继，不屈不挠，铸就了大别山革命斗争的四度辉煌，使大别山区成为全国坚持革命斗争时间最长的地区之一。

1927大革命失败后，以蒋介石为代表的国民党反动派血腥屠杀中国共产党人和广大革命群众，全国处于一片白色恐怖之中。中国共产党人没有被反动派的血腥镇压所吓倒，反而以无比坚定的革命信念和大无畏的革命精神，拿起武器，发动武装暴动，实行土地革

命，反抗国民党反动派。正如毛泽东所说："他们从地下爬起来，揩干身上的血迹，掩埋好同伴的尸首，他们又继续战斗了。"①

1927年11月，在离原大革命中心武汉不远的湖北黄安、麻城首先爆发了黄麻起义。在大革命时期，这里的农民运动开展得轰轰烈烈，大革命失败后依然保存了农民协会和农民武装，他们在斗争中较早认识到武装斗争的重要性，同时在斗争中与反动地主阶级形成了激烈的你死我活的对抗。在敌人"宁可错杀三千，不可放过一个"的血腥镇压面前，经过大革命考验的当地人民没有迟疑和退缩，而是更加坚定革命的信念。11月，由黄安、麻城3万余名农民自卫军和义勇军在中共湖北省委领导下，攻打黄安县城，打响了鄂豫皖地区武装反抗国民党右派的第一枪。黄麻起义后，黄安农民政府成立，并组建了工农革命军鄂东军。之后，起义队伍发展成为中国工农红军第十一军第三十一师，开辟了以柴山保为中心的鄂豫边革命根据地。在豫东南地区，中共河南省委提出在边界地区实行工农武装割据的构想，在中共桑罗麻特别区委和中共商城县委领导下，1929年5月6日，在豫东南地区发动了商南起义，成立了中国工农红军三十二师，形成了以南溪、吴家店为中心的豫东南革命根据地。1929年5月到11月，皖西大别山区的六安、霍山、霍邱三县的部分地区持续爆发起义，成立了中国工农红军三十三师。三大起义后创立了鄂豫边、豫东南、皖西三块革命根据地。到1930年春夏，随着鄂豫皖边特委、红一军和鄂豫皖边苏维埃政府的相继成立，形成了以大别山为中心的鄂豫皖边区，成为全国六大革命根据地之一，也是仅次于中央革命根据地的全国第二大革命根据地。鄂豫皖边区持续不断的武装起义，催生了鄂豫皖革命根据地，使大别山革命迎来了首度辉煌。

①《毛泽东选集》(第三卷)，人民出版社1991年版，第1036页。

1934年11月16日，中共鄂豫皖省委率领红二十五军开始长征。红二十五军长征后，留在鄂豫皖根据地的只有鄂东北道委、皖西北道委。主力红军不足2000人，加上伤病员、地方党政干部、便衣队和后勤人员，总共不超过3500人。其中鄂东北地区1500人余，皖西北2000余人，被敌人分割在几个狭小的根据地内。但是，英雄的大别山人民并没有被吓倒，而是更加坚定革命的理想信念。他们创作了一首歌谣，形象生动地反映了当地民众坚定的革命信念："红军都是英雄汉，白匪再多干瞪眼。总有一日天要红，人民定要坐江山。"许多革命群众在寒冬天气逃到山上，缺衣少食，宁愿饿死，也不下山去当国民党的"顺民"。赤南根据地的胭脂、麦园一带群众，被敌人屠杀和饿死在山上的竟有90%之多。即便如此，他们仍像这首歌谣里唱的那样，坚信"白匪"再多终要被消灭，边区总有一天变成红色，人民总有一天要得天下、坐江山。

1935年2月3日，皖西北道委书记高敬亭在太湖县凉亭坳召开会议，第三次组建红二十八军，高敬亭任政委，统一领导鄂豫皖边区的党、政、军工作，坚持大别山三年游击战争红旗不倒。三年游击战争极其不易。红军和游击队与党中央失去了联系，得不到来自上级的指示和支持，坚持独立作战，使革命力量在鄂豫皖地区保存了下来，并逐步发展壮大，为全国抗日战争开始时成为南方各省红军和游击队中的最大一支力量奠定了基础。

抗日战争开始后，高敬亭率先和大别山区国民党地方当局谈判，达成停止内战、一致抗日的协议。之后，红二十八军和鄂豫边红军游击队被改编成新四军第四支队，走出大别山，开赴皖中、皖东抗日前线。三年游击战争红旗不倒，抗日战争后开赴抗日战场，铸就了大别山的二度辉煌。

全面抗日战争爆发后，大别山区成为国民党敌后抗战的一个重要区域，国民党安徽省政府驻地就在金寨。1939年，中共中央派李先念回到大别山区，组建新四军鄂豫游击大队，成立新的中共鄂豫边区委员会，统一领导豫南、鄂中、鄂东地区党的工作和抗日武装。这一时期的斗争可以说是白手起家，势单力薄，既要面对日军的“扫荡”破坏，又要面临国民党顽固派的“磨擦”骚扰。李先念带领根据地军民，以坚定的革命信念为支撑，坚持斗争。皖南事变后，新四军鄂豫挺进纵队被改编为新四军第五师，继续坚持这一地区的抗日斗争。到1944年，鄂豫边区发展到地跨鄂豫皖，以及湖南、江西五省区的大片地区，成为党在中原敌后的重要的独立战略区。解放战争初期，国民党军队不断进攻蚕食我中原解放区，中原解放区孤悬一方，受到极大压力。1946年6月下旬，国民党以22万的兵力对中原解放区发动大规模进攻。根据中共中央的部署，李先念率中原突围部队成功突围，受到中共中央和中央军委的高度评价，指出中原各部“在极端困难条件下，执行中央战略意图，坚持游击战争，曾经钳制了蒋介石正规军30个旅以上，使我华北、华中主力度过蒋介石进攻的最困难时期，起了极大的战略作用”[①]。李先念谈及这段历史说，中原突围揭开了中国之命运大决战的序幕，“是中国革命战争史上的一个重要转折”[②]。中原突围的胜利，粉碎了国民党的进攻，极大地支持了我军在华北、华中战场的斗争，铸就了大别山的三度辉煌。

解放战争进行一年后，国民党继续向我山东和陕北解放区实施重点进攻。针对蒋介石企图将战争引向解放区，进一步破坏和消耗解放区的图谋，中共中央和中央军委作出三支野战军中央突破，把

---

① 侯志英主编:《中共河南党史》上卷,河南人民出版社1992年版,第603页。

② 湖北省鄂豫边区革命史编辑部、湖北省军区中原突围史专题编辑室:《中原突围史》,军事科学出版社1996年版,前言第1页。

战略进攻的主要方向确定为中原地区，特别是中原南部的大别山地区，转入战略进攻的部署。1947年8月底，刘邓大军进入大别山，完成了一次无后方依托，以长驱直入插入敌人战略纵深为特点的特殊形式的进攻行动。刘邓大军进入大别山后，克服极度疲劳、疾病流行、减员严重、缺乏粮弹衣着的严重困难，摆脱国民党军的重兵合击。经过3个多月的艰苦斗争，到11月下旬，共歼敌3万余人，并建立了33个县的民主政权，初步完成了在大别山区的战略展开。得知刘邓大军胜利进入大别山区后，远在陕北的毛泽东长长地舒了口气，说："我们总算熬出头了，20多年来，革命一直处于防御地位，自刘邓南征后，我们的革命战争，才在历史上第一次转为战略进攻！"[①]11月下旬，国民党集中33个旅的兵力，围攻大别山区的解放军。刘邓大军在极度困难的情况下，决定由邓小平率领三个纵队留在大别山坚持斗争；由刘伯承率领一个纵队转移到淮西地区；另外两个纵队越平汉路西进，创建新解放区，吸引敌人；然后与陈粟、陈谢合作，开创新的中原解放区。在这段极为艰苦的日子里，国民党在军事上以大部分力量寻找刘邓大军主力作战，分进合击，其余分散"清剿"，互相衔接，全力"扫荡"；在政治上，在各地设立"戡乱委员会"，恢复保甲制度，颁布"十杀"条令，实行"三光政策"，而当时正值严冬，刘邓大军没有重型武器，战士缺衣少食，面临极为严重的困难。解放区很多地方又变成游击区，许多刚刚建立起来的区乡政权一度丧失殆尽。但是，革命理想高于天。人民群众无私支援人民解放军，战士们自己纺织，做衣御寒，终于在大别山坚持了下来。后来根据形势发生变化，中原解放军主力转移到外线作战，以减轻解放区的压力，扭转中原战局。主力部队离开大别山区后，解放区军民坚持斗争，不断粉碎国民党的"清剿"。刘邓大军

① 陈晋:《世纪小平》,国际文化出版公司2004年版,第164页。

千里跃进大别山，实现了解放战争由战略防御向战略进攻的转变，铸就了大别山的四度辉煌。

（三）坚定信念，铸就28年红旗不倒

回顾大别山革命历史，既有革命事业蓬勃发展的时期，也有曲折艰难的历程。当革命处于低潮或逆境时，大别山人民在党的领导下，坚定信念，渡过难关，使党的旗帜在大别山上高高飘扬，彰显出坚定的信念的力量。

1932年10月，鄂豫皖中央分局和红四方面军主力西征后，留在根据地的红军进入了极其困难的时期。这时，根据地大部分丧失，留在根据地的武装力量十分薄弱，且又被分割在连绵大山之中。蒋介石一方面派重兵“追剿”长征中的红军主力，另一方面又以约20万人的兵力对鄂豫皖革命根据地实行“清剿”。“清剿”是极其残酷的，敌人对苏区“壮丁一律处决”，“匪区房屋一律烧毁”“匪区粮食分给铲共义勇队，搬出匪区外，难运者一律烧毁”[①]，以求达到“民匪皆尽”，彻底消灭苏区红军之目的。国民党部队“血洗大别山”，罪恶滔天，罄竹难书，当时的情形是“驻尽山头，宰尽耕牛，见黑（指人影）就打，鸡犬不留”，“铲除干净，绝尽根苗”，对根据地实行杀光、烧光、抢光的“三光”政策。敌军所到之处，放火焚烧，房屋大部分被烧毁，大部分村庄化为焦土，到处是被杀害的尸体，万户萧疏，人烟断绝。黄麻起义的发源地红安县，人民群众被杀的有10万人，国民党汤恩伯部队在追击鄂东北道委武装时，将避入深山的2000多名群众逼至天台山平头岭进行屠杀，只有3人逃脱。在麻城乘马、泗店周边方圆六七十里的区域内，敌军杀害群众近2.5万

① 中共河南省委党史研究室、中共安徽省委党史研究室编:《鄂豫皖革命根据地史》，安徽人民出版社1998年版，第523页。

人。据河南省光山县中部29个乡粗略统计，敌军杀害我干部、群众12433人，全家被杀绝的208户。在安徽霍山县，大恶霸地主肖子瑜扬言“有共无我，有我无共”，伙同国民党军一次就残酷枪杀干部、群众99人。在六安县西北乡大地主袁敬夫自任“铲共义勇队”队长，一次就捕杀红军家属50多人，又纵火烧毁单家埠、郭家店、钱集、花园一带民房8740间，烧死农民100多人。

军事“清剿”的同时，国民党反动派在政治、经济上也进行封锁和打击。他们严格封锁根据地，断绝根据地对外的经济往来，在占领的地方重新划分行政区划，加强对根据地中心区域的统治。

在极其困难的条件下，留在苏区的中国共产党人和人民群众并没有被吓倒，而是勇敢地站出来面对凶残的敌人，投入艰苦卓绝的战斗中。鄂豫皖革命根据地土地丧失了六分之五，人口剩下70万人。尚存的苏区被敌人分割为鄂东北和皖西北两个互相隔绝的地区，主力红军、地方武装及红军伤病员共计2万余人，战斗力严重下降，面对的却是十倍于己的装备优良的国民党部队。当时，由于中央分局和主力红军转移急促，中共鄂豫皖省委并不知道这一消息。主力红军离开后，鄂豫皖省委承担起继续领导鄂豫皖根据地革命斗争的重担。省委把分散的武装力量组织起来，重建主力红军，整顿地方武装，开始新的战斗，就连敌人也惊叹：“民众感受赤化过深，甘心从匪，虽死无怨，是吾清剿前途之一大障碍也。”①

在中共鄂豫皖省委领导下，鄂豫皖边区红军和地方武装积极配合打击敌人，以坚定的革命信念，不断粉碎敌人的“围剿”和“清剿”。到1933年春，保存的根据地得以巩固，失去的根据地逐步恢复，重新建立了各级苏维埃政权，赤卫队、妇委会、少先队、童子

① 中共河南省委党史研究室、中共安徽省委党史研究室编：《鄂豫皖革命根据地史》，安徽人民出版社1998年版，第537页。

团等组织又都恢复起来，人民群众积极投入参加红军、支援前线和发展生产的热潮中。在大别山革命根据地恢复发展的过程中，1933年7月，国民党对鄂豫皖革命根据地发动第五次“围剿”，面对强大的敌人，红军战士信念坚定，英勇抗敌。他们还编了一个顺口溜，反映了那时的艰苦环境和军民的坚定信念、昂扬斗志：“山林岩洞是我房，青枝绿叶是我床，野菜葛根是我粮，党是我的爹和娘，任凭白匪再‘围剿’，红军越打越坚强，一颗红心夺不去，头断流血不投降。”

1934年10月红二十五军长征以后，大别山进入3年艰苦卓绝的游击战争时期。当时的情况是：蒋介石以17万的兵力对留下来的红军进行“清剿”，敌人把鄂豫皖边区划分为四个“驻剿区”和一个“护路区”。国民党在“清剿”中，本着“有民则有匪，民尽匪尽”“宁愿错杀三千，不能放走一个”的血腥政策，烧杀抢掠，所过之处，皆成废墟。赤城县苏维埃政府所在地熊家河被洗劫后十室九空，荒无人烟。经扶县箭厂河附近的肖家湾原有500多人，“清剿”后只剩下五六十人。油榨湾原来是几百人的大村子，“清剿”后只剩下寥寥数人。周家河附近汤村原有160多人，最后只剩下10余人。国民党第十一路军的一个旅在立煌县的柳树庄，挖了一条长达几里的大沟，一夜间活埋苏维埃干部、群众3500余人。像这种血腥屠戮，数不胜数。

高敬亭在与鄂豫皖省委和党中央失去了一切联系后，重新组建红二十八军，在最为困难的环境下，坚持理想信念，投入新的战斗。在外有强大敌人“清剿”、内部因“肃反”造成严重损失的情况下，根据地独自作战，整天生活在战斗中。在生死考验中，是什么使他们能够坚持下来？那就是“信念”。当时中央红军正在长征途中，高敬亭受命领导大别山区的斗争，留下来，很大可能就被敌人消灭了。

这是一种绝望中的坚持，支撑他们坚持斗争的就是坚定的信念。

高敬亭领导大别山军民，面对着几十万国民党军队和大量反动民团，不仅坚持了下来，而且还巩固和发展了鄂豫皖革命根据地。鄂豫皖革命根据地的坚持和斗争，以几千人的队伍牵制了大量的敌人，有力地支持了长征途中的红军，更为重要的是，使大别山区的人民、鄂豫皖地区的人民看到，红旗仍然在大别山上高高飘扬。

（四）坚定信念，铸就先辈们的铮铮铁骨

如果说大别山人民推动大别山革命发展壮大，铸就四度辉煌，在逆境中使红旗高高飘扬，是大别山人民坚定信念的宏大叙事；那么，无数共产党员和人民群众，则以其胸怀理想、流血牺牲的鲜活故事展现了他们的坚定信念，成为大别山革命斗争史上的光辉典范。

湖北黄安籍的戴克敏，是黄麻起义的主要领导人之一，无论是人生的顺境或逆境，革命的高潮还是低潮，他始终保持坚定的革命信念。1927 年大革命失败后，红安笼罩在一片白色恐怖之下，红安县委只剩下他和郑位三等 3 人。戴克敏不为困难所屈服，和郑位三秘密联系，很快将分散的共产党员召集到一起，重新建立中共红安县委。红安县委的重建，使革命斗争有了领导核心，对红安革命斗争的发展起到了重要作用。1928 年，木兰山地区环境恶化，在党务会研究继续斗争的方针时，有个别人暴露出悲观情绪，提出解散部队的想法。关键时刻，戴克敏拍着桌子说：“这件事没有商量余地！谁再提解散部队，别怪我戴某不认人！”最后，部队决定暂时撤离木兰山，到黄冈、罗田地区开展游击战。1932 年 7 月，在根据地的“肃反”中，张国焘诬陷戴克敏通敌，将其逮捕，企图置戴克敏于死地。在狱中，戴克敏意识到自己来日不多。作为一个出生入死、无所畏惧的共产党员和红军将领，他特别珍视自己对革命理想的坚守、

革命道德的清白，不能让诬陷玷污自己的信念和信仰。他对看守人员说：“我走后，请告诉我父亲，我是清白的，是革命的！希望他和全家不要为我难过，大家努力革命到底！”5天后，戴克敏被张国焘杀害。

河南新县籍的程儒香，1927年任箭厂河农民赤卫队大队长，同年加入中国共产党。1927年11月，程儒香率领农民赤卫队参加了黄麻起义。起义失败后，程儒香根据党组织安排，留在家乡继续领导农民运动。1928年1月，程儒香不幸被捕。在审讯程儒香时，敌还乡团团总方晓亭软硬兼施，希望从他的口中得到箭厂河地区党组织和赤卫队的秘密。程儒香丝毫不为所动，说：“方晓亭！过去我没有除掉你，今天要杀要剐由你的便，没有别的话说。共产党，赤卫队多得很，想叫我说出来，办不到！”凶残的敌人割下了程儒香的一只耳朵。在“公开审讯”时，程儒香把“公审”变成了宣传革命信念的讲演台：“乡亲们！方晓亭是穷人受苦受难的一个毒根。我们只有跟着共产党闹革命，打倒方晓亭这样的土豪劣绅，穷人才有活路。乡亲们！共产党是杀不完的，赤卫队是杀不完的。别看方晓亭凶狠一时，他是秋天的蚂蚱，蹦不了几下子。人民一定要翻身，革命一定要胜利！”之后的审讯中，程儒香宁死不屈，凶残的敌人用四根铁耙齿将他钉在箭厂河吴氏祠堂外的墙上，程儒香多次昏死过去，但他就是抱定信念，绝不变节。后来，敌人又把他钉在一棵大树上。程儒香壮烈牺牲了，但他坚定的革命信念深深鼓舞着当地的群众。人们在他牺牲的地方为他竖立了一块高高的纪念碑。这是理想之碑，信念之碑。

车厚桥是安徽六安人，1906年出生在一个农民家庭。1925年秋，中共六安特别支部成立后，先后派人到车厚桥的家乡宣传革命。车厚桥受到党组织的教育和培养，积极投身农民运动，参加了龙门冲农民协会组织的“摸瓜队”并担任队长，惩治恶霸，态度坚定。1929年11月，车厚桥参加独山暴动，1930年夏任六霍赤卫师师长。短短几个月里，赤卫师进行了多次战斗，沉重打击了敌人，保卫了苏区人民生命财产安全。1930年秋，赤卫师遭到敌人包围，车厚桥率部坚持40多天，弹尽粮绝，誓不投降，最后在突围时不幸被捕。在被押送六安的路上，途经家乡，车厚桥大声高呼：“不投降、不自首、不叛党，共产党领导的革命，20年后一定会成功。”[①]这既向乡亲们表明了自己视死如归、不负革命的态度，也表明了自己的铮铮铁骨和坚定信念。最后车厚桥英勇牺牲，年仅24岁。

二、对党忠诚写春秋

“忠诚敦厚，人之根本”。忠诚，是中华民族数千年优秀传统文化的重要内容之一，是中华民族传统道德规范之一，是无数中华儿女安身立命的根本原则。在中国现代革命史上，忠诚是党的革命文化和革命精神极其重要的组成部分，也是每个党员必须遵守的政治道德。中国共产党入党誓词明确规定，每个党员要做到“对党忠诚”。

中国共产党在成立之初，就把党员对组织的忠诚放在重要的位置上。党的一大制定的党纲明确规定，入党申请人须是“承认本党党纲和政策，并愿成为忠实的党员者”。党的二大规定，入党申请人是“承认本党宣言及章程并愿忠实为本党服务者”。1927年，党章将入党标准进一步明确为：“承认本党党纲及章程，服从党的决议，参加在党的一定组织中工作并缴纳党费者。”毛泽东等老一辈无产阶级革命家也对“忠诚”作出很多重要表述和深刻阐释。1929年12月，

① 王传厚主编：《中共安徽党史人物传》（第一卷），安徽人民出版社1993年版，第87页。

毛泽东主持制定的《中国共产党红军第四军第九次代表大会决议案》中，关于共产党员标准的第二条就是“忠实”。全国抗日战争开始后，毛泽东又在《反对自由主义》的文章中指出：“一个共产党员，应该是襟怀坦白，忠实，积极，以革命利益为第一生命，以个人利益服从革命利益……这样才算得一个共产党员。”[①]习近平总书记在中央党校中青年干部培训班开班式上的讲话中指出：“中国共产党人的理想信念建立在对马克思主义的深刻理解之上，建立在对历史规律的深刻把握之上”，强调“衡量干部是否有理想信念，关键看是否对党忠诚”[②]。2014年，习近平总书记在全军政治工作会议上的讲话中更是明确指出：“对党绝对忠诚要害在‘绝对’两个字，就是唯一的、彻底的、无条件的、不掺任何杂质的、没有任何水分的忠诚。”[③]

一部大别山革命史，就是广大共产党人和人民群众坚持对党忠诚、不断奋斗的历史。新民主主义革命时期，在全国各个革命根据地中，大别山革命根据地坚持斗争的时间最长。大别山28年红旗不倒，靠的就是坚定的革命信念，靠的就是对党的绝对忠诚。对党忠诚，对于大别山精神的形成和发展起到不可估量和无可替代的重要作用，是大别山精神内涵中极其耀眼、极为鲜明的特征。下面，我们就通过大量鲜明的事例，展现大别山地区广大共产党员和人民群众身上体现出来的这一宝贵的政治品格，阐释大别山精神的重要内容。

---

①《毛泽东选集》(第二卷)，人民出版社1991年版，第361页。

②《习近平谈治国理政》(第三卷)，外文出版社2020年版，第519页。

③《习近平关于严明党的纪律和规矩论述摘编》，中央文献出版社2016年版，第24页。

（一）对党忠诚，就是要忠诚于党的信仰，永不叛党

习近平总书记在庆祝中国共产党成立95周年大会上的讲话中指出："共产主义远大理想激励了一代又一代共产党人英勇奋斗，成千上万的烈士为了这个理想献出了宝贵生命。'砍头不要紧，只要主义真'，'敌人只能砍下我们的头颅，决不能动摇我们的信仰'，这些视死如归、大义凛然的誓言生动表达了共产党人对远大理想的坚贞。理想之光不灭，信念之光不灭。"①

大别山革命斗争史，就是广大革命先辈们忠诚于党的信仰、不屈奋斗的历史。大别山长期革命斗争历史中，有高潮、有低潮，有凯歌高奏，也有挫折低谷。但无论是顺境还是逆境，无数共产党人和革命群众为坚持和推动大别山革命运动的发展，始终以对党的忠诚，对马克思主义、共产主义信仰的忠诚为根本的精神支柱，使大别山28年红旗不倒，以自己的艰苦奋斗和流血牺牲实现了对党的信仰的忠诚。

金寨县南溪镇（原属河南商城）共产党员詹谷堂，是豫东南革命根据地党和红军的创始人之一。五四运动前后，詹谷堂接触到马克思主义，在家乡成立"读书会"，1924年加入中国共产党。他在"读书会"的掩护下，发展党员，在笔架山成立党的小组，成为商南地区早期党组织的创始人。1929年5月6日，詹谷堂在南溪街火神庙发动起义，成立赤卫军，次日，和周维炯领导的起义队伍会合，共同组建中国工农红军第十一军第三十二师。1930年8月，詹谷堂在与敌作战中不幸被捕。敌人为从他的口中探知党组织的秘密，对他施以酷刑，抽皮、打棍、烤香火、压杠子，各种酷刑都用上了，他被折磨得死去活来。面对凶残的敌人，他宁死不屈，正告敌人："你

①《习近平谈治国理政》（第二卷），外文出版社2017年版，第35页。

杀了我谷堂，灭不了共产党!”在最后一次审讯时，敌人对他说：“只要你说出这里有多少共产党，就放了你。”詹谷堂回答：“多得很，天上有多少星星，地上就有多少共产党。”在牢房，他挣扎着在墙壁上写下“共产党万岁”5个大字后便牺牲了。他以鲜血和生命书写了对党的无限忠诚。

湖北省黄安县“九月暴动”的领导人，黄麻起义的参加者，中共鄂东特委委员程昭续，在敌人的严刑拷打和生死考验面前，“不要脑袋要信仰”，也是大别山区流传很广的一个生动事例。1929年2月，红军驻地柴山堡遭敌人的猖狂进攻，程昭续率部与敌人战斗，不幸被捕。国民党军抓到程昭续后，如获至宝，以为从程昭续这个赫赫有名的“大人物”身上可以获得重要情报。面对敌人的威逼利诱，程昭续丝毫不为所动，敌人毫无所得。在刑讯室里，敌人对程昭续动用“竹签插指”“铁丝穿耳”种种毒刑，程昭续始终只有3个字——“不知道!”敌人无计可施，把刺刀架在他的脖子上威胁道：“你是要脑袋呢，还是要共产党，要你们那个信仰?”程昭续大义凛然答道：“脑袋是爹妈给的，是我个人的，共产党为穷人翻身，是劳苦大众的；老子当然要共产党，要信奉共产主义，脑袋丢了不可惜!”敌人又问他：“你要共产党，共产党给了你几多好处?”程昭续回答：“老子要共产党，是因为共产党领着劳苦大众干革命，走上一条光明大道，不是图个人的好处!要是图个人的好处，凭老子的本事，肯定比你们这些狗杂种混得好得多!”敌人最后用刺刀将程昭续捅死，并把他的脑袋割下来，在七里坪悬首示众。程昭续牺牲后，乡亲们冒着生命危险将他的遗体从七里坪运回他的家乡熊家咀村，安葬在村后的坟山上。

像詹谷堂、程昭续这样的共产党员有千千万万。“大别山的江姐”晏春山，是一个女共产党员，为掩护红军游击队跳悬崖壮烈牺牲。1926年10月，大革命处在高潮中，晏春山和丈夫响应党的号召，从武汉回到河南省新县，在郭家河、潘湾一带开展农民运动。1927年冬，大革命处于低潮中，晏春山加入中国共产党。1929年7月1日，鄂东特委发动柴山保附近的数千名农民举行“白沙关暴动”。晏春山和其他党的负责人一起，带领潘湾一带的贫苦农民奋勇参战。暴动后，晏春山担任光山县弦南区第四乡妇女会主席。在艰苦的斗争环境中，晏春山成为地方党组织的负责人。1934年11月，红二十五军北上长征后，敌人疯狂地向根据地人民进行反扑，党组织只得转入地下活动。这时，担任潘湾党支部副书记的晏春山，按照党的指示，秘密组织群众，配合游击队继续坚持革命斗争。当时，她的丈夫潘家年已经参加了红军，家中只有80多岁的婆母和3个幼小的孩子，生活十分困难。晏春山不顾个人安危，千方百计为革命工作。她经常提着篮子以卖油条、香烟为名，来往于七里坪、郭家河一带，出入于敌人的巢穴，为红军游击队搜集情报，散发革命传单。

1935年5月17日，晏春山不幸被捕。敌人把晏春山带到郭家河敌军团部进行审讯和拷打，灌辣椒水、上压杆、钉竹签、烙铁烧，想从晏春山嘴里得到地下党和游击队的情况。面对各种酷刑，晏春山坚定地保守党组织的秘密。硬的不行，敌人就来软的。敌人把晏春山的双手反绑着，对她说：“今天要你带着我们去找游击队，要是能找到，就立即放你回去，你的孩子还正在等着你。要是找不到游击队的话，你就别想回去了，就用石头把你砸死在山上！”

晏春山自知不免一死，但她并不畏惧。她坦然地带着敌人朝着远离游击队驻地的鸡公寨走去。当走到大花台崖顶时，晏春山转身面对敌人骂道：“狗强盗，吃人的野兽，你们的日子不会长久的，共产党人是杀不绝的！红军游击队就在这崖下边，跟我一块去找吧！”

接着她高呼："中国共产党万岁！红军万岁！"然后纵身跳下悬崖，壮烈牺牲。

（二）对党忠诚，就是要意志坚定，百折不挠

中国共产党领导人民进行革命，经历28年的漫长岁月，才推翻三座大山，取得革命的胜利。漫长的革命岁月，要求广大共产党员对党忠诚，意志坚定，百折不挠。在大革命失败后的白色恐怖时期，大别山革命处于低潮，也有个别人看不到革命的前途，丧失了革命的意志，脱离了革命，甚至背叛革命，投入敌人的怀抱。但这毕竟是极少数，绝大多数的共产党人，在困难的环境下，在生死考验面前，对党忠诚，不改初心。

在大别山革命的忠诚榜上，河南新县的刘名榜是一个有名的人物。他用他的传奇故事，书写了一首百折不挠、对党忠诚的壮歌。刘名榜1928年参加革命，1929年加入中国共产党，先后任赤卫队长、乡苏维埃主席等职务。根据地"肃反"时，他被张国焘诬蔑为"第三党"关了半个多月，和他一起被抓的18个人，最后只剩下3个人。红军西征后，刘名榜和另外两个人虽然被从狱中放了出来，但仍然没有得到自由，而是被安排到"苦工队"继续"改造"，跟随部队行动，肩挑背驮军用物资或是伤病员。长期的关押使刘名榜身体很弱，但他以顽强的毅力硬撑了下来。

在一次和敌人的遭遇战中，"苦工队"被打散了。刘名榜大难不死，孤身一人在荒山野岭中徘徊。思前想后，他痛下决心：只要活着就要干革命，不死就要去寻找革命队伍！他拄着一根棍子，在崇山峻岭中寻找队伍和组织。山下到处是国民党的军队和地方民团的据点，山坳里的小山村都成了一片焦灰，山里的群众都被迫迁移到山外去了。

终于，在一座庙里刘名榜遇到走散的革命同志肖先发和官楚印。刘名榜苦笑着说：“我的命大，阎王爷不给报名，只好回来。那些所谓的‘革命’的人，在同志面前盛气凌人，听见敌人的枪声就吓得屁滚尿流，哪还顾得上我们这些‘反革命’。既然死不了，咱还要革命到底！”

1934年10月红二十五军长征后，敌人对根据地加紧“清剿”。刘名榜将便衣队化整为零，拉到天台山、老君山、白马山一带活动。在艰苦卓绝的斗争环境中，刘名榜和他率领的便衣队战士们以对党的无限忠诚，保持高昂的革命斗志，坚持下来。他们经常在崇山峻岭的密林中或在山洞里一边架起吊罐煮野菜，一边唱着歌谣：“哪朵葵花不向太阳，哪个穷人不向共产党？任凭白匪再猖狂，烧我房屋抢我粮。一颗红心拿不去，头断血流不投降！”

敌人“清剿”没有达到目的之后，便使出了更毒辣的手段。他们在叛徒的指引下逮捕了地方党负责同志的亲属，利用他们来动摇便衣队战士的革命斗志。当时刘名榜的大舅舅以及其他沾亲带故的人都被敌人逮捕了，保安团的队长王安传托人带话给刘名榜说，要不投降，就把他们都杀光。刘名榜不为所动，坚持斗争。

抗日战争时期牺牲的安徽六安籍的赵翅生，对党忠诚，百折不挠，最后壮烈牺牲。赵翅生1903年出生，1923年考入安徽省立第一师范学校，1926年考入北京大学，1927年加入中国共产党。1927年“四一二”反革命政变后，赵翅生在北京化名从事地下革命活动，1932年赴济南秘密发展党的组织，后南下江苏戚墅堰组织铁路工人运动。1933年他回到北平后，因叛徒出卖被捕。狱中，面对严刑逼供，他始终坚贞不屈。1937年全面抗战爆发后，赵翅生出狱，赴延安中央党校学习。1938年秋，他回到家乡六安，在丁集、华祖庙一带开展抗日救亡工作，发展党员数十人，建立了4个普通支部和3个中心支部。在他的努力下，丁集成立了有12名共产党员参加的人民抗日自卫军第五大队第四独立中队。10月，他协助六安县长唐晓光率抗日武装在六安北二十铺重伤日军数十人。1940年2月，国民党顽固派反共意图日益暴露，党组织通知已公开身份的党员转移皖东，赵翊生和一些尚未公开身份的党员仍留在六安坚持斗争。

他自筹经费在丁集开设一个“协和猪行”，作为党的地下联络站，同时为革命筹集经费。赵翊生很快引起了国民党特务的注意，1940年冬，他再次被捕入狱。1942年冬，他被押送至立煌县国民党“感化院”。他伺机越狱回乡，继续领导家乡的革命斗争。1943年夏初，赵翊生被国民党秘密杀害于丁集东渡口，时年40岁。

（三）对党忠诚，就是要面对困难不改初心

在大别山土地革命战争时期，曾出现严重的“肃反”扩大化的错误。特别是张国焘发动的“肃反”运动，使大批红军将领和干部受到残酷打击。“岁寒，然后知松柏之后凋也。”在困难委屈面前，广大根据地的党政军高级干部和共产党员，不计个人恩怨得失，继续保持对党的事业的忠诚，不改初心，一如既往，坚持革命。据徐向前《历史的回顾》一书中记载：将近3个月的肃反，肃掉了2500名以上的红军指挥员，十之六七的团以上干部被逮捕、杀害。尽管张国焘滥杀无辜，但广大红军指战员和地方党政军群对革命事业忠心耿耿，不曾动摇对党、对共产主义的信念，仍然前仆后继、英勇不屈地与敌人战斗。就在从麻埠到白雀园的“肃反”期间，红四军还不断向外出击，先后取得武庙集、乌龙集、和凤桥、仁和集、草庙集等战斗的胜利。在连续作战中，有些被诬为“反革命”而遭逮捕的干部、战士被暂时释放出来编为“突击队”时，依然冲锋陷阵，奋不顾身地打击敌人，其中许多人献出生命。地方上的干部也是如

此，积极进行反对第三次“围剿”的准备工作。所有这些事实证明：经过党长期培养和革命斗争考验的干部、战士和人民群众，对党、对共产主义事业具有无限的忠诚和坚定的信心，表现出伟大的革命英雄主义气概，用事实阐释“我们的党尽管多灾多难，但力量却是无穷无尽的”。这是一支多么令人崇敬的队伍！

在“肃反”运动中，许多人受到错误处理，被驱逐到“苦工队”劳动，在得不到理解的情况下，身受巨大委屈，但仍默默工作。霍山红军将领苏焕清就是其中一个代表。苏焕清1929年参加红军，1930年加入中国共产党。1931年5月，苏焕清率52名游击队员加入红四军第十师第三十团。当时红军中个别领导听苏焕清介绍自己读了两年多私塾，认为他是个“知识分子”，思想复杂，不予接受。苏焕清据理力争，就是不愿离开，事情闹到军部。军部领导在听了他的详细自我介绍后，决定将他留下，并送他到第三十团特务连当战士。红四方面军主力长征后，苏焕清历任鄂豫皖后方医院政治委员、红二十五军医院政委兼第七十五师医院政委等职。1934年8月，苏焕清被诬蔑为“第三党”，被用绳索捆着，关入禁闭室，并撤销其后方医院政治委员职务，罚当伙夫，开除党籍6个月。在禁闭室内，苏焕清异常苦闷，生怕开除党籍“就等于死人一样”，他极力请求组织让他到实际工作中去锻炼自己，以实际行动证明自己，表示只要不死，就要革命到底。几天后，光山县扶山寨战斗打响，无人顾及苏焕清。苏焕清拼死挣开绳索，逃出禁闭室，冒着枪林弹雨，终于追赶上红军大部队。1934年11月，苏焕清随红二十五军开始长征。长征途中，苏焕清被编入“苦工队”，一路挑着行李行军作战，虽多次被冲散，但他仍抱有坚定的革命信念，找到队伍继续前进，九死一生，最后到达陕北。

1935年9月中央红军达到陕北后，徐海东找到毛泽东反映长征中“苦工队”的问题，说部队至今还有300多个同志受冤枉，他们的问题应该解决了。他把鄂豫皖根据地“肃反”扩大化的情况简明扼要作了汇报。毛泽东问，他们是些什么问题？徐海东说，有的是说了几句怪话，被扣上“第三党”；有的是丢了枪上的一个零件，被当成反革命嫌疑犯；有的是无根据地被指控为“AB团”成员；也有的说是历史上的问题，但找不到证明人。从鄂豫皖到陕北，一路上，他们被剥夺了拿枪的资格，每天抬伤员、挑子弹箱、背东西，处处受人监督，不能随便说话。毛泽东思考了一会儿指示说，立刻给他们摘掉帽子，党员恢复党籍，团员恢复团籍，这些同志都跟着长征一路，吃了很多苦，为什么还当作反革命？历史证明人就不用了，他们长征过来，就是最好的历史证明。毛泽东要求徐海东亲自去做解释工作并安慰受害者。徐海东回到部队，找来这些受冤枉的同志，宣布了党中央和毛泽东的决定。顿时，苏焕清和其他受冤枉的300多个同志号啕大哭。这哭声惊天地泣鬼神！这既是对党的实事求是思想路线的感激，也是自己对党忠诚的表达。

在大别山革命史上，还有一个重要的问题，就是关于红四方面军对党中央的忠诚问题。红军长征后，由于张国焘的错误和西路军西征的失败，给广大红四方面军指战员带来了很大负面影响，一些人遭受了委屈。当西路军西征失败的消息传到延安时，红军大学正在批判张国焘的分裂主义错误。红大政治部便说红四方面军是土匪、军阀，红四方面军干部是张国焘收买的。红四方面军的很多干部想不通，有的人甚至发牢骚说要重新回大别山干革命，以证明自己是真正革命的。当时，负责审理红四方面军干部的董必武在和红四方面军的洪学智、许世友交谈后，发现他们没有组织性的行为，也没有人指使或操纵，只是对红大的斗争方式表示不满而已。毛泽东了解到这一情况后，便到抗大看望许世友、洪学智。毛泽东对他们说：

“红四方面军的干部都是党的干部、党的宝贝，不是他张国焘的干部。张国焘是党中央派到四方面军去的，他的错误应该由他自己负责，与你们这些同志没关系，过去他们讲的那些话，不代表中央，只代表他个人。”毛泽东这次谈话，为许世友他们平了反。毛泽东走后，红大的红四方面军干部全部被释放。

洪学智等被释放后，在填写原来入党介绍人时，又发生波折。洪学智说：“要重新入党，我不入了！我不够共产党员的资格，就做一个群众，但我跟共产党走，还革命。”

1942年7月2日，中共中央发出《关于对待原四方面军干部态度问题之指示》，指出：“原四方面军干部绝大多数都是工农出身，由下层工作渐次提拔上来的，他们在国内革命战争中表示了对革命对党的坚定与忠诚，在克服国焘路线之后，又一致拥护党中央，在民族战争中也表示了他们的英勇与忠诚……”①

红四方面军广大将士后来的战斗历史证明：他们都是忠诚于党的事业，忠诚于革命事业的。无论在抗日战争、解放战争，还是新中国成立后的社会主义革命和建设事业中，他们都坚定忠诚，为党和人民的事业作出了重要贡献。

“忠诚”，是对红四方面军的最大褒奖，也是对红四方面军广大干部的郑重肯定。

（四）对党忠诚，就是要勇于同剥削家庭决裂，一心向党

在中国共产党早期革命领导人中，很多人出身于比较富裕的家庭，在参加革命后，都能对党绝对忠诚，与自己的家庭决裂，坚定走革命的道路。彭湃、方志敏都是比较突出的代表。在大别山革命

① 中国工农红军第四方面军战史编辑委员会：《中国工农红军第四方面军战史资料选编（长征时期）》，解放军出版社1992年版，第1155页。

斗争史上，无论是红军将领还是普通党员，基本上出生和成长在大别山本地区，特别是早期参加革命的人很多都是知识分子，家境富裕，有些还是地主阶级家庭出身，社会关系比较复杂。在复杂残酷的革命环境下，坚持对党忠诚，要求他们比别人经受更多的考验。这些革命者经受住了严峻考验，以他们的无私与坚贞谱写一首对党对人民对国家的忠诚之歌。

鄂豫皖革命根据地重要领导人、红二十五军军长吴焕先，出生于湖北黄安县紫云区四角曹门村（今属河南新县）一个地主兼商人家庭。1924年，吴焕先考入麻城蚕业学校，开始接触进步思想。大革命开始后，吴焕先回到家乡开展农民运动，以身作则，推动农民运动的发展。吴焕先首先革自己家的命。他家有近百亩土地和一家店铺。他想，既然自己信仰共产主义，光背叛这个剥削阶级家庭不行，还得破家济民才行。于是他对父亲说，我们家是剥削阶级，非共产不可，马克思和董必武他们也是这样主张的。父亲一听火了，坚决不同意。吴焕先知道一时说不通父亲，便不断做父亲的思想工作。后来风起云涌的土地革命风暴席卷整个黄安，吴焕先趁此机会带头破了自己的家。他当着农会和群众的面，将家里的房屋契约和债据全部烧毁，还把自家的一些房屋和田地分给了穷人。当时，在场的许多人激动得热泪盈眶，连声说：焕先闹革命真是为我们穷人，共产党是真革命啊!革自家的命也不含糊……从此，农民群众更加信任他，自觉跟着他闹起了革命。

1926年冬，大革命运动中，恶霸地主方晓亭率民团武装乘五华县领导农民武装不在之时，直扑吴焕先家，杀害了6人。吴焕先回来后，看到悲伤中的母亲和弟弟，万分悲痛，对幸免于难的母亲、妻子和四弟说："革命就得死人，是我害了全家。你们快走吧，到外边躲一躲，这个仇我一定要报。"后来，吴焕先的母亲在自家饿死，妻子饿死在逃荒的路上。

不但背叛自己的家庭，在残酷的斗争环境下还要对党忠诚，大义灭亲。红安籍烈士王秀松背叛地主家庭，革命到底，就是一个生动的例子。王秀松出生在黄安县栗林村一个地主家庭，1923年考入武汉中学，开始革命活动，1925年加入中国共产党，1927年5月在黄安县南组织农民武装，后来参加领导了黄麻起义，是黄麻起义和鄂豫边根据地领导人之一。

王秀松的父亲王建禄是当地的地主绅士，放租收息，还开办了同义兴杂货店，在十里八乡很有势力。王秀松参加革命使父亲极其不满，随着王秀松闹革命的影响日益扩大，父子之间的裂痕愈来愈深。王秀松曾多次对王建禄的行为进行批评劝告，要王建禄不要欺压穷苦农民。王秀松没收王氏祖谷办学，王建禄大为不满，说儿子大逆不道，冒犯祖宗。王秀松毫不退让："你管不着我，革命是要革的！"黄麻起义遭受挫折后，王秀松率领少数农民自卫军在黄安坚持游击斗争，成为当地反动势力的心腹大患。沙河大地主、沙河民团团长王彤兵变拉拢王建禄与革命为敌，父子终于彻底决裂了。

1929年阴历三月初四的深夜，王秀松潜回家中，对王建禄进行了最后一次劝告，谁知王建禄大骂王秀松是"败家子"，斥责道："我苦心花钱送你读书，指望你学成功名光耀祖宗，没想到你翻这么大的花，去当共匪！"王秀松抽出手枪摔在桌子上说："这个花还要翻天那么大，任何人不能阻挡我革命！""你要翻就滚远些，莫把一家人革绝了种！""我偏要从家里革起！"王秀松还警告王建禄："你不要看到国民党反动派一时势大，他们终究要失败，革命总是要成功的。"王建禄看到王秀松坚决的革命态度，出门躲了起来。

王秀松从母亲口里得知王建禄躲藏的地方。第二日清晨，他亲自派十多名自卫军队员包围了标岗山，经过搜寻，逮捕了王建禄。

王建禄大哭大叫，企图让驻扎在附近的民团得信。于是，农民自卫军队员将王建禄拖到董家岭子的一片树林里就地镇压了。

忠诚是一种考验，没有通过考验的忠诚不是合格的忠诚。黄安的赵赐吾特别具有代表性，他入党前说服母亲放弃剥削生活，把财产分给穷苦人；在参加革命后，他又大义灭亲，镇压了自己的表叔。

1926年，北伐军胜利攻占武汉，黄安、麻城地区的农民运动正在蓬勃发展。此时，赵赐吾奉党的指示回到家乡开展革命活动。为了表示对革命义无反顾的坚决态度，唤起广大贫苦农民的革命热情和斗志，赵赐吾首先在自己家里展开了一场“打垮剥削阶级家庭，同穷人一样生活”的背叛地主家庭的革命。

赵赐吾家有田产150多亩，房屋高敞，雕梁画栋，远近闻名。父亲早逝，母亲掌管家里的一切。赵赐吾多次做母亲的工作，他对母亲说：“董必武、陈潭秋领导我们在办党，我们这个党叫中国共产党，共产党就是要使天下的穷人都过上好日子，没有剥削，建立人人平等的社会。”母亲一时不明白他的话意，很生气地回答说：“你管那些干什么?只要我们有饭吃，有屋住就够了。”

赵赐吾知道母亲不懂得共产党，不懂得革命，还是耐心地启发她：“我们家里富，有田，有地，有房子，主要是靠剥削穷人得来的。应该同穷人共起产来。”母亲一听要“共起产来”，很不情愿，说：“原来让你出外读书，是指望你升官发财，光宗耀祖，没想到你辜负了父母的一片心意，破起家了。”赵赐吾见一时难以做通母亲的工作，就经常下地帮助群众挑草头、锄地，一连挑断几根冲担，肩膀和手心都磨出了血。母亲见他累的那个样子，又心疼起来。赵赐吾见母亲态度有所转变，就乘机“进攻”。他换上破旧的衣服，搬进一间破柴房，同穷人一样过起了自食其力的生活。之后，他写了一张封条贴在自家的门上，向群众宣布：“我家的田地、房屋、财产一切都交给农会分给穷人，农民所欠的债务全部免除。”在自家门口，他将地租契约全部烧掉。赵赐吾的行动取得了群众的信任。不久，黄安县党组织接受他加入中国共产党。入党后，赵赐吾积极工作，在他的带领下，紫云和麻城顺河一带的农民运动开展得轰轰烈烈。

大革命失败后，一时间全国乌云密布，农民运动开展得轰轰烈烈的黄安成了“清党”“血洗”的重点。黄麻地区的地主豪绅勾结反动武装，对紫云地区进行疯狂反扑，大肆屠杀革命群众和干部家属，反革命的血雨腥风笼罩着整个黄安。在极其艰难困苦的环境下，赵赐吾不畏强暴，没有丝毫的怯弱和动摇。在斗争中他认识到：为了使农民拿起武器投入革命，只有先开展镇压地主豪绅的斗争，在斗争中锻炼群众。

在分掉自己的家产之后，赵赐吾又拿表叔大地主赵焕章开刀。赵焕章拥有田地100多亩，是当地有名的恶霸地主，穷苦农民对他恨之入骨。赵赐吾知道，要想动员武装农民群众就必须先镇压赵焕章。于是在农历九月初九的那天，赵赐吾带领许家冲一带农民400余人手持锄头、冲担，直奔绿花河，将赵焕章处死。

赵焕章被处死的消息震动了四乡。当天下午，赵赐吾在绿花河的学校里召开了群众大会。在会上，他向群众宣讲了党的八七会议精神和省委关于暴动的指示。会后，他组织了一支百余人的农民义勇队。1927年11月13日，黄麻起义爆发，赵赐吾带领本乡农民义勇队，手持刀矛，参加了攻打黄安县城的战斗。18日，他又率领义勇队参加了黄安县农民政府成立大会。

商南起义的领导人、红三十二师师长周维炯也有大义灭亲的壮举。商南起义后，周维炯率红三十二师转战各处，沉重打击了反动势力。1929年9月，周维炯率部返回商南，打击地方民团、编练队、清乡队、还乡团等反动武装，并镇压了一批反革命分子。这其中有周维炯的小舅子漆藏州。当时，漆藏州与顾敬之等土豪劣绅相互勾结，迫害红军家属，并咒骂共产党是“乱国之寇”，攻击农民协会是“殃民会”，骂赤卫军是“强盗土匪”，并写信给河南省政府，要求派兵镇压。周维炯回来后就派人将小舅子抓起来，当天下午就将他枪毙。当地群众兴高采烈，他们为共产党有这样忠诚于党的党员欢欣鼓舞，还编了几句歌词：“外甥做官，舅舅问斩，大义灭亲只有共产党。”中国传统社会极重人情，周维炯大义灭亲的举动体现了他对党的绝对忠诚。

（五）对党忠诚，就是要坚持原则，不徇私情

对党忠诚还表现在革命队伍纪律严明，秉公执法，对待自己的亲朋好友不徇私情。红军将领戴克敏大义灭亲的故事也流传很广，十分感人。1929年秋，部队在柴山堡休整，有人向戴克敏揭发：部队里有一名司务长，私自把部队的钱借给亲戚做生意。戴克敏一听火冒三丈，因为这个司务长不是别人，正是他的表弟，该如何处置？戴克敏当即审问表弟，表弟也承认私下拿了20块大洋。按当时部队规定，私拿一个铜板就要给处分，20块大洋就是死罪。表弟吓得发抖，哀求道：“我错了，看在我们是亲戚的份上，饶了我吧！”戴克敏听后心情复杂，胸中掀起巨大的波澜，他和表弟一直关系很好，又都是革命队伍中的一员，在对敌斗争中都是一个战壕的战友，这让自己如何下得去手？最后，戴克敏找到徐向前等人汇报情况，坚决要求按军法处置表弟。经研究决定，对戴克敏的表弟立即执行枪决，那一刻，戴克敏将自己关在房里，一方面痛恨表弟糊涂，一方面痛恨自己没有管教好队伍。他喃喃自语道：“表弟呀表弟，不是我六亲不认，是军纪难容啊！”①是呀，纪律面前人人平等，大义灭亲

① 郛家能主编：《红安精神代代传》，海潮出版社2006年版，第100页。

不徇私情，在革命战争年代就是如此！戴克敏全家两代人中，有14人参加革命，其中11人为革命献身，2人病逝在工作岗位上。

在尖锐复杂的斗争中，每个革命者都面临复杂的家庭关系和社会关系，怎样处理好这个关系，特别是在生死斗争的关头，是对革命者的严峻考验。能否对党忠诚，成为大别山区革命斗争能否继续，革命形势能否发展的重大问题，这是中国革命进程中，特别是鄂豫皖革命根据地发展过程中一个重要的问题。它直接决定着大别山革命事业的发展和成败。能否坚持原则立场，是考验共产党员是否对党忠诚的重大依据。许多人在这个问题上表现出了大无畏的革命精神。

（六）对党忠诚，就是要经受终生考验

作为一名共产党员、一名革命者，要用一生的奋斗来实践对党的忠诚。大别山无数革命先辈，无论生命长短，都用自己的一生实现了对党的忠诚。“活着尽忠，死后尽孝”。在革命史上，“忠”被赋予新的内涵，焕发出熠熠光华。广为人民爱戴的许世友将军，是共产党员实践对党忠诚的一个突出代表。许世友8岁进入少林寺，练就一身武功，参加革命后，从普通士兵成长为我军的高级将领。在漫长的革命生涯中，他一直没有回家去看望自己的老母亲。1957年，许世友将自己要求回乡土葬的申请书递交到中央。申请书中写道：“叶落归根，我生在大别山，长在大别山，死后要魂归大别山，我活着为国家尽忠，死后要睡在母亲身边，为母亲守坟。”深情苦语，感动天地。1958年，身为南京军区司令员的许世友在到大别山检查工作时，抽空回家探望母亲。这是他离开家乡后第一次回家。到家时，只见大门紧锁，他便到附近山上寻找母亲。当看到白发苍苍的母亲背着一捆柴向山下走来时，许世友快步迎上前去，一下跪倒在母亲

面前，涕泗横流。他对母亲说：“娘，孩儿不孝，儿活着没能为娘尽忠，死后要为你守坟。”后来考虑到母亲年纪大了，许世友就让在北海舰队当舰艇长的儿子许光经常回大别山老家看看，代他尽孝。母亲去世时，正在为国尽忠的许世友恰好在浙江舟山群岛视察工作，没有时间回家送葬，就打电报告知许光回家行孝安葬。20年后，许世友在南京去世，遗体运回大别山老家安葬，墓地就在父母的坟边，这实现了他“活着尽忠，死后尽孝”的誓愿。

林维先，这位被毛泽东称为“游击专家”“民兵专家”的一代战将，用他一生的时间完成对党忠诚的庄严承诺。红四方面军西征后，林维先在大别山区坚持战斗。作为师长的林维先率红八十二师打得敌军闻风丧胆。后来，他的上级、皖西北道委书记郭述申被撤职，皖西北道委开展严厉的“肃反”运动。林维先也被当成“改组党”，被撤了师长职务，并遭逮捕。在公审时，部分干部冒着生命危险保护他。在枪决表决时，战士们都不举手。就这样，林维先才没有被杀掉。

之后，林维先被送到红二十五军经理处当一名挑担子的苦工。“苦工队”一共90人，大多是“肃反”下来的师、团一级的干部。他们虽然身份变了，又身处逆境，但对革命的忠诚没有任何改变和动摇。一次，“苦工队”在转移途中突然遇上敌保安团两个营。这时，“苦工队”每人只有一根扁担，没有刀枪。林维先说，与其冤死，不如战死！当保安团靠近时，林维先举着扁担，带头冲向敌人。虽然敌众我寡，但90个苦工个个以一当十，舍命拼搏，从敌兵手上夺得武器。后来，红二一八团闻讯赶过来，保安团仓皇而逃。这一仗“苦工队”歼敌300余人。经过这一遭遇战，“苦工队”以他们的耿耿忠诚之心经受住了考验，也使高敬亭深受感动，改变了对“苦工队”的看法，下令将缴获的武器弹药给“苦工队”做装备，把他们正式编为红二一八团第二营。

红军长征后，高敬亭重建红二十八军。林维先成为高敬亭信任的将领，也是红二十八军主要战将之一。抗日战争和解放战争时期，林维先成为我军的重要将领。1985年，林维先在武汉逝世，临终前留下遗言：“在任何时候，对党对革命事业都要忠心耿耿，永远都要忠诚于党！”

第四章　一心为民　团结奋斗

滔滔长江水，巍巍大别山，叙述不尽鄂豫皖边区革命者所创造的丰功伟绩和传奇篇章。大别山精神的内涵还体现在其人民性上：中国共产党始终把“为人民谋幸福”作为初心和使命，与人民群众同呼吸共命运，心心相印，军民团结，与黑暗的旧世界和反动势力决裂，并向其宣战、反击，在鄂豫皖边区的连绵群山之间奏响一曲曲气壮山河的胜利凯歌。

毛泽东曾经说过：“真正的铜墙铁壁是什么？是群众，是千百万真心实意地拥护革命的群众。这是真正的铜墙铁壁，什么力量也打不破。”[①]习近平总书记2016年4月在安徽金寨考察时深情地说：“一寸山河一寸血，一抔热土一抔魂。回想过去的烽火岁月，金寨人民

①《毛泽东选集》第一卷，人民出版社1991年版，第139页。

以大无畏的牺牲精神，为中国革命事业建立了彪炳史册的功勋。”岁月在流逝，山河在诉说，历史的经验告诉我们：水可载舟亦可覆舟，亿万人民群众中蕴藏着推动历史前进的磅礴力量。深厚的群众基础、亲密的干群关系、坚定的军民团结，正是革命无往而不胜的根本保证。鄂豫皖边区的革命胜利，离不开苏区人民群众的牺牲与奉献；大别山精神的铸就，离不开党领导红军、领导人民所进行的艰苦卓绝的斗争。

一、“初心”可鉴，情系人民

中国共产党是中国工人阶级的先锋队，是中国人民和中华民族的先锋队，代表中国最广大人民的根本利益。中国共产党保持同人民群众的血肉联系，是由党的性质、宗旨和根本任务所决定的。由于中国长期处于半殖民地半封建社会，封建主义、帝国主义、官僚资本主义等反动势力异常强大，近代中国社会各阶层虽然不时掀起革命波澜，但历次革命最终都以惨痛的失败而告终，失败的因素固然很多，但没有能够充分发动人民群众是其重要原因之一。因此，中国共产党自创建之初，就将视野投向了基层的民众。1921 年 7 月在中共第一次代表大会上，鉴于当时的党“几乎完全由知识分子组成”，大会“决定要特别注意组织工人，以共产主义精神教育他们”。中共二大宣言初步阐明了中国革命的性质、对象、动力、策略、任务和目标，明确指出“革命的动力是工人、农民和小资产阶级，民族资产阶级也是革命的力量之一；革命的策略是组成各阶级的联合战线”[①]。大会还指出：中国的广大农民有极大的革命积极性，是

① 中共中央党史研究室：《中国共产党的九十年　新民主主义革命时期》，中共党史出版社 2016 年版，第 38、44 页。

“革命运动中的最大要素”。1925年1月召开的中共四大明确提出了农民同盟军问题，指出：农民问题在中国尤其在民族革命时代的中国特别重要，中国共产党与工人阶级要领导中国革命成功，必须尽可能地系统地鼓动并组织各地农民逐渐从事经济的和政治的斗争。没有这种努力，希望中国革命成功以及在民族运动中取得领导地位，都是不可能的。

在地域辽阔的鄂豫皖边区，大别山主峰白马尖、金刚台、天堂寨、天台山等雄峙中心，峰峦如聚。在绵延千里的群山之间，沟壑纵横，溪流逶迤，平畈、河川、台地、坡地分布其间，大大小小的乡村、城镇散布其中。大别山山势雄奇、景色秀美、物产丰饶，勤劳勇敢的人民世世代代在这里耕耘、生产，但是辛勤的劳作换来的却是食不果腹、衣不蔽体的凄惨生活。

在帝国主义、封建主义的残酷压迫和剥削下，人民生活在水深火热之中。大别山地区自然经济占主体地位，地主豪绅占据了农村地区绝大部分可耕地，封建地租往往超过产量的一半以上，有的竟高达收获物的八成。此外，农民还要缴纳鸡、羊、棉、油、柴等，并时常负担一些劳役，逢年过节还得向东家送礼。残酷的经济剥削和野蛮的政治压迫，加之军阀混战，吏治腐败，使大别山地区土地荒芜，生活黑暗，饥荒连年，人民苦不堪言。在大别山地区流传着一则民谣：“冷天无衣裳，热天一身光。吃的野菜饭，喝的苦根汤。麦黄望接谷，谷黄望插秧。一年忙四季，都为财主忙。”这首民谣无疑是大别山人民群众悲苦生活的真实写照。

残暴的统治积压着无穷的民怨，绝望的生活引燃愤怒的火焰。大别山人民素有斗争精神，在清末民初之际，鄂豫皖边区的人民就曾多次奋起抗争，但由于遭到统治集团的残酷镇压，大多以失败告终。中国共产党的成立，翻开了中国革命历史的新篇章，也使苦难深重的大别山人民看到了翻身解放的希望之光。

在鄂豫皖边区，农业经济占主体地位，这就决定了该地区人口结构中绝大多数是农民。鄂豫皖边区革命的领导者、发动者，很早就注意到农民问题。1926年7月，北伐战争开始，仅仅半年时间革命势力席卷长江流域，为适应农民运动日益发展的形势需要，广州农民运动讲习所和武昌农民运动讲习所为全国培养了大批农民运动骨干，鄂豫皖边区也选送了王鉴、戴克敏、王秀松、汪奠川、刘文蔚、桂步蟾等，学习结业后，他们先后回到自己的家乡，成为大别山地区农民运动的领导力量。

无论是鄂豫皖边区革命先驱还是早期领导者、发动者，都不仅意识到要积极动员农民投身革命，同时也意识到要维护人民群众的切身利益、根本利益。早在中国共产党创建之际，身在武汉的董必武就提出“要接近民众，唤醒民众，打下革命的群众基础”。此后，他同李汉俊、詹大悲、张国恩等商议后，决定干办报纸和办学校两件事，以便在学生和工农民众中开展马克思主义启蒙运动。他在指导学生利用寒暑假回乡从事农民运动时告诉其具体方法：先要找贫苦农民以取得信任；不作空泛的宣传，要闲谈，与农民靠拢；帮农民做好事，多帮忙，不要使农民吃亏……

1923年至1927年春，鄂东北、豫东南、皖西各县纷纷建立中共党组织，中共党员深入农村地区开展革命活动，组织秘密农民协会，领导农民开展各种形式的斗争。北伐战争期间，鄂豫皖边区人民热烈响应，并以各种形式支持北伐。他们纷纷喊出：“打倒帝国主义”“打倒封建主义”“打倒土豪劣绅”“打倒贪官污吏”“一切权力归农会”“劳农神圣”等口号，热火朝天的革命浪潮令反动势力无比胆寒。①

① 参见本书编写组：《鄂豫皖苏区历史简编》，湖北人民出版社1983年版，第12页。

1927年8月，中共中央在武汉召开八七会议，会议总结了第一次国内革命战争失败的经验教训，确定了土地革命和武装反抗国民党反动派的总方针，并把发动农民举行秋收起义作为党的主要任务。八七会议精神迅速传达到鄂豫皖边区，为复杂形势下的中国共产党人和革命群众指明了方向。湖北省委在制定秋收起义计划时确定：党应立即领导农民起来，打倒土豪劣绅，“引起乡间极大的骚动，抗捐抗税以动摇武汉的统治”，“进一步武装农民，抗租抗粮，实行全省大暴动”，“彻底消灭封建势力而建设农民协会的政权”。河南省委在传达八七会议时指出，“坚决执行新的政策，在河南发动工农斗争以至暴动，进行土地革命工作，”并在《农民运动决议案》中强调：应加强对农民运动的领导，暴动应以贫农及失业农民“为中心，联合中农及枪会群众，使小地主中立，实行猛烈的抗捐抗粮抗租”[①]。在皖西，舒传贤、周狷之、周范文、胡苏明、吴干才等受中共安徽省临委派遣，先后回到皖西地区领导工作。在南岳庙召开的六安、霍山、霍邱等县党的积极分子会议上，要求各地党组织“积极发展工农群众运动，领导他们从罢工、抗租、抗债的日常经济斗争走向武装起义”，并建立工会和农民协会。

共产党人“一心为民”的初心始终如一。1937年抗日战争爆发，面对民族危亡，中国共产党捐弃前嫌，力求建立抗日民族统一战线，挽救国家和民族，解救人民免于日寇奴役。1937年2月，中共中央致电国民党三中全会，提出五项要求、四项保证，要求停止一切内战，集中国力，一致对外，改善人民生活。毛泽东同志于1939年12月发表《纪念白求恩》一文，号召全体党员学习白求恩“毫不利己、专门利人”的精神，做一个“有益于人民的人”。1942年5月，毛泽

① 谭克绳、欧阳植梁主编：《鄂豫皖革命根据地斗争史简编》，解放军出版社1987年版，第18、20页。

东在延安文艺座谈会上讲话，号召全党和文艺工作者“做无产阶级和人民大众的‘牛’，鞠躬尽瘁，死而后已”[①]。1945年在中共七大上，毛泽东同志在报告中强调：党领导的八路军、新四军是人民的军队，“紧紧地和中国人民站在一起，全心全意地为中国人民服务，就是这个军队的唯一宗旨”[②]。

周恩来同志十分注重发挥群众力量参与抗战。1938年春，他就抗战宣传工作提出“唤醒和激发民众”，“动员所有民众力量，增强抗战的威力”。他对于文艺工作者说，宣传方法和形式要合群众口味，要入乡随俗，老百姓才能喜闻乐见，才能收到预期效果。抗战之中的董必武不失“人民公仆”的本色，1938年7月，他与中共其他参政员联名发表《我们对于国民参政会的意见》中表示：“国民参政员是人民的公仆，是人民的使者，是人民的代表，我们将忠实地遵循人民的训示和人民的意志而努力工作。”[③]新四军是抗战背景下成立的人民武装，新四军领导人十分重视群众工作，维护群众利益。1938年4月，在皖南岩寺鲍家祠堂召开的干部会议上，新四军副军长项英明确指出，我们改编为新四军，不再叫红军了，但我们是人民军队的性质没有变，这一点，大家要牢牢记住。[④]

解放战争期间，国民党妄图恢复昔日统治，摧残根据地，加紧奴役和剥削人民。为保障人民利益和大别山区的人民政权，根据中共中央《关于清算减租及土地问题的指示》（1946年5月4日颁布的“五四指示”），党领导人民着手划分土地，实行“耕者有其田”的

---

①《毛泽东选集》(第三卷)，人民出版社1991年版，第877页。

② 中共安徽省纪律检查委员会、中共安徽省委党史研究室、安徽省新四军历史研究会、中共宣城市纪律检查委员会、中共宣城市委党史研究室：《新四军和华中抗日根据地反腐倡廉建设》，中共党史出版社2012年版，第70—71页。

③ 转引自胡传章、哈经雄：《董必武传记》，湖北人民出版社2006年版，第176页。

④ 参见王辅一：《项英传》，中共党史出版社2008年版，第292页。

土地制度，满足千百年来劳苦大众对土地及生产资料的迫切希望。1947年解放军挺进大别山时，邓小平同志在指示地方工作时强调，“群众工作一定要做得深入扎实”，“充分发挥贫雇农组织的作用”，并教导大家“严格遵守群众纪律，艰苦奋斗，与群众同甘共苦，打成一片”①。

二、建立工农政权，维护人民利益

鄂豫皖根据地创建之初，中国共产党正处于幼年时期，党的理论水平不高。尤其是边区的党政干部、红军和苏维埃政府的工作人员，多来源于农民、雇工、小商贩和手工业者，对党的宗旨、性质、任务，对群众工作的重要性以及如何践行党的群众路线等，大多缺乏足够的认识。因此，通过政策制定、召开会议、宣传教育等多种形式，使党政干部、工作人员和红军将士提高认识水平，通过学习党政军的各类文件、法令、条例等，理解和掌握党的路线、方针和政策，领会上级指示精神，认识到农民问题在革命战争中的重要地位，认识到群众工作的必要性，认识到党与群众、红军与群众之间紧密团结的重要性，就显得尤其重要。

需要说明的是，党的政策是群众工作的生命线。无论是土地革命战争时期，还是抗战时期、解放战争时期，党的政策始终注意践行群众路线，依靠群众，切实维护群众利益。

（一）制定政策，巩固基础，政权彰显人民性

鄂豫皖边区封建势力顽固，普通百姓生活极为艰辛，党对边区人民群众充满感情，并不时通过巡视、调查、听取报告等多种形式

① 中共金寨县委宣传部编:《立夏节烽火》,安徽人民出版社1980年版,第308—309页。

了解边区人民的疾苦，掌握边区社情、民情。

1929年5月，皖东北特委何玉琳在给党中央的报告中痛心地写道：黄麻的农村经济破产达到了最高度，满目萧条，许多田地荒芜，“因为农民不敢耕种，清乡团军队常来蹂躏、践踏，或农民愿意耕种而缺乏流通资本置备农具，或农具不全耕牛缺乏（反动军队是一贯捉杀耕牛吃的），很多房屋已被烧毁”[①]。1930年4月，皖西六霍六县联席会议关于该区域政治任务的决议案中指出，六安、霍山等6县区域内“封建势力仍然高于一切，因此地方政权完全掌握在豪绅地主之手”，豪绅势力的唯一天职就是想尽办法扩充他们的武力，巩固他们的政权，“以保障他们对穷苦群众最大限度的剥削”。决议案还指出造成工农群众生活极度困顿、环境险恶的因素包括：“第一，帝国主义的商品侵入，破坏了固有的农村经济；第二，苛捐杂税，重租高利贷，商业资本野蛮的剥削；第三，军阀混战，拉夫、派响〔饷〕、军队搔〔骚〕扰蹂躏；第四，天灾匪祸不断的流行……”[②]

1934年3月28日，一则关于鄂豫皖苏区情形的报告中则反映：红军到白区打粮，“每每都是红军先走，劳苦群众（十分之八是白区的）随后，常常受着敌人的屠杀，致使劳苦群众常出怨言（红军是好的，就是打粮的时候他们先走了，不管我们，看着白狗子杀我们，那个还敢跟着去分粮呢），不愿意跟红军去分粮……”[③]红军中出现一些不良现象也得到反映：“红军里头有阶级的差别：红四军在鄂豫皖时，官长同士兵都是平等，都是吃一样的饭。……现在呢，官长

① 湖北省档案馆、湖北省财政厅编：《鄂豫皖革命根据地财经史资料选编》，湖北人民出版社1989年版，第35页。

② 湖北省档案馆、湖北省财政厅编：《鄂豫皖革命根据地财经史资料选编》，湖北人民出版社1989年版，第168页。

③ 湖北省档案馆、湖北省财政厅编：《鄂豫皖革命根据地财经史资料选编》，湖北人民出版社1989年版，第349页。

和士兵吃饭菜都不是一样的，伙夫〔伕〕做的饭生熟都没有人过问，并有打骂士兵的情形。”①

巡视、调查、报告、信函得来的信息，使党中央和边区政府的领导者、决策者了解到边区社会、经济及斗争形势等相关情况，为制定相关政策提供了依据。为解救鄂豫皖边区的人民群众，党在制定和颁布的相关政策、通告以及各种法令中，充分体现了“人民性”的一面。

1927—1930年是鄂豫皖根据地的创建和发展时期，由于形势变化过快，参加红军和苏维埃政府的人员成分复杂，一些地方出现了忽视农民问题、损失群众利益的情况，这引起了党的高度关注。

1927年11月，黄安农民政权成立之际，即颁布以“实行土地革命，推翻豪绅地主，保护商业贸易，建立工农政权，反对帝国主义，反对封建势力”为主要内容的《施政纲领》。1929年6月，初创鄂豫边区之际，革命政权即颁布《临时政纲》，内容涉及“土地改革”“粮食问题”“纳租还债问题”“肃反”“财政”等十个方面的内容。这年12月，鄂豫边革命委员会颁布《鄂豫边革命委员会政纲》《鄂豫边革命委员会土地政纲实施细则》。“政纲”规定的内容包括：建立工农兵代表会议；对工人实行8小时工作制，增加工资实施社会保险、失业救济，对女工、童工不得做有碍身体的工作；没收地主阶级的土地，耕地归农，改善农民生活，改善农民生产技术；改善士兵生活，分配土地给士兵；妇女在社会上、政治上、经济上与男子一律平等；普及农民教育；建立养老、育幼、保护残疾等事业。

1930年4月，中共六安县委颁布的《鄂豫皖区六安县第六区肃反条例》，共分20条。“条例”明确规定：凡曾捕捉残杀革命民众及

① 湖北省档案馆、湖北省财政厅编：《鄂豫皖革命根据地财经史资料选编》，湖北人民出版社1989年版，第349页。

其家属者，一律处以死刑；引导或勾结反革命军人捕捉或杀害革命民众及其家属者，一律处以死刑。凡向反动机关、团体报告革命公民之行为或踪迹者，一律处以死刑。第9条规定："凡有下列情形之一者，由肃反委员会处以死刑或罚金或禁闭：1.克扣工资、虐待工人店员之厂主及行主；2.重租重利剥削农民之地主；3.克扣军饷，虐待兵士之军官；4.剥削穷人，鲸吞公款，把持乡政，鱼肉乡民之豪绅；5.贪婪致富之官吏；6.豪绅地主之忠实走狗。"①

1931年7月在新集召开鄂豫皖区第二次代表大会，会议决定：实行劳动法令，"实行失业保险，保护童工女工"，使工人的生活"都要有根本的改善"；苏维埃政府取消一切苛捐杂税，实行"不抽工人农民一个钱的统一累进税"，"取消一切债务，明定法律，禁止高利贷"，"禁止高抬物价，帮助农民设立合作社，和商人的投机斗争，使农民群众生活富裕"，"苏维埃政府创办免费的学校，专教育工农子弟，为工农谋利益"②。

1932年11月，由于敌人的疯狂"围剿"，鄂豫皖中央分局率红四方面军主力撤离根据地，转战川陕边区。面对严峻的形势，中共鄂豫皖省委在黄安长冲召开省委第一扩大会议。会议指出：要完成坚持根据地斗争的中心任务，必须注意反对官僚主义，"改造苏维埃各部门的工作，实行土地、劳动及一切法令政策"，健全工会、贫农会、妇女生活改善委员会等群众组织，"游击战争要密切联系到保卫农村生产和工、农的切身利益"，"对于跑反群众和粮食困难区域的

① 谭克绳、欧阳植梁主编：《鄂豫皖革命根据地斗争史简编》，解放军出版社1987年版，第293页。

② 谭克绳、欧阳植梁主编：《鄂豫皖革命根据地斗争史简编》，解放军出版社1987年版，第193—194页。

群众，要实行互济，加强互济会工作的领导”①。

苏维埃政权，本质上根本不同于历史上一切统治阶级掌控的旧政权，而是人民当家作主的新型政权。

1931年7月，由鄂豫皖区第二次代表大会通过的《苏维埃临时组织法》指出：“苏维埃是工农代表会议，是工农民主专政的政权，是彻底替工农兵谋解放的政权。”鄂豫皖苏维埃政权对劳动人民实行真正的民主制度，人民群众在边区享有充分的民主权利。参与苏维埃政权的人员具有广泛代表性，各级代表大会成员依照规定的比例选拔。鄂豫边区规定：“工人占五分之二，农民及其它一切群众占五分之三。性别：妇女占四分之一，男子占四分之三。”皖西北特区规定：县代表工人占十分之三，农民及其它劳动群众占十分之七，其中妇女占十分之二。鄂豫皖特区规定：青年代表占三分之一，要注意妇女成分当代表。同时对苏维埃委员的成分比例也作了明确规定。不难看出，工人、农民、青年占据了相当大的比例，显然边区政权是真正的人民政权。《鄂豫皖区第二次代表大会宣言》中指出：“农民分得了土地，工人改善了生活，妇女得到了解放，取消了债务，废除了苛捐杂税，土豪杀尽，政权到手，行路也得安心，呼吸感到自由，比较革命以前的生活，已经是两个世界。”②

抗战爆发后，面对民族危亡的严峻形势，党在制定政策、方针时始终把群众工作作为落脚点。1937年8月，《中共中央关于目前形势与党的任务的决定》中指出：中国政治形势进入新阶段，这一阶段的中心任务是“动员一切力量争取抗战的胜利”；争取抗战胜利的中心关键是“使已经发动的抗战发展为全面的全民族的抗战”；应该

① 周质澄、吴少海：《鄂豫皖革命根据地财政志》，湖北人民出版社1987年版，第182页。

② 谭克绳、欧阳植梁主编：《鄂豫皖革命根据地斗争史简编》，解放军出版社1987年版，第290页。

以极大力量“发展抗日的群众运动……去宣传群众、组织群众、武装群众”，“组织千百万民众进入民族统一战线”。随后，中共中央政治局关于南方游击区工作的决议要求：“现在放在中国共产党面前的任务，是扩大与巩固以国共两党的合作为基础的抗日民族统一战线，以战胜日寇。”[①]长江局还提出：为了增强抗日力量，将尽快扩大部队；留部分武装“保护后方根据地和保障进行党和群众工作”；对老弱病残和红军家属，应加以照顾，给以慰问，应“设法进行募捐运动以救济他们，并发动当地群众继续帮助他们”。1938年5月徐州失守后，中共中央对华中工作传来指示，要求立刻成立鄂豫皖省委，该省委与湖北省委、河南省委的中心任务是“武装民众……动员大批学生、工作、革命分子到乡村中去，组织和领导群众”[②]，建立游击区，开展游击战争。

在抗日烽火中组建起来的新四军及抗日民主根据地，也十分注重群众政策。新四军进入华中抗日前线后，很快制定了三大纪律、六项要求、十项注意，把“爱护老百姓，不违反民众利益”作为政治纪律，把“上门板、捆铺草、说话要和气、买卖要公平、借物要归还、损失要赔偿”等作为民众纪律。东南局书记、副军长项英要求部队，“处处以民众的利益为军队的利益，处处能够尊重民众的利益，保护民众的利益”，才能取得广大群众的同情与拥护，从而“真正实现军民合作，达到军民一体”[③]。新四军政治部在1938年8月颁布的训令中，要求部队“扩大与深入战区的群众动员，发动与团结

① 中共湖北省委党史资料征集编研委员会、中共武汉市党委党史资料征集编研委员会编：《抗战初期中共中央长江局》，湖北人民出版社1991年版，第75、112页。

② 中国人民解放军历史资料丛书编审委员会：《新四军文献》（1），解放军出版社1988年版，第113页。

③ 上海人民出版社编：《新四军和华中抗日根据地史料选》（1937—1940 第一辑），上海人民出版社1982年版，第210页。

各阶层民众一致起来参加抗战”；在工作方式上要养成“虚心学习，深入群众的作风，并严格遵守工作纪律”。中共中央六届六中全会决议更是提出：党应该把主要工作放在战区和敌后，独立自主地放手组织人民抗日武装斗争的方针。华中抗日根据地建立起来后，制定各项政策以巩固人民政权，其中影响较大的是在根据地内实行普遍的“减租减息”；对税收实行统一“依率计征”，并要求各地“除正税外，不得另加分文”，以严肃纪律，维护群众利益，减轻人民负担。

新四军第四支队进驻皖中舒城一带，纪律严明。不拿群众一针一线，爱护群众财产，检查群众纪律是各部队政治工作的重要内容。部队因作战需要经常转移，但不论什么时候走，部队负责人或政工干部总要检查驻地，看看战士所借的用具是否及时归还、住处是否打扫干净，然后才离开。战斗在华中的新四军第四支队及其后来的二师、五师部队很好地宣传和执行了党的群众政策，为新时期的军民关系打下了坚实基础。

1947 年是解放战争爆发的第二年，毛泽东在《解放战争第二年的战略方针》中指出：到国民党统治区作战争取胜利的关键，第一是善于捕捉战机，勇敢坚决，多打胜仗；第二是坚决执行争取群众的政策，使广大群众获得利益，站在我军方面。刘邓大军跃进大别山，深入敌纵深地带，在没有后方依托的条件下实施战略展开，重建根据地，其难度可想而知。要达到目的，必须遵照毛泽东的指示，多打胜仗，发动群众。特别是深入、广泛发动群众，组织群众，赢得群众的真心拥护和支持，才能建立巩固的根据地。1947 年 8 月，由邓小平同志起草并以中原局名义发出的《关于建立与巩固大别山根据地的指示》中指出：我军已胜利地完成渡过淮河、进入大别山的任务，今后任务是全心全意、义无反顾地创建巩固的大别山根据地。实行此历史任务，要经过一个艰难困苦过程……若不大量歼灭敌人，充分发动群众，要想站住脚跟是不可能的。我们的口号是“与鄂豫皖人民共存亡，使鄂豫皖人民获得解放”。李先念要求指战员们以实际行动真心诚意同人民群众交朋友，要“感动群众”。他号召部队向大别山誓师，向人民群众起誓：“我们要和蒋军决一死战，一直打到大别山上出太阳，中原大地亮堂堂。一直打到再也没有蒋军，打到人民享太平，彻底大翻身！让大别山作证，让中原乡亲作证！”①

（二）宣传宗旨，教育干群，深植群众观念

中国共产党是以马克思主义理论武装起来的无产阶级政党，党始终心系人民群众，关心群众疾苦，维护人民群众的切身利益，党与人民群众之间的血肉联系，贯穿于大别山革命斗争的整个历程。注重宣传党的宗旨、主张，注重军政干部和红军将士们的群众观教育，是大别山精神彰显“人民性”的重要特征。

鄂豫皖根据地创建之初，为了扩大土地革命的影响，使工农革命军能够扎根于人民群众之中，红七军战士在吴光浩、戴克敏等领导同志带领下，人人写标语、贴传单，经常三五人一组，分散在鄂、豫要道的凉亭、茶棚等歇脚处，向赶集的农民、行商及担贩宣传革命道理，宣传共产党的政治主张，宣传工农革命军是穷人的军队。军纪严明的红七军给群众留下了深刻印象。部队买卖公平，借东西要及时归还，损坏东西就照价赔偿，在老乡家里吃饭也要给钱。夜晚住宿不进入民房，坚持住在树林中、破庙里，甚至夜宿牛棚或猪圈中。

① 中共湖北省委党史研究室、鄂豫边区革命史编辑部、湖北省新四军历史研究会编：《纪念李先念诞辰95周年文集》，中央文献出版社2005年版，第191页。

在鄂豫皖边区，宣传党的宗旨、教育党政军干部时坚持贯彻党的群众路线，既是红军和边区政府的任务，也是经常性的行为。

边区的文化宣传担负传播革命文化知识、丰富战士和群众文化生活的任务。苏维埃政府和红军团以上单位多建有宣传队，其活动不仅是文艺演出，还包括政治演讲、文艺演出、标语涂写、漫画创作等。红军每到一个地方或有上级党和政府的重要决议传达时，除了书写张贴宣传标语外，往往会在文艺演出前后安排政治演讲。有的军政首长还登台发言，宣传党、苏维埃政府和红军的主张、政策和革命形势等。边区政府和红军的宣传文化活动，可以使群众了解党和边区政府的政策、主张，了解红军是革命的武装，是捍卫边区人民利益的革命军队，从而深化了党、红军和苏维埃政府与人民之间的亲密感情。在鄂豫皖边区的红军教育中，政治教育为重要内容，通过教育，使红军将士们明白红军的性质、纪律和任务，使其阶级意识增强，平时能耐心做群众工作。

1934年11月，红二十五军在吴焕先、程子华、徐海东率领下，打着“中国工农红军北上抗日第二先遣队”的旗帜离开了根据地，当时留在大别山区的红军不过千余人，在如此险恶环境、艰苦条件下，党依旧时时关注着人民群众。

三年游击战中坚守大别山斗争的红二十八军，把党支部建在连队上，充分发挥党员的先锋模范作用。连队普遍成立共青团支部、红色战士委员会。团的组织生活严格，进取心很强，不论在发动群众、吃苦耐劳或者在战斗中，均发挥了党的助手作用和突击作用。红二十八军既是战斗队，也是工作队、宣传队，军队除了打仗之外，还坚持做群众工作，保护群众利益。红军所到之处，严格遵守群众纪律，还派红军干部和红军骨干做基层的群众工作，并经常派出临时性的民运队、宣传队，到驻地周围做社会调查，召开群众大会宣传党和红军的政策，并开仓放粮救济穷苦大众，号召人民起来反抗反动派的暴政。红军还组织便衣队队员白天隐蔽，夜晚到群众家里做工作。他们经常用歌唱、贴标语、叙述苦难等方式，揭露反动势力的罪恶，提高群众的觉悟。

各级党政干部和红军指挥员也经常教育干部、战士和公职人员，倾听群众呼声，维护群众利益，并诚恳向群众学习。

红二十五军军长徐海东是窑工出生，本身就来自穷苦人家，经过战火洗礼逐渐成长为红军高级指挥员。徐海东经常对身边人说，红军是鱼，群众是水，没有人民群众，就没有红军。他不仅要求部队爱护百姓，还要求干部、战士尊重群众，向群众学习。

1933年夏，部队从七里坪撤出战斗不久，徐海东要林维先担任二二二团一营的政委，林维先担心干不好有思想顾虑。徐海东鼓励林维先说：共产党员应该就要挺身而出勇挑重担，“过去红军在前方打仗干部伤亡大，就要地方上工会干部、农会干部到部队担任军政干部，带兵打仗，不是领导得很好嘛？”“我们是人民子弟兵，一切行动要从人民利益和人民群众疾苦着想，一定要把军民关系搞好。你看苏区人民在党的领导下，一手拿枪，一手拿锄同敌人斗争……群众这种临危不惧，百折不挠的精神多么可歌可泣。”[①]“群众”二字在徐海东心中有着特别的分量，诚挚的话语使人心悦诚服，林维先精神振奋地走上新的战斗岗位。

第四次反“围剿”期间，战斗极其残酷，部队给养发生了困难，一些同志不够冷静，违反党的政策和红军纪律，不通过地方政府就向群众征粮，有的连队还派战士到田里割稻，引起了群众的不满。红二十五军政委吴焕先知道后，立即找到后勤部门的负责同志，严肃批评了他们的做法，并与他们一起商议筹粮办法。他说：“依靠地

① 《忆徐海东》编辑组编：《忆徐海东》，河南人民出版社1981年版，第177页。

方政府，依靠人民群众，这是我们的一贯方针，越是在困难的情况下，越要坚持这样做!”①

老红军黄锦思对自己刚参加红军时的情形记忆深刻：连队季指导员经常教育战士们说，我们红军战士来自老百姓，为人民服务是我军的根本宗旨。一次，部队在皖西叶集附近一个村庄住宿，战士们找来一些玉米秸铺在地上当床睡，不料，玉米秸里有许多虫子，搅扰得战士们半夜捉虫，没有休息好。次日清晨起来，没有人主动去收拾玉米秸。季指导员来检查，看到地上散落着许多死虫子，战士们都板着脸，似乎明白了什么。季指导员蹲下来，一边亲手整理杂乱的玉米秸，一边风趣而意有所指地对大家说：“对这些虫子有意见，可不能向群众发脾气啊。”战士们点了点头，季指导员又说：“这可不是群众故意让虫子来咬我们的啊!”没有批评之语，但大家都明白了指导员的用意。战士们默默走进房子，和指导员一道捆扎好玉米秸，分头送回到老乡的柴草棚里。②

在鄂豫皖边区转战期间，正是在徐海东、季指导员等红军各级指挥员的带动下，红军人人都当宣传员，个个都做群众工作，群众对红军就像对自己的亲人一样。他们冒着巨大风险，为红军通风报信，送衣送食，掩护伤员。

红二十五军长征之前决定组建便衣队，鄂豫皖省委书记徐宝珊告诉参与创建便衣队工作的汪少川等同志，军党委决定让他们留下来，“这是人民群众的主心骨，有你们在，就等于红军在人民身边”。他还要便衣队宣传党的主张，遵守红军纪律，保护好、照顾好红军

① 黄锦思：《战斗的火花》，安徽人民出版社1984年版，第46页。

② 参见黄锦思：《战斗的火花》，安徽人民出版社1984年版，第47—48页。

家属，发动人民群众参与革命斗争。[①]

红军和边区还对部队、公职人员进行群众纪律方面考评。洪学智将军晚年回忆说：在苏家埠战斗期间，红四方面军为加强支部建设，推广先进经验，对各个支部进行了考核评比，将“党员模范作用好”“群众纪律好”“团结互助好”等均列入评奖内容。[②]

抗战之际，中国政局发生重大变局，担任抗战重任的新四军注重对中共党员和军政干部进行群众观教育，新四军政治部的训词中要求：加强党员教育，使其“深刻了解目前党的主张和策略路线”；要求干部“应发扬艰苦耐劳的光荣传统精神”，克服腐化堕落和个人主义倾向；选拔干部要求其“忠实于革命的利益，并能遵守纪律，取得群众信仰并有独立自主的工作能力”[③]。红二十八军与国民党地方当局经谈判，达成停战协议接收改编，有些同志不理解，打算离开队伍回家去，高敬亭同志教育大家说：共产党人以国家民族利益为重，联合国民党是为了抗日，不是不革命，更不是妥协投降，我们要在抗日民族统一战线旗帜下，发展和壮大自己的力量，坚决打击国民党顽固势力，争取中间势力。革命没有成功的时候，革命战士的枪永远不能放下！[④]董必武同志很善于用小事来教育干部和身边工作同志。1937年秋，董必武受党中央之托去南京、武汉工作，副官邱南章想给董老买一顶价格高、质量好一点的礼帽，董老坚决不同意，他对邱南章说：“我们共产党人是要革命，不是要讲阔气。同国民党比，要比革命，比谁是真正为亿万人民谋利益，比谁能得到

① 参见《皖西革命回忆录 第二次国内革命战争时期》（下），安徽人民出版社1980年版，第158页。

② 参见洪学智：《洪学智回忆录》，解放军出版社2002年版，第52页。

③ 中国人民解放军历史资料丛书编审委员会：《新四军文献》（1），解放军出版社1988年版，第10页。

④ 参见许道化、吴克文：《被错杀的将军》，四川人民出版社1989年版，第45页。

中国劳苦大众的拥护。我们出来每花一分钱，都要想到党中央、毛主席和解放区人民的艰苦生活，想到敌占区人民逃荒要饭的情况。”在国统区工作，董必武经常与达官显贵打交道，但他从来不讲究吃穿，不要排场，他出行购买船票是普通的船舱票，外出访问、开会用办事处自备的人力车，规定的生活津贴他不要，而是给自己订了个最低标准，对同志、对人民始终挂怀于心。炊事员小陈因受凉而生病，董老亲自看望，嘘寒问暖，交代他要吃药、休息，又让人给他做挂面辣椒汤发汗；童小鹏同志外出办事不小心摔倒，头碰破了一块皮，第二天董老知道后，忙问伤势如何，又亲自去看望。董必武就是这样始终保持着踏实、随和、简朴、廉洁的革命家本色。

新四军游击支队司令员（后任第四师师长）的彭雪枫生活艰苦朴素，从不搞特殊，并经常教育干部、战士和身边的同志。有一次，彭雪枫的胃病犯了，炊事员做了一碗面条送过去。彭雪枫见了，立即把副官叫过去，严厉批评道：同志！这是叫领导脱离群众。当领导的要是不能与群众同甘共苦，把自己放在特殊地位，共产党员的模范作用岂不成了一句空话?！听了师长一席话，副官含着眼泪默默把那碗面条又端了回去。

1948年1月，邓小平、李先念在金寨、麻城边境了解到：在新解放区分浮财时，群众利益没有照顾到；少数干部思想浮躁、作风不纯，未能解决广大群众的生活困难。邓小平、李先念将此情况通报各地，要求“严重注意”，并汇报给党中央。这年春天，大别山两个解放区开展纠“左”工作，停止了急性土地改革，纠正了乱打、乱分、乱没收现象，得到人民群众的普遍拥护。

（三）楷模在前，率先垂范，践行群众路线

鄂豫皖边区的革命干部和红军将领对人民群众充满深厚的感情，

他们时时处处严格要求自身，经常深入基层调查了解民情、社情，遵守群众纪律，感受民众疾苦，维护群众利益，全面践行党的群众路线。

徐向前是红四方面军的总指挥，其主要任务是领兵打仗，但是他在主抓部队训练和完成作战任务外，同样很重视群众工作。在战斗间隙，部队常常对群众进行宣传动员，建立各类群众组织，配合苏维埃政府建立各级政权。李德生将军当年是徐向前的传令兵，他回忆说：徐帅当年虽是红军高级首长，但生活不搞特殊化，也没有专门的伙夫和小灶，和大家一起吃苦，共同战胜困难。周纯麟回忆在川陕根据地一次激烈战斗后，徐向前指导搬运物资时的情形时说：徐帅考虑到搬迁任务重、路途艰险，他要我们“一定要在群众中动员好，沿途要把民工的生活安排好。同时，要对群众讲清楚，背硝碱水的人不要摔跤，不要泼出来，抬大机器的人要协作好，不要造成不必要的伤亡。总之，要为群众想得细一点，办得好一点”①。在那种艰苦条件下，徐向前首先想到的是群众，给全军指战员树立了楷模。正是因为经常深入部队、深入基层，所以徐向前才更了解战士、更了解民情。

吴焕先是鄂豫皖苏区红二十五军的创建人之一，先后担任师政治部主任、军长、军政委等重要职务，但是他生活清苦，平易近人，严格要求自身、部属和亲属。一天，吴焕先的母亲在红二十五军驻地附近讨饭，被警卫员发现了，在如此艰难的条件下母子见面是多么难得啊！老母亲知道红军生活也极度艰难，就悄悄离开了驻地。同志们知道后，要吴焕先把母亲找回来。吴焕先没有这么做，只是充满情感地说：“这样的母亲千千万万，我们如何把她们都全部找回来呢？”此后，吴焕先再也没有见到自己的母亲。妻子曹干先带着讨

① 周纯麟：《周纯麟回忆录》，中共党史出版社2005年版，第58页。

来的一小袋“百家米”，赶了二三十里山路来支援红军，找到山脚下要见久别的丈夫。此时吴焕先正在山上紧张地部署战斗，他得知情况后，说道：“部队处境这样艰难，我哪有时间去见她？”他让警卫员下山处理。这就是吴焕先，不愧是红二十五军的“军魂”，不愧是全军指战员的楷模。

徐海东是部队干部战士的良师益友，也是群众的贴心人，深得群众拥护和爱戴。1933年6月，红二十五军向皖西转战时，由于残酷的战斗使部队减员严重，筹集给养极为困难，军部下发了一则命令：过福田河以东筹粮不用调查，牛、羊、猪、鸡都可以杀，以改善部队生活。时任副军长兼师长的徐海东接到命令非常生气，认为这“明明是不要群众，不讲政策”。他找来所率部队的三个团长，耐心谈话，嘱咐他们道：“特别是群众的牛不能杀，我们红军是工农武装，应该为群众着想。中、贫农民有一条牛就是全家的命根子，杀了人家一条牛，就等于杀人家全家。我们还是摘南瓜、葫芦吃。”①一路上，徐海东带领的部队忍饥挨饿，备感艰辛，但很好地维护了群众纪律。时任鄂豫皖省委书记的沈泽民知道情况后，连声称赞“海东同志有党性”。

沈泽民是党中央派往鄂豫皖边区担任省委书记的高级领导干部，在边区工作期间，曾执行过“左”倾错误路线，给革命事业带来了损失，但他为鄂豫皖革命根据地的巩固、发展也作出过巨大努力：提出“扩大红军”“扩大根据地”的主张，积极动员青年参加，组织群众支援慰劳红军。1933年11月，沈泽民逐渐认识到“左”倾路线的严重错误，他怀着沉痛的心情抱病给党中央写报告，检讨省委和自己的错误。他写道：“到现在弄得如此局面，完全是过去错误所造成的”，“完全由于我们自己的路线差误与实际工作中的拙劣”，“今

① 徐海东：《生平自述》，生活·读书·新知三联书店1982年版，第28页。

后工作，如转变到真正面向群众，团结群众，敌人再狠些……亦包不住我们（只要我们对赤白区群众有密切联系和取得其同情与拥护）”。他同时表示要“洗面革新，重新做起”，“今后惟有万死决心来转变”。[①]沈泽民作风质朴，对党忠诚，知错就改，勇于承担责任，不失无产阶级革命家的本色。

李先念同志在土地革命战争时期长期从事红军政治工作，他在率部转战鄂豫皖、川陕边和长征路途中，始终不忘关心普通战士、关心群众利益。一次，红四方面军在转战陕南翻越秦岭的急行军中，一位负责背部队银元的小战士把一袋银元丢掉了，那可是部队的救命款啊！小战士急得慌乱不已。李先念知道情况后，要班长带着小战士回到头天夜晚住宿的老乡家仔细寻找。二人返回后，经认真搜寻，终于在床铺里侧被褥底下找到了那一袋银元。当二人回来向李先念报告情况时，李先念听完汇报，要他们接受这次的教训，接着就问：“你们冤枉了房东老百姓没有？”“没有。”二人异口同声地答道。听到这两个字，李先念露出了欣慰的笑容。1932年深冬的一天，李先念率部经两天一夜艰苦行军，翻越巍峨高峻的巴山，抵达瓦石铺宿营。半夜时分，突然有人惊叫“失火”，原来是敌人有意破坏，趁着夜色掩护点燃了几家房屋。当时正值寒冬干燥季节，又刮着西北风，风助火势，烧得很厉害。李先念得知情况后，立即带着战士们投入救火战斗。大火扑灭之后，他顾不上吃早饭，一边到受灾群众家里看望、慰问，要政治部门留下几个人帮助群众善后，一边部署和指挥部队向通江城前进。在最困难、最危险的时候，李先念首先考虑到的是群众利益和部队的安全，而把自己的安危置之度外。

领导鄂豫皖边区坚持三年游击战的领导人是高敬亭。1934年底，

---

① 转引自中共河南省委党史研究室、中共安徽省委党史研究室编：《鄂豫皖革命根据地史》，安徽人民出版社1998年版，第590页。

红二十五军北上，留下一封指示信给时任鄂豫皖省委委员、皖西北道委书记的高敬亭，要他重新组建红二十八军以坚持斗争。三年游击战争时期，红二十八军政委高敬亭身负要职，承担重任，但他的吃穿与普通战士没有什么差别。据秘书罗映成回忆：高敬亭穿的衣服、打的绑腿，都是缴获来的；吃的也是一般饭菜，往往几个月吃不到肉，也很少吃面，有时候搞到一点，他总要分送给交通队的同志吃，从来不吃“独食”。1937年10月，国共经过谈判达成停战协议，条件好一些了。高敬亭与史玉清同志准备结婚，秘书、杜副官等同志商议着要把军政委的婚事办得“像个样子”，恰巧被回来的高敬亭听到了。高敬亭笑笑说：“结婚，两床被子足够了。杜副官，你可不能让我当‘老财’呀！”史玉清更是开明：“要那些东西干啥？打起仗来绊绊拉拉的。”[①]结果，高敬亭请几个原红二十八军的老干部吃了一顿饭，两个背包放到一个房间，这就算结婚了。抗战期间，四支队进驻舒城，司令部就将高敬亭一家安顿在钝斧庵，因史玉清有孕在身，高敬亭时常向相距不远的村民吕家政家借木盆用，每次都是晚借早还，从不拖延。吕家政的母亲就时常过去帮忙，高敬亭多次上门致谢，后来还认老妈妈为“干娘”，并与吕家政及当地积极支持新四军的曾祥龙结为异姓兄弟。同时，高敬亭要求部队严格遵守纪律，维护群众利益，借老乡家的东西要及时归还，若损坏必须照价赔偿。一名小战士借了老乡佘红发家的一副大门板，搭睡铺用，不料将榫头碰坏，部队就按照新门板的价格给了赔款。破坏纪律的干部、战士，都被给予严肃批评和惩罚，轻则关禁闭，重则处决。

新四军的领导干部廉洁奉公，关心战士，爱护百姓，许多事例很是感人。新四军参谋长、江北指挥部指挥张云逸穿着极为朴素，与干部、战士经常在一起交流、谈心。小战士胡士平跟随张云逸一

① 转引自许道化、吴克文主编：《被错杀的将军》，四川人民出版社1989年版，第46页。

道东进，他在回忆录中写道："张参谋长经常在宿营或行军休息时来看望我们，问问我们的情况，和我们谈天说地，态度和蔼，没有架子，非常普通随便。"

邓子恢到淮北根据地任新四军四师政委兼区党委书记，应该说已是党的高级领导，但他穿着朴实，有时坐在田间地头和老乡谈话、拉家常，人们很难分辨出谁是干部、谁是老乡。四师有一个骑兵团，那可是四师的"宝贝"，但草料消耗量很大，给群众增加了压力。邓子恢为此很是焦急，他找来部队负责同志商量，让战士们尽量利用空闲时间自己外出割草，这样就大大减轻了驻地群众的负担。

三、拥军爱民显力量

"我们红区人，个个要觉醒，参加红军杀敌人，革命要齐心。"①正如这首流传于大别山区的革命歌谣所唱到的那样，鄂豫皖边区和红军的创建、巩固和发展，抗日战争能够坚持斗争，解放战争人民军队能够扎根大别山，都是因为得到了鄂豫皖人民群众的大力支持。军爱民，民拥军，军民团结一家亲，众志成城、勠力同心的团结力量，令反动势力无比胆寒，也使根据地坚固如磐。

（一）踊跃支前，军民团结

实际上，鄂豫皖边区的最初形成，正是党领导下的工农斗争的结果。以创建鄂豫皖边区的三大起义为例，都是在人民群众的直接参与、支持下开展的。1927年11月黄麻起义爆发，当天傍晚，黄安、麻城农民自卫军和革命群众二万余人，然后以几十名年轻力壮

① 中国民间文艺研究会主编：《大别山老根据地歌谣选》，作家出版社1957年版，第74页。

的义勇队队员为先导，“起义队伍浩浩荡荡向黄安城市进发”。起义队伍进抵“离城一二里地将要进城的时候，市民群众鸣炮欢迎，起义军大呼口号，声势赫赫地前进，一般市民（小商人等在内）亦高呼‘拥护农民革命军’、‘拥护鄂东革命东委员会’、‘拥护中国共产党’以和之，革命空气非常高涨”[①]。1929年5月爆发的商南起义（立夏节起义），地方党的领导人詹谷堂把准备起义的农民和明强小学师生集中起来，“打着红旗，扛着大刀、土枪、梭镖，放着鞭炮，浩浩荡荡地涌向南溪街。在街中心的火神庙，召开群众大会，宣布起义，建立了工农赤卫军”[②]。同年11月爆发皖西六霍起义，六安独山周围的15个乡数千名农民，手持大刀、长矛、钢锥、土枪等，涌向独山镇，起义队伍很快占领了独山镇。六安、霍山许多乡镇群起响应，使暴动范围不断扩大，深沟铺、上土市、包家河、太平畈、道士冲、烂泥坳等地，纷纷建立起苏维埃政权。

洪学智在回忆双桥镇战斗的情形时称，周围数十里的群众，在地方党的组织下，拿着土枪、大刀、长矛，前来参战，漫山遍野红旗挥舞，呐喊声响彻大河两岸。在赤卫队和革命群众的支持、配合下，红军毙敌上千人，俘敌师长岳维峻以下官兵5000余人，取得了红四军成立后的首次空前大捷，宣告了国民党军对鄂豫皖边区第一次“围剿”的彻底失败。

发生于1932年春的苏家埠战役及其胜利，也是在无数人民群众的支持下取得的。战役发起之前，皖西北道区指挥部政治部发布《为红军东下告群众书》，号召工农群众配合红军行动。皖西北苏区各级党政机构、组织，广泛发动群众、组织群众，以迎接红军东下。

---

①《黄安工作报告》(1927年12月14日)，转引自谭克绳、欧阳植梁主编:《鄂豫皖革命根据地斗争史简编》，解放军出版社1987年版，第40页。

② 中共金寨县委宣传部:《立夏节烽火》，安徽人民出版社1980年版，第12—13页。

苏家埠战场所在地的中共六安县委，随即在独山召开党、团代表大会，决定积极支持扩大红军，全力支援红军打击敌人，提出“东下红军要人有人，要粮有粮”。六安县三区、五区的革命群众冒着春寒，连夜奋战，在两河口架设了9座浮桥，以保证红军主力部队及时通过淠河。战斗打响后，六安、霍山两县人民积极支援红军作战，地方上组织担架队、运输队、打柴队、洗衣队、慰问队等，参加工作的一万余群众奔走、服务于红军的各个战地。战役期间，两县的地方武装独立团、游击队、赤卫军除了直接参战外，还抽调人员作群众动员工作，帮助红军筹集了大量粮草，进行战地服务。苏家埠战役历时48天，在军民的共同努力下，最终歼敌19个团、两个警备旅，共计三万余人，内含生俘敌总指挥、旅长、团长以下18000余人，取得了空前大捷。中华苏维埃临时中央政府也发来贺电，称苏家埠大捷“给予全国反帝国主义、反国民党的革命运动以无限的兴奋”[①]。

1933年春，红四方面军主力已经撤离鄂豫皖苏区，留下的武装力量大为削弱，但重新组建起来的红二十五军在地方武装和革命群众支持下，先后取得了郭家河、潘家河两次战斗的重大胜利，扭转了鄂豫皖边区的严峻形势。在郭家河战斗过程中，红军主力与敌激战，成千群众在附近山头上呐喊助威，有的农民手持锄头扁担上阵参战。零散漏网的敌人，多被群众捕获缴械。往白沙关逃窜之敌一个连，亦被光山独立团和罗山警卫营歼灭。潘家河战斗前后，根据地群众侦察敌情，封锁消息。当地群众用仅有的粮食做好饭菜送上前线，并及时地运送伤员。可以说，地方武装和群众的参战、配合和多方支持，是赢得郭家河、潘家河两次战斗胜利的重要保障。

---

① 中华苏维埃共和国临时中央政府:《致贺鄂豫皖红四方面军胜利电》(1931年5月23日),转引自大别山革命学院编:《大别山革命简史》,中共党史出版社2016年版,第95页。

抗战时期，新四军五师能够生根和快速发展，离不开当地人民群众的支持和拥护。时任五师师长李先念十分重视军民关系，他经常教育指战员：军队没有群众，就没有兵，也就没有吃的，军队本身也是群众组织，所以军队要依靠群众。我们对敌人作战，要像猛虎捕食那样，坚决顽强；对人民群众，要像对待十七八岁的大姑娘那样，规规矩矩，不能有任何侵犯。[①]正是因为五师首长能够严格执行党的群众政策，使新四军第五师和根据地的军民关系始终保持军爱民、民拥军的融洽状态。

新四军第四支队在东进皖中、开拓皖东和建设淮南抗日根据地的过程中，同样得到了人民群众的巨大支持。在合肥青龙厂，妇抗会组织妇女制作军鞋，姐妹们干劲十足，没日没夜地忙碌着，每个村庄做的军鞋成担送，上万双的军鞋集中起来堆成小山一般，然后组织上交，及时解决了部队的穿鞋难题。徐海东率第四支队在皖东周家岗打败了袭扰的日军，部队每到一个村子，鞭炮声、锣鼓声响成一片，群众从四面八方涌来，欢迎自己的队伍。慰劳部队的群众更是络绎不绝，有的挑担送来大米，有的赶来大肥猪，有的送来布鞋，比赶集还要热闹。

新四军对群众利益的维护是多方面的，以医疗卫生为例：新四军军医院、后方医院及医疗体系形成过程中，医治伤病员的同时，积极帮助地方组建医院、医疗机构，加强卫生工作；部队所到之处，卫生部门、医疗单位均积极主动地为群众开展防病治病工作，当地方传染病流行时，则大力组织抢救，充分体现了人民军队的本质。

1945年春，淮北根据地泗宿县、淮泗县一带爆发流行性脑脊髓膜炎、回归热，并向周围蔓延。疫情就是命令。新四军第四师卫生

---

① 参见中共湖北省委党史研究室、鄂豫边区革命史编辑部、湖北省新四军历史研究会编：《纪念李先念诞辰95周年文集》，中央文献出版社2005年版，第75页。

部门立即组织力量进行抢救，淮北卫生学校也全部停课，新老学员组成8个医疗防疫队，经短时间学习、制定抢救方案和准备药品后，迅速分赴周围8个县投入抢救工作。经过一个多月的紧张工作，共诊治病患6100余例，很快扑灭了疫情。[①]

（二）拥军爱民，感人事迹扣人心弦

在鄂豫皖边区的革命斗争历程中，拥军爱民犹如一首首高亢嘹亮的正气歌，饱含着根据地人民和红军将士的浓浓深情，可歌可泣，令人感慨万端，敬佩不已。

苏区创建时，鄂豫边区的王家大湾曾发生过这样一件事。一位农民到山边自家地里去挖红薯。他走近一看，有一小段地被翻过，兵荒马乱的年代里，庄稼丢失或遭毁坏是常有的事，他并不太在意。农民开始挖红薯，一锄头下去，竟然刨出了一个白布包。这是怎么回事呢？带着疑惑，农民打开白布包，里面竟有5块大洋！他抖去白布上的尘土，只见布面上写了两行字："亲爱的老乡，我们是革命军，因为要同白军作战，吃了你们的红薯，随付白洋5元，请收！"农民以为这是在做梦，但手中握着的银元却是沉甸甸的，再联想到最近附近就有共产党领导的红七军活动，激动不已，心想：共产党啊共产党，你们真是天底下头一号的好人啊！感动、兴奋之余，他红薯也不挖了，手中紧攥着白布包，一路小跑着赶回村里，把这桩前所未闻的新奇事告诉左邻右舍，告诉全村每一个乡亲。

妇女能顶半边天。苏区翻身解放的妇女，不仅参加政权建设，还以各种形式支持红军作战。1932年8月中旬，郭家店附近黑狗冲敌我双方进行激战，六安九区区委、区政府迅速行动起来，全力组织支援前线。区妇委会主席梁继娥和女儿、青年队长秀红都参加了

① 参见石文光、优斟主编：《新四军卫生工作史》，人民军医出版社1991年版，第244页。

支前工作，她们把青年妇女组织起来，组成一支精干的战地救护队。救护队成员都是红军家属和妇女干部，她们的任务是在火线上对伤员进行救护，然后转送至丁集前线医院或县苏维埃所在地独山镇。双方投入的兵力都很大，战况空前激烈。梁继娥带着救护队冒着枪林弹雨赶到火线附近，陡然看到20多位红军伤员躺在一口大旱塘里。姐妹们跑过去，打开随身带去的白布，撕成绷带，赶紧给伤员包扎。白布很快用完了，他们就把自己身上穿的衣服撕下来当绷带，在救护队员心中只有一个念头："一切为了救护伤员！"大旱塘接近战场，枪弹似雨，担架不能抬，梁继娥就背起伤员往回爬，其他队员也背起伤员随后跟进。姐妹们爬出旱塘，翻过三条田埂，穿过松树林，冲过洼地，才把伤员交给担架队。前两趟还算顺利，当她们第三次背送时，被敌人发现了，敌人开始用炮轰击，炮弹纷纷落在身边，危险至极。当听到炮弹的呼啸声传至耳畔时，队员们急忙把伤员放倒在地，自己匍匐在伤员身上作为掩护，"就是舍了命也不能让伤员再负二次伤啊！"隆隆的炮声中，有两名救护队队员负伤流血。趁着敌人打炮间隔，借助弥漫的硝烟，队员们使出最后的力气，一路跌跌撞撞、爬爬停停，最后终于把这批伤员全部交给了担架队。①

三年游击战争最艰苦的1936年秋，一张张白底黑字的大字报张贴在鹞落坪、总铺河、道士坪、烂泥坳、瓦西排等村落的入口处。布告上称：为肃清匪患，要求上述村落乡民搬迁到包家河、青天畈等大村去，并写道"如有违抗，格杀勿论"。

敌人这一招可谓毒辣至极，他们是想用移民并村的方式割断红军与群众的联系，以达到其竭泽而渔的罪恶目的。鹞落坪村民看到

① 参见《皖西革命回忆录 第二次国内革命战争时期》(上)，安徽人民出版社1980年版，第277—278页。

这则布告，个个气得咬牙切齿，誓死不搬迁，要与红军共存亡。

就在此时，红二十八军政委高敬亭回到了鹞落坪。高敬亭权衡利弊后决定劝乡亲们搬迁。其实，高敬亭在外地游击路途中，从敌人的报纸上获悉移民并村的消息，特意从鄂东北赶回来处理此事。乡亲们围拢在高敬亭周围，坚定地表示“不搬！”高敬亭动情地说：“乡亲们，不搬不行啊。敌人来者不善，你们不搬，敌人就会把通匪的罪名加到你们头上，就可以任意屠杀、血洗鹞落坪了。当然，你们走后，红军和伤员困难更大，但我们是共产党领导的部队，什么困难都可以克服……”

在高敬亭的反复劝说、动员下，乡亲们最后同意搬迁。他们说：“为了红军的安全，我们宁可背井离乡，倾家荡产。”乡亲们搬迁时，把能吃的东西都藏起来、掩埋好，并告知红军具体地点，然后才满含泪水走下山去。

1935年初夏，在红二十八军西进突破光山封锁线的激战中，营长林维先身负重伤，部队将他和另两位红军伤员安置在长岭岗棚新店一老乡王大哥家里养伤。王大哥一家冒着生命危险精心照料，替三名伤员擦洗伤口、敷药、包扎，王嫂给伤员做吃的，下面、打蛋，想尽办法增加他们的营养。夜晚，王大哥夫妇腾出床铺，让三个伤员睡，丈夫到屋外远处放风，妻子在外屋随时照料。王家房屋距离主道路较近，敌军经常路过，王大哥担心安全问题，就在后山找了三个山洞。每天清晨，王大哥把三名伤员一个一个背到山洞藏好，每天分两次送水送饭，还给他们寻找草药、制药、敷药。经过王大哥一家的精心照料，伤员的伤口愈合了。二十多天后，林维先和另一位康复的同志要去找部队，王大哥又找来两套便衣让二人换上，并护送其至安全地带，方才恋恋不舍地回家。林维先晚年回忆自己得到救护的一幕幕，不禁泪眼婆娑：多么好的人民啊！红军与群众好比鱼和水，离开一天都不行啊！

1946年春夏之交，国民党反动派利用国共谈判之机，调集30万兵力，构筑10万余碉堡，在仅数十公里地域内围住我中原解放军6万人马，叫嚣“48小时内一举包围歼灭”。遵照党中央指示，中原军区主力由李先念、王树声分路向西突围，以皮定均的一纵一旅（简称“皮旅”）和张体学的鄂东独立二旅牵制敌人，掩护主力西进，中原突围战随即打响。中原突围中，“皮旅”7月初进入大别山核心区——金寨吴家店。这里是皮定均和副旅长方升普的家乡。吴家店曾是鄂豫皖苏区的重要根据地。残破的街道墙体上当年红军书写的标语依稀可见：“中国共产党万岁！”“中国工农红军万岁！”由于连续行军作战，部队极度疲劳，伤病员骤增，粮食也将耗尽。在这极为艰难的时刻，老区群众给予有力支援。部队派出宣传队，召开群众会议，访贫问苦，向群众揭露敌人发动全面内战的阴谋。群众奔走相告：“当年的红军又回来了！”老乡们热情迎接自己的军队，他们报告敌情，接受一批重伤病员就地养伤。“皮旅”打开吴家店敌军粮仓，除留一部分军用外，大部分粮食分给了贫苦群众。老区人民一边分粮，一边积极帮助部队运粮、碾米、做干粮，还送来鸡蛋、糍粑等多种食品。看到许多战士因长途行军脚板磨出血泡，腿肿脚烂，苏区人民立即赶制军鞋：“红嫂”们把敌人盛粮的麻袋拆成线，为每位战士做了一双结实柔软的布鞋；男人们为每位战士打了两双草鞋。指战员人人获得5天军粮，体力得到恢复，供给得到补充。正是在大别山人民群众的支持下，“皮旅”将士得到较好的休整，成功越过大别山，东进至华中解放区，胜利完成了党中央赋予的重任。

徐向前元帅在其回忆录中曾动情地写道：“在根据地里，有党和地方组织，有游击队，有群众。敌人来了，群众一天送几次情报；敌人不容易发现我们，我们却容易发现敌人。穿衣、吃饭问题也好办，群众节衣缩食，供应红军。”[①]从徐向前的论述中不难看出，有了人民群众，红军就有了后勤保障；有了人民群众，就有了情报、信息。可以说，人民群众是红军战胜敌人的坚强后盾，更是鄂豫皖革命根据地得以巩固、发展的坚实基础。

1938年3月，由红二十八军改编的新四军第四支队东进皖中，进驻舒城和向无为、庐江、巢湖开拓过程中，第四支队得到人民群众的大力支持和拥护。以舒城为例，在舒城各级党组织和第四支队的深入广泛宣传下，全县各地青年纷纷涌向第四支队司令部、政治部所在地的东、西港冲，要求报名参军参战，涌现了许多父送子、妻送郎的感人场景。在不到一年的时间内，第四支队武装力量不断发展壮大，兵力达10000余人，除了在舒城有建制的两个游击大队、一个游击纵队、四个游击中队1000余人外，陆续吸收舒城参加四支队的就有1000人。

武汉沦陷后，受中共中央和中原局委派，李先念率领仅有160余人的武装力量战斗在鄂豫边区的山川村寨，由于得到了地方党和人民群众的积极支持，仅经过一年时间的发展，就创建了兵员达10000余人的新四军鄂豫挺进纵队，开创了中原抗战新局面。李先念等积极贯彻六届六中全会决议精神，践行党的群众路线，在鄂豫边区的抗战斗争中，心中始终想着群众利益，赢得了人民群众的信任和拥戴，抗战过程中创建了基础巩固的鄂豫边区根据地，新四军五师发展到5万余人，地方民兵发展到30余万人。

解放战争时期，刘邓大军挺进大别山，由新四军五师改编的中原野战军第十二纵队也打回到鄂豫边，迅速恢复和发展了江汉根据地，为解放战争的胜利建立了不朽功勋，这其中自然离不开基层党组织和人民群众的全力支持。

① 徐向前:《徐向前回忆录》,解放军出版社2007年版,第158页。

四、严格纪律，文教熏陶

党领导下的政权、军队和人民群众之所以能够亲密无间、血肉相连，除上述原因外，还有两个重要因素：一是纪律严明，党政军干部、战士和公职人员廉洁奉公；二是富有人民政权特色的文化熏陶。

（一）严军纪促作风，严政纪树廉政

第二次国内革命战争时期，鄂豫皖苏区诞生了多支红军队伍，如红七军、红一军、红四军、红四方面军、红二十五军、红二十七军、红二十八军以及众多的地方武装，无论是哪支部队，都有严格的纪律约束。

被毛泽东同志称赞“对中国革命有大功”的徐海东同志，不仅对自身要求高，对部队群众纪律更是严格要求。早在1927年，徐海东在家乡创建农民武装时就定下了四条“铁律”：一是集合不准说话；二是不许穿长袍；三是不许吃老乡的东西；四是不许打骂乡亲。

1928年夏，红十一军创建于柴山保，当时就制定十条纪律，其中明确要求：不拿群众一针一线，不拿穷人粮食，对穷人态度要和蔼，对群众要宣传红军主张等。1929年5月，为加强红军纪律，刚刚组建的红三十二师就创作了《红军纪律歌》：“红军纪律最严明，行动听指挥，不要胡乱行。打土豪要归公……讲话要和气，开口莫骂人，无产阶级红军官兵个个要记清。”

1932年夏，红二十五军攻克皖西霍邱县城，战士鲁运生在街头偶遇昔日的东家管风城。他未经请示，就一刺刀捅在这家伙的前胸上。排长知道后，立即缴了鲁运生的枪，并把他送到连队处理。鲁

运生哭诉他杀管风城的原委。原来，鲁运生的家乡在霍邱南边的小桥乡。这个管风城心狠手辣，鲁运生小时在他家当了多年长工，东家非打即骂、肆意欺辱，后来还打死鲁运生的父亲，逼迫他娘改嫁。想到自己一家的悲惨遭遇，满腔怒火的鲁运生就捅杀了管风城。鲁运生诉说自己的苦难家史，旁听的人纷纷落泪，但依照红军纪律，连长还是派人将他看押起来。旷继勋军长知道这件事后，将鲁运生放出，并提拔他担任排长。旷军长严肃地告诉大家，管风城罪大恶极，该杀，但应经过审判，鲁运生擅自杀人，违反了军纪，理应关押。但如今敌人疯狂进攻霍邱城，大敌当前正是用人之际，所以又任用鲁运生，让他戴罪立功上前线杀敌。随即，鲁运生带领一支队伍奔赴战场去了。[①]

三年游击战时期，混进红军的任继周吃不了苦，屡屡违反军纪、违反群众纪律，侵害群众利益，后又枪杀红军将士，下山投敌。任继周后来到舒城县保安队当了个“剿共”特务组长，为非作歹，继续祸害地方。1936年初，皖西北特委得到情报，获悉任继周带着一批人在舒城春秋山一个庙宇内活动。当晚，特委领导人张如屏、孙仲德率独立游击师包围了庙宇，经过激战，将作恶多端的任继周一伙击毙。

在此期间，红军地方武装灵山便衣队在工作中发现，当地很多土匪经常打着红军便衣队的旗号混淆视听，骚扰地方，不仅到群众家大吃大喝，还抢掠财物，带来极坏的影响。为消除影响、安定地方，灵山便衣队先后抓获了许多土匪。这些人也大多是穷苦出身，便衣队缴下他们的武器，对其进行严肃的批评教育，给资遣散，并将所抢夺的财物设法归还群众。这样既消除了当地匪患，也维护了

① 参见《皖西革命回忆录 第二次国内革命战争时期》(上)，安徽人民出版社1980年版，第265页。

红军和便衣队的纪律和声誉。

爱护百姓、维护群众利益，是人民军队的革命本色，党领导的人民军队在大别山战斗、坚守20余年，群众纪律始终牢记心头。

新四军四师对群众纪律要求十分严格。一次，老乡家的两只鹅吃了部队种的菜，时值大生产运动期间，勤务员认为这“破坏了生产竞赛”，气愤之下便拔枪打死了那两只鹅。结果部队不仅向老乡赔礼赔钱，还严肃处分了勤务员。另一次，有位后勤科长在老乡家磨面，这位老乡偷拿了部队的几斤麦子，这位科长就将老乡扣押了好几天。彭雪枫师长知道此事后，不仅严肃批评这位科长侵犯了人权，还撤了他的职务。

解放战争期间，刘邓大军于1947年9月在经扶县（今河南新县）小姜湾召开了一次特别的干部大会。邓小平同志郑重向部队“约法三章”：“枪击老百姓者，死刑！抢夺老百姓财物者，死刑！奸污妇女者，死刑！”一个月后，野司到达黄冈总路嘴镇，邓小平同志在镇上巡视，走到一个十字街头，突然看见一个军人一手扛着一捆粉条，一只胳膊肘夹着一卷布匹，手里还攥着白纸和毛笔，匆匆从一个敞着大门的店铺里走出来。他令警卫员追上去查问。警卫员追上一看，怔住了，原来这人正是野司警卫团四连副连长赵桂良。

原来，赵副连长手下一个战士的棉衣破了，要买来布匹重新做一件棉衣，而那捆粉条则是为刘伯承司令员找的。赵副连长知道，刘司令员最爱吃炖粉条。白纸和毛笔则是想用来书写标语，做群众宣传工作的。因一时无法找到店主，情急之下赵副连长做了违纪之事。赵副连长以前是模范干部，还是战斗英雄，野司首长和他都很熟悉。如何处置赵副连长，野司专门开会讨论，许多人都建议宽大一点，或让他戴罪立功。

邓小平同志最后发言，他动情地说道：“赵桂良同志犯了这样的错，我也和大家一样非常痛心，可是，我们和蒋军最大的不同，就是我们有严明的纪律性。纪律面前人人平等，谁也不能破例。古代诸葛亮尚且能够挥泪斩马谡，难道我们还不如封建君臣吗？”不久，赵桂良被公审枪决。这件事过后，陆续回家的黄冈百姓都纷纷传颂我军军纪如山。

严明军纪，保护群众利益；惩处违纪，纯洁革命队伍。严格的纪律，锻造出过硬的战斗作风；严格的纪律，也凸显出红军是人民军队的革命本色。

党领导下的鄂豫皖边区政府是人民的政府，更是廉洁的政府，这既有革命干部、公职人员的道德使然，亦有边区法规、条例和政策的保障。

鄂豫皖革命根据地先后颁布了一系列法律、法规、条例等，其立法指导思想体现了广大人民群众的根本利益，始终贯彻人民民主的原则。1929年12月鄂豫边区第一次工农兵代表大会通过的《肃反条例》、1931年7月鄂豫皖边区第二次苏维埃代表大会通过的《肃反问题决议案》，以及边区制定的财政纪律等，明确要求对于“剥削穷人、鲸吞公款、把持乡村、鱼肉乡民之豪绅”“贪婪致富之官吏”“官僚主义、贪污腐化浪费严重者”给予严厉惩处。[①]

1931年8月8日，鄂豫皖边区苏维埃政府财政经济委员会关于“集中财政注意节省”的第三号通令中，指出“不顾及全盘节省尚虚浮而不从实际需要决定预算是不对的”，要求各机关无论任何大小事件不得妄行消耗，并措辞严厉地指出，如再发生浪费行为，定以革命纪律施行之，同时罚及该机关内主要负责人员。

鄂豫皖边区的党军政领导、各级干部和公职人员廉洁自律，夙

① 参见湖北省档案馆、湖北省财政厅编：《鄂豫皖革命根据地的人民检察制度》，中国检察出版社2011年版，第51—52页。

夜在公，其事迹同样感人肺腑。

1933年秋，鄂豫皖省委书记沈泽民已身患重病，但仍坚持工作，为了给他增加营养，担任省委警戒任务的第五连指导员擅自掏了一土豪家的鸡窝，抓了两只母鸡炖汤。沈泽民知道后，立即将该指导员撤职查办。沈泽民如此重惩，是因为红二十五军自创建以来，为防止贪污、扰民，曾订立了“不许吃鸡”的规矩。

郑位三是鄂豫皖苏区的创建人之一，曾担任鄂豫皖苏区银行行长，掌管着巨额财物，被誉为边区的“红管家”。但就是这样一位位高权重且终日与钱款、物资打交道的“财神爷”，同样生活节俭，廉洁奉公。在鄂豫皖苏区斗争期间，郑位三身患多种疾病，身体虚弱，但他和普通战士一样，风餐露宿，衣服破旧。郑位三的母亲在饥寒交迫中误食野菜中毒身亡；妻子在敌人清剿时跑反隐蔽在山洞中，被活活饿死；一个幼小的女儿，则由二弟带着四处打游击。①

商城第四区区委委员、区监察负责人晏永香，为维护党政纪律铁面无私，查处惩处贪污、贿赂行为从不留情，被群众赞誉为“女包公”。一次，晏永香的一个亲戚利用职务便利私下拿走了打土豪缴获的一块元宝。晏永香获悉后，立即找上门收回那块元宝，并给予严肃查处。晏永香不徇私情、廉洁奉公的高风亮节，赢得了人民群众的尊重和称赞。商城县第四区党委发出通知，号召广大党员干部学习晏永香为维护党政纪律而斗争的革命精神。②

严明的政纪让廉洁的政府在苏区树立了威信，也赢得了边区人民群众的信任和支持。

① 参见中共信阳市纪委、信阳市监察局、中共信阳市委党史研究室编：《红廉大别山》，中国方正出版社2013年版，第70页。

② 参见中共信阳市纪委、信阳市监察局、中共信阳市委党史研究室编：《红廉大别山》，中国方正出版社2013年版，第107页。

（二）文化育苗，教育培基，文教熏陶固根基

毛泽东主席曾指出：“一定的文化是一定社会的政治和经济在观念形态上的反映。”[①]文化具有影响历史演进、决定前进方向的无形力量，教育则具有塑造人之灵魂的重要作用。鄂豫皖边区的文化教育事业及其发展，在宣传党的主张、讴歌红军和苏区政府、巩固军民团结等方面，均发挥了不可替代的作用。同时，鄂豫皖苏区文化教育也充分体现了“人民性”特质。

正如鄂豫皖区第二次苏维埃代表大会所提出的：“只有工农自己的苏维埃能够发展真正广大的文化教育工作，去为广大工农群众谋利益。依靠革命的伟大创造力，我们要在革命战争的创造中，去创造鄂豫皖苏区的文化教育工作。”[②]鄂豫皖苏区的文化教育事业，正是党领导下的红军和人民群众在与黑暗的旧势力进行不懈斗争中发展起来的。

鄂豫皖苏区的文化具有鲜明的革命文化色彩。在边区的文艺演出、革命标语、报刊及民间歌谣等各类文化形式中，均有歌颂党、歌颂红军、歌颂边区、歌颂军民团结的作品。

文艺演出是人民群众喜闻乐见的娱乐形式，往往具有很强的艺术感染力。鄂豫皖边区的文艺演出以新编、改编的剧本居多，饱含着革命文化的浓烈色彩。六安县新剧团演出的戏剧《独山暴动》《夺取政权》《新生活》等，均为新编剧目，主题鲜明，展示了中国共产党领导人民推翻暴政统治、建立人民政权的伟大力量；广济县剧团排演的新编话剧《解朗辉殉难》，讴歌了烈士为了解放事业不幸陷入

①《毛泽东选集》（第二卷），人民出版社1991年版，第694页。

② 湖北省档案馆、湖北省财政厅编：《鄂豫皖革命根据地财经史资料选编》，湖北人民出版社1989年版，第754页。

反动民团的重重包围，最终英勇不屈、慷慨就义的感人事迹。群众在观看演出时被剧情深深打动，许多人流下了热泪。

红军征战抵达之地，经常会派出小分队外出张贴或书写标语，边区政府也时常悬挂、张贴标语。革命标语书写简单，一般书写或粘贴在交通路口、街道两侧、墙体上，格外醒目。革命标语言简意赅，例如："农民革命万岁""实行土地革命""扩大红军，肃清封建势力""共产党是穷人的救星"等。标语内容一般通俗易懂，大多与时政、与人民群众利益有密切关系，所以在普通群众心中往往留下深刻印象。

创办发行报刊是动员普通战士和民众的重要途径。鄂豫皖苏区先后创办多种报刊，其中包括：1929年春中共鄂东特委创办《英特尔那雄纳尔》，1930年中共鄂豫皖边特委创办《我们的路线》，1931年初中共鄂豫皖边特委创办《工农兵》（后更名为《苏维埃》），1931年2月中共鄂豫皖边特委办《党内生活》，1931年5月鄂豫皖区苏维埃政府创办《苏维埃三日刊》，中共皖西北特委发行《火花》半月刊和《红旗》双月刊，鄂豫皖根据地各县苏维埃政府发行《捷报》，鄂豫皖革命军事委员会政治部印发《红军战士》等。这些报刊登载的多为党和边区政府的工作政策报告、国内外要事战事、战地通讯等。根据地报刊发行量虽然不大，范围也有限，但对一般群众了解党的主张、边区政策和红军战况，联络军民情感等，还是起到了一定的作用。

歌谣与歌曲也是大别山革命文化的重要组成部分。大别山歌谣是边区穷苦百姓表达心声、抒发情感的重要方式，深受群众喜爱。而革命歌曲则能起到阐发道理、激发斗志、鼓舞士气的独特作用。鄂东黄安流传着这样一首歌谣：小小黄安，人人好汉。铜锣一响，四十八万。男将打仗，女将送饭。歌谣的歌词虽短，却朗朗上口，体现了苏区人民英勇无畏、军民一家的情怀。黄安人民就是唱着这样鼓舞人心的歌谣投身黄麻起义、开辟鄂豫皖苏区的。苏区人民歌颂红军，以歌声表达对红军的支持："我们红区人，个个要觉醒，参加红军杀敌人，革命要齐心……结婚有几春，你我爱情深；虽说我是女子们，革命认得清。"[①]（《送郎投红军》）他们也歌唱军民团结："来了那红军呀共产党，有了吃有了穿呀分地分房，从今后人民当了家做了主，努力生产昼夜忙，拿着锄头肩着枪，大别山造成了一座铜墙铁壁，大别山造成了一座铜墙铁壁。"[②]（《大别山里好风光》）在开辟根据地、建立苏区政权的过程中，鄂豫皖苏区军民还创作了一些歌曲，例如在苏区广为传唱的《八月桂花遍地开》，歌中唱道："八月桂花遍地开，鲜红的旗帜树呀树起来！张灯又结彩，张灯又结彩，光辉灿烂闪出新世界！亲爱的工友们，亲爱的农友们，唱个国际歌，庆祝苏维埃。"[③]这首歌表达了苏区人民对苏维埃政权的拥戴和热爱。又如《消灭"包围会剿"歌》中唱道："我区工农真勇敢，游击战争普遍地发展。奋勇直向前，捷报如雪片，打得那匪军东逃又西窜。亲爱的工农们！红色的战士们！趁热打铁红区快复原……"[④]歌曲表达了对军民团结、击退敌人的殷切期望和必胜信心。

鄂豫皖苏区的教育也是在艰难环境下开展的。前文已叙及党政

---

① 中国民间文艺研究会主编：《大别山老根据地歌谣选》，作家出版社1957年版，第74—76页。

② 中国民间文艺研究会主编：《大别山老根据地歌谣选》，作家出版社1957年版，第125页。

③ 谭克绳、欧阳植梁主编：《鄂豫皖革命根据地斗争史简编》，解放军出版社1987年版，第290页。

④ 中国民间文艺研究会主编：《大别山老根据地歌谣选》，作家出版社1957年版，第130页。

军干部教育，此处仅涉及一般民众教育、学校教育。

党领导的边区革命使鄂豫皖边区发生了翻天覆地的变化，也使昔日不识字的工友、农民及工农子弟有了上学读书的机会。鄂豫皖根据地把扫除文盲作为社会教育的中心任务，为此开办夜校、举办识字班，还开展群众性的识字周。夜校、识字班除了学习一些常规汉字外，还进行一些简单的阶级教育、形势教育，启发革命意识。正如《识字运动周刊》“宣言”所指出的：“我们的阶级敌人剥削我们读书识字的机会，文字在敌人手中起过很大的作用，证明了它是一种有力的武器，我们现在要拿起这种武器来加强我们的战斗力。”①

边区小学教育对普通群众实行开放式办学，学费很低，很多学生来自穷苦人家。不少学校被命名为“列宁小学”，教育多依照“生产化”“政治化”的方针开展，学生不仅学习一般知识，还参加整个的革命工作。学校教材通俗易懂、联系实际、政治性强。教材包括一些启发觉悟、拥护红军、歌颂军民团结的内容。例如，列宁初级小学国语教科书第四册《工人》一课内容是：“工人是两手空空的人，只有出卖自己的劳动力，替别人做工，才能换得一碗饭吃，他是世界上最受剥削最受压迫的人，只有他是真正的无产阶级，是革命的领导者。”②列宁小学的学生经常参加校内外实践：在村头、路口站岗放哨，传递报刊、信件，参加宣传队、教唱革命歌曲，演出新编剧目或参加文艺汇演，甚至帮助红军、赤卫队协助作战等。这对培养革命情感、深化军民团结均产生了不小的作用。

① 转引自谭克绳、欧阳植梁主编：《鄂豫皖革命根据地斗争史简编》，解放军出版社1987年版，第359页。

② 转引自谭克绳、欧阳植梁主编：《鄂豫皖革命根据地斗争史简编》，解放军出版社1987年版，第357页。

抗战时期，国内外形势发生巨变，统一思想认识以争取民族抗战胜利成为全体中国人民的最高目标、最大利益。1937年秋，红二十八军（后改编新四军第四支队）和游击队、便衣队等赶往鄂东七里坪集中，为统一思想，在七里坪附近秦家祠堂举办干部轮训班，学习课程包括："中国革命和中国革命的基本问题""抗日民族统一战线""抗日游击战术""党的建设""群众工作"等。毛泽东同志撰写的《中国共产党在抗日战争时期的任务》《为争取千百万群众进入抗日民族统一战线而斗争》等文章为学习重要内容。同一时期，还举办了青年培训班，对600多名青年学生进行培训。学员们在学习期间，经常抽时间外出调查、访贫问苦，还参加军事训练和"野外学习"。在鄂豫皖边区担任领导职务的郑位三、聂鹤亭、彭康、方毅等先后给干部轮训班、青年培训班上课，还邀请董必武、叶剑英、谭光廷等为学员们作报告。通过学习文件、政策，学员们提高了对抗日统一战线政策的认识，统一了思想，对鄂豫皖边区和华中抗战产生了积极意义。①

徐州会战之前，安徽省成立了抗日民族统一战线性质的民众动员委员会，下面有41个直属工作团、30个委托工作团、34个县属工作团，这些工作团基本在中共秘密党员的掌握之下。工作团深入基层，积极开展宣传、动员工作，鼓动群众支持抗战，支持发展人民武装。

文艺作品具有特别的感染力，文艺宣传是开展群众工作的重要手段，更是打击敌人的利器。从大别山走出的新四军第四支队组建了战地服务团，各部队到达一个地方，就派战士深入所在地乡村参加群众工作。战地服务团是新四军开拓新区的尖兵，队员们到一个地方，便到群众家调查了解情况、到街头宣传，并召开抗日群众大

① 参见叶如根主编：《方毅传》，人民出版社2008年版，第36—38页。

会，往往由地方开明人士、军队领导人或民众代表上台演讲宣传抗战，然后进行文艺表演，上演的也多是群众和战士们喜闻乐见的节目。新四军二师（由第四、第五支队等部队改编）组建的抗敌剧团，运用各种文艺形式进行部队宣传教育，并完成了发动群众、动员参军、建立民兵、保卫秋收麦收等建设抗日民主根据地的任务。[①]在华中抗战的新四军，汇聚了大批知识青年和文艺工作者，他们组成的文艺队伍，为抗日根据地开辟、建设和新四军的发展、壮大，为动员群众夺取抗战的胜利作出了卓越贡献。

春风化雨，润物无声。鄂豫皖边区、抗日民主根据地的文化教育犹如拂过大别山和江淮大地的春风春雨，浇灌着这片红色土地，奠定了苏区和根据地紧跟党走、支持人民军队、支持人民政权的坚实民众基础，边区和根据地军民始终情感交融，团结一心，共度时艰，不断取得革命战争、革命事业的胜利，书写了中国革命史上一幅幅感动人心的壮丽画卷。

---

① 参见章洛、胡士平编：《画角声声掠江淮——新四军抗敌剧团纪程》，解放军文艺出版社1990年版，第2页。

第五章　胸怀全局　勇于担当

胸怀全局、勇于担当是中国共产党的优秀政治品质，也是大别山精神的内涵之一。毛泽东同志曾经强调："要提倡顾全大局。每一个党员，每一种局部工作，每一项言论或行动，都必须以全党利益为出发点，绝对不许可违反这个原则。"[①]邓小平同志也非常强调考虑任何问题都要"着眼于长远，着眼于大局。许多小局必须服从大局"，"眼界要非常开阔，胸襟要非常开阔"。[②]党的十八大以来，习近平总书记多次论及大局意识，强调必须牢固树立高度自觉的大局意识，自觉从大局看问题，把工作放到大局中去思考、定位、摆布，做到正确认识大局、自觉服从大局、坚决维护大局。中国共产党自

---

①《毛泽东选集》(第三卷)，人民出版社1991年版，第821页。

②《邓小平文选》(第三卷)，人民出版社1993年版，第298、299页。

成立之初就自觉承担起争取民族独立、人民解放和实现国家富强、人民富裕的历史使命，中国共产党的历史就是一部坚守初心、勇担使命、顾全大局、众志成城的奋斗史。中国共产党胸怀大局、敢于担当，广大共产党员与人民群众服从大局、维护大局，才能保障革命取得胜利、建设顺利发展，才能勇挑民族独立、民族复兴的重任。

从黄麻起义到1949年新中国成立，鄂豫皖革命根据地经历四度辉煌，从土地革命战争初期到三年游击战争时期，再到抗日战争时期，最后到1947年刘邓大军千里跃进大别山，实现解放战争由战略防御进入战略进攻的伟大转折，见证了中国革命的不平凡历程。在中国共产党领导革命的伟大历程中，大别山地区有200万人参军参战，近百万人英勇牺牲，登记在册的仅有13万多人。湖北红安县有14万人壮烈牺牲，其中有名有姓的2.2万人左右；安徽金寨县投身革命的有10万人，大多英勇牺牲，经确认的烈士有1万多人；河南新县全县不足10万人，牺牲的优秀儿女5.5万余人，被誉为“村村有烈士，户户有红军，山山埋忠骨，岭岭皆丰碑”。从大别山走出了8支红军队伍：中国工农革命军第七军、红十一军、红一军、红十五军、红四军、红二十五军、红四方面军、红二十八军，还有解放战争期间的中原野战军。大别山上的红旗28年不倒、拥有四度辉煌，是大别山人民和英雄群体以坚定的革命信念、大无畏的牺牲精神创造的奇迹和辉煌。大别山人民和英雄群体胸有大局观念，面对困难迎难而上，面对责任挺身而出，为中国革命立下汗马功劳，也铸就了大别山精神。

一、维护党中央权威，坚定贯彻党的路线方针政策

2016年，中共十八届六中全会通过的《关于新形势下党内政治

生活的若干准则》指出，全党必须牢固树立政治意识、大局意识、核心意识、看齐意识，自觉在思想上政治上行动上同党中央保持高度一致。其中大局意识强调从全局出发，领会大局、服从大局、服务大局。早在中共二大通过的党章中就体现、强调大局意识，党章规定："区或地方执行委员会及各组执行及宣传中央执行委员会所定政策，不得自定政策，凡有关系全国之重大政治问题发生，中央执行委员会未发表意见时，区或地方执行委员会，均不得单独发表意见。"[①]大局意识是维护党中央权威的内在要求，党的一大明确要求在全党建立统一的组织和严格的纪律，维护党中央权威是党和国家命运前途所系。只有胸怀全局，才能坚决维护党中央权威和集中统一领导，才能明确责任担当，才能做到守土有责、守土负责、守土尽责。大别山走出的革命队伍在革命生死攸关时刻，牺牲小我，从全局利益出发，把革命工作放到大局中去思考、定位、摆布，发扬为党分忧、为党尽职的担当精神，为中央红军顺利北上、奠基陕北新的革命根据地、维护党中央权威作出了巨大贡献。

（一）树立政治责任，自觉维护党中央集中统一领导

第五次反"围剿"失败，中央主力红军为摆脱国民党军队的围追堵截，1934年10月被迫实行战略转移。中共中央、中央军委1934年12月19日作出决议，1935年1月22日向红四方面军发出电报，要求红四方面军配合中央红军行动。红四方面军在旺苍坝召开重要军政会议，明确此时首要任务是迎接北上的中央红军。会议决定李先念率领第三十军第八十八师和第九军第二十五师、二十七师部分，行至小金川地区迎接中央红军，其他另部抵御敌军，保证胜利会师。

① 中央档案馆编:《中共中央文件选集》(第一卷),中共中央党校出版社1982年版,第60页。

旺苍坝会议后，红四方面军做好以下准备工作：第一，做好思想工作，强调队伍会师后一切行动要听中共中央的指挥；第二，占领川西北的茂县、理番等地区，在茂县一带站住脚，以迎接已进入川康边的中央红军；第三，制定、颁布少数民族政策，保护宗教自由，争取少数民族群众；第四，通过强大的政治宣传、有利的政策，调动广大群众捐献物资。红四方面军、地方政府和人民群众形成统一战线迎接中央红军。

李先念率领的先头部队一路从理县、汶川直取懋功迎接中央红军。1935年6月12日，中央红军和红四方面军的先头部队在夹金山会师。李先念到达懋功后，为迎接党中央和中央红军做了以下准备工作：一是部署兵力，防止敌军和地方反动武装突袭；二是准备粮食、军需物资等。6月15日，中共中央和中央红军到达懋功与红四方面军胜利会师，红四方面军代表郑维山表示坚决听从党中央的指挥，团结奋斗，并肩前进。懋功会师体现了红四方面军顾全大局、主动担当作风，遵照中共中央和中革军委北进战略方针，开启与中央红军并肩作战的新征程。

1935年6月，中央红军与红四方面军在懋功会师后，中共中央召开政治局扩大会议，中央和军委的战略计划是全力到新的地区发展根据地，创建川陕甘根据地。张国焘却违背中央北上战略发布南下命令，并在卓木碉召开会议要“另立中央”。面对分裂中央、分裂红军的错误路线，徐向前采用多种形式抵制，指出党内有分歧，谁是谁非，可以慢慢谈，总会谈通的……现在弄成两个中央，如被敌人知道有什么好处。“军事上的努力挽救不了政治错误带来的损失”①。中央红军北上取得胜利，徐向前及时在红四方面军发行的军

① 徐向前等：《艰苦的历程：中国工农红军第四方面军革命回忆录选辑》（下册），人民出版社1984年版，第150页。

事刊物上报道，鼓舞士气。一直跟随张国焘的红四方面军干部，从想不通到不满情绪高涨，意识到南下方针的错误后逐渐清醒，要求北上，维护党中央的团结和权威。

1935年10月19日，中央红军到达吴起镇时，人员减少严重，只剩下7000多人。加上物资匮乏，战士们的温饱问题无法解决，战斗力减弱，这对于树立党中央的权威是不利的。毛泽东同志向提前到达陕北的红二十五军说明中央红军过冬粮衣困难问题，并向徐海东借款。徐海东从军团仅剩的7000块大洋之中抽出5000块大洋“借”给中央红军，帮助中央红军解决棉衣问题。徐海东慷慨支援，不仅帮助党中央顺利渡过难关，而且自觉服从中央领导，红二十五军与陕甘红军组建为红十五军团，徐海东任军团长，后红十五军团又被编入中央红军，这使得中央红军的实力得以恢复和扩大。党中央在陕北站稳脚跟，打破了张国焘分裂党、分裂红军的企图，并且取得直罗镇战役等几次大规模战役的胜利，彻底打乱了国民党军队进攻陕北的部署，为即将在陕北建立的中国革命大本营献上奠基礼。慷慨借钱和自觉维护中央权威，体现了徐海东和红二十五军广大指战员自觉的大局意识和为党分忧的担当精神。

（二）维护党中央工作大局，攻坚克难善担当

红二十五军是从大别山走出的一支英雄部队，经历三次组建，一直坚持艰苦斗争，既保卫了鄂豫皖革命根据地，又保存了大别山区的红军力量。在中央红军实施战略转移时，红二十五军遵从党中央和中央军委的指示，主力进行战略转移，去建立新的革命根据地，这样既可以把敌军主力引走，减轻鄂豫皖根据地的压力，留下的武装力量又能长期坚持斗争，并使老根据地得以存续。1934年11月16日，红二十五军在鄂豫皖省委的率领下，高举“中国工农红军北上

抗日第二先遣队”的旗帜，由大别山区向初定目的地鄂豫边界的桐柏山区和豫西的伏牛山区转移，开始长征。红二十五军执行党中央指示进行战略转移，为党保存了一支强有力的革命武装，为中央红军长征胜利进行探路，为红军力量大会合和陕甘宁根据地的建立作出巨大贡献。

红二十五军撤离鄂豫皖根据地后与中共中央失去联系，到达陕南暂时摆脱了敌人的封锁，在战略转移中努力寻找党中央，以确定队伍行动方向。1935年7月15日，红二十五军转战到西安以南的长安县，原鄂豫皖省委交通员石健带来中央文件和中央红军与红四方面军已在川西会师的消息，也带来主力红军向北行动的确切消息。当晚，鄂豫陕省委召开紧急会议，为配合中央红军北上行动，决定红二十五军离开根据地西征北上。当时部队提出的口号是“迎接党中央”“与中央红军会师”。徐海东副军长在动员大会上说道：“我们这次西征北上的行动，就是为了迎接党中央、与中央红军会师，我们这几千人就是牺牲完了也要牵制住敌人，保证党中央和中央红军顺利北上，这对全国革命是有重大意义的。”[①]从得到党中央和中央红军的消息到7月16日出发，不到24个小时，这是维护中央、胸怀大局的自觉意识和践行。红二十五军对中央红军北上战略意图的预见是准确的，在沿秦岭西征中缴获的一些文件和报纸，特别是从《大公报》中得知，主力已越过六千公尺的巴郎山，向北行进，这进一步证实中央红军正在北上，而敌人正在集聚企图堵截北上主力红军。红二十五军西征甘肃，切断横贯陕甘两省交通要道西兰公路，坚持18天打乱蒋介石部署，策应红军主力在川西的行动。红二十五军在陇西与敌军周旋，分析局势利弊，从全局出发，发挥主观能动

① 张明金、姜为民：《孤军北上做先锋——刘华清谈红二十五军长征》，《党史博览》2002年第1期，第8页。

性，作出战略部署：北上陕甘与陕北红军会合，首先争取巩固陕甘边革命根据地，再配合中央红军北上。1935年9月15日，红二十五军抵达延川永坪镇，与刘志丹领导的陕甘红军会师后，组建红十五军团，共7000余人。徐海东任军团长，程子华任政委，刘志丹任副军团长兼参谋长。红二十五军历时10个月转战万余里，成为最先到达陕北的长征部队。红二十五军转战北上的历程是艰苦卓绝、英勇悲壮的，政委吴焕先在渡泾河阻击敌人的战斗中英勇牺牲。蒋介石调集军队对陕甘革命根据地进行“围剿”，红十五军团发起崂山战役和榆林桥战役并取得胜利，以此巩固和扩大根据地，为迎接党中央和中央红军到达陕北奠定基础。习近平总书记在纪念红军长征胜利80周年大会上指出：“西北地区红军创建陕甘革命根据地，同先期到达陕北的红二十五军一起打破了敌人的重兵‘围剿’，为党中央把中国革命的大本营安置在西北创造了条件。”[①]实践证明，红二十五军孤军北上，拥有维护中央的全局意识，发挥主观能动性，凭借出色的战略判断力，及时调整战略，成为党中央和中央红军的开路先锋。

二、服从党中央指示，在战争中勇挑重担

顾全大局、服从全局和整体利益就是要服从党中央集中统一领导的指示要求。邓小平明确指出，“中央决定了的东西，党的组织决定了的东西，在没有改变以前，必须服从，必须按照党的决定发表意见，不允许对党中央的路线、方针、政策任意散布不信任、不满和反对的意见”[②]。红四方面军、中原解放军临危受命，从大局出

---

① 习近平：《在纪念红军长征胜利80周年大会上的讲话》，人民出版社2016年版，第3页。

②《邓小平文选》（第二卷），人民出版社1994年版，第272页。

发，迎难而上、勇挑重担，以战略服从政略，在战场上配合不同时期中央战略计划顺利完成。

（一）自觉服从大局，迎难而上

中国共产党领导新民主主义革命取得胜利，是建立在不断排除困难的基础上的。如何排除困难，既要思考、谋划全局和局部，更需要勇于担当、迎难而上去支撑服从大局。红四方面军发起强渡嘉陵江战役，全体指战员服从中央指示，克服困难，做好思想政治工作和军事技术训练，调动各种积极因素和力量，英勇顽强，坚决奋战，策应中央红军在川黔滇边运动转战，为党和人民立下不朽功勋。

1935年1月22日，中共中央和中央军委向红四方面军总部发来电报，中央红军决定进入川西然后渡江北上，要求红四方面军予以配合向嘉陵江以西进攻。红四方面军召开紧急会议，把西进策应中央红军作为头等紧要事情，会议为渡江做好准备部署：一方面搜集材料隐蔽造船，另一方面出兵陕南，迷惑沿江敌人，为渡江创造有利条件。川陕革命根据地的人民群众为红军造船给予大力支援，出人出力，捐献物资，为的就是迎接中央红军并加快造船。2月，红四方面军发动陕南战役，占领重镇，俘虏官兵4000多人，歼灭4个多团。1935年3月28日，为配合中央红军作战，冲破敌人的“川陕会剿”，红四方面军发起强渡嘉陵江战役。

红四方面军强渡到达嘉陵江西岸后，开始向两翼展开并向纵深发展。其中，中路红三十军第八十八师第二六三团为渡江先锋团，快速渡江登岸并击退两翼敌人反击。左（红九军）、中、右（红三十一军）三路红军均强渡成功，乘胜追击沿江敌人。到4月3日，控制了嘉陵江西岸400多里地区。第一阶段的作战任务胜利结束。第二阶段的作战任务是纵深发展，保障主力红军的侧翼安全。到4月21

日，“强渡嘉陵江战役历时24天，总计歼敌12个团，约1万余人，攻克了阆中、南部、剑阁、昭化、梓潼、平武、彰明、北川8座县城，控制了东起嘉陵江、西迄北川、南起梓潼、北抵川甘边界纵横150公里左右的广大地区，给敌人第二十八军、第二十九军以沉重打击，使其不少师、旅失去作战能力”[①]。红四方面军渡过嘉陵江之后，对成都、甘南都形成威胁之势，蒋介石为此调兵陕甘，防止红军北上，同时调兵防守绵阳地区。敌人原有的战略部署被打乱，大量川军被牵制在川西地区，中央红军北渡金沙江得到有力配合，也为中央红军与红四方面军的会师创造了有利条件。

（二）识大体、顾大局，无私无畏

中原突围是大别山军民服从党中央全局战略部署，用自己巨大牺牲保障全局胜利的又一力证。毛泽东曾指示，中原部队要做好即使全军覆没也要保障全局胜利的准备。李先念等率领的中原解放军高度服从中共中央和毛泽东的战略决策，展示出顾全大局、勇于担当、无私无畏的革命精神。

抗战结束后，中共中央批准中原军区组建方案，组成以李先念为司令员、王树声和王震为副司令员的中原军区，自此6万大军雄踞中原。在国民党进行战略进攻、人民解放军实行战略防御时，中原解放军牵制了国民党大量军队，为党中央在东北、华北、华东的战略部署赢得了时机。1946年初，蒋介石陆续调集30万大军，妄图通过经济封锁和蚕食完全控制中原地区并于6月形成包围之势，速歼中原解放军。李先念等分析局势，确定战略决策，既要突围保存力量，又要充分考虑中原解放区与其他解放区之间利害关系，选择有利于解放战争全局的时机和地点。

① 姚金果、苏杭：《张国焘传》，陕西人民出版社2000年版，第443页。

首先要考虑的关键问题是战略转移方向。李先念等对这一重大问题认真分析，总结各个方案的利弊。往南是长江天险，无路可走。往北有晋冀鲁豫的刘邓大军接应。向东可与在苏皖的新四军主力会合。但这两个方向都有敌军重点设防，更主要的是若向北、向东突围，不但不能继续牵制敌人，还会把几十万的敌军引向苏皖解放区和晋冀鲁豫解放区，增加两个解放区的压力，对全局极为不利。向西突围，转入陕甘宁边区虽有许多不利因素，但敌军可能疏于防范，山多地广符合中原解放军游击和运动作战特长，况且那里是革命老区，群众基础好，也很熟悉地形，更为重要的是能将几十万敌军牵制到豫西、陕南等地，使敌人远离华北、华东解放区。经过深思熟虑，李先念等最后作出向西分路突围的战略部署。其次是突围的时机要准确把握。因考虑中原解放军转移不仅是自身问题，而且关乎整个解放区反内战大局。从全局考虑，部队冒险顽强坚持斗争，为解放区做好内战准备争取时间。在获得敌军围攻中原军区部队阴谋将于1946年6月26日开始后，李先念等以中原局名义致电中共中央，提议月底实施主力突围计划。李先念和中原局、中原军区其他领导同志果断作出主力分两路向西，其他部队分路突围的战略部署，震惊中外的中原突围战役开始了。经过激战，各部都顺利完成突围，转战鄂豫陕边区、鄂西北边区、鄂皖赣地区外线后，继续执行战略牵制任务，牵制国民党军队达32个旅，为内线部队粉碎国民党军队全面进攻创造了有利条件。

在敌军重兵围困下，中原局根据党中央指示组织突围时，为了争取“胜利第一”，决定以一部分兵力掩护主力向西突围。作为掩护兵力，既要智勇双全，又要具有很强的作战能力；既要掩护主力突围，又要在此之后自己能胜利突围。中原军区领导把这一掩护任务交给了皮定均领导的中原军区第一纵队第一旅，并指示：这是关系中华民族的两种前途、两个命运大决战的第一仗，一定要首战必胜。

1946年6月24日，中原军区副司令员王树声向第一纵队第一旅旅长皮定均、政委徐子荣传达中原局、中原军区决定，要求第一旅向东阻击、牵制敌军，并制造主力向东突围的态势，迷惑敌军以掩护主力向西转移。皮旅的任务重在拖住和迷惑敌人，还要保存自己，待完成掩护任务后，机动灵活地选择路线突围。接受任务后，皮定均和旅党委立即召开会议，研究制订掩护主力突围和完成掩护任务后全旅突围的方案。会上，皮定均要求全旅指战员不惜一切代价，阻击敌人，拖住敌人，誓死完成掩护主力突围的光荣任务。掩护方案主要是利用敌军对我军主力向东突围的错误判断，采取疑兵之计，把敌军吸引过来，分散西部防御兵力，助力我军主力向西突围。而中原军区主力已在，皮旅为中原军区主力争取了两天时间转移。26日敌军发现时，我军主力已于24日向西突围。皮定均率领的第一旅采取声东击西的战术，顾全大局、不怕牺牲、英勇抵抗，等敌军察觉我军主力向西突围并追击时，中原军区主力已跳出30万敌军的包围圈。皮定均成功地实施诱敌计划，完成阻击敌军、掩护主力部队突围的任务。早在6月24日，中原军区副司令员王树声给皮定均率领的第一纵队第一旅下达任务时就交代，在掩护任务完成之后，第一旅根据情况自行决定行动方向，或西追主力，或就地游击，或向东突围。也就是说，皮旅自身突围方案有三个：一是西追军区主力，二是坚持就地打游击，三是向东突围。向西突围会增加主力西进的压力，在原地打游击会增加敌军对根据地的摧残。皮定均等一旅指挥员以大局为重，否决前两种方案，选择向东突围，这样可以牵制、分散敌军。但是这一方案风险最大，山高水险，并有超过自己十多倍的敌军的围追堵截和几条敌人重兵设防的封锁线。但这也是最佳方案，只有向东，和主力背道而驰，才能最大限度地牵制住敌人，减轻主力军的压力。皮定均和旅党委坚守掩护军区主力的使命，只要对突围有利，再大的困难也要克服。皮旅坚持和发扬胸怀大局、勇于担当、不怕牺牲、独立作战的精神，毅然选择了这个难度最大、风险最大的突围方案——向东到苏皖解放区，与华中兄弟部队会师。

自6月27日起皮定均率领全旅突破敌军的围追堵截，一路英勇斗争、不顾艰险，经过24个昼夜千余里的长途行军，横跨鄂豫皖三省，历经23次大小战斗，7月20日全旅以完整建制到达苏皖解放区。皮定均指挥全旅“铁流千里”、胜利突围的消息，轰动了国内外。当时的中共中央机关报和新华社连续发表消息和通讯，并以评论文章高度评价和赞颂皮旅的大局意识和担当精神。

李先念率领的中原解放军将整体战略需求与局部作战实际辩证结合，选择正确突围方向，部署作战计划，采取灵活机动的战术，率领部队杀出重围，拉开全国解放战争的序幕。皮定均率领的第一旅在突围过程中临危受命、顾全大局、勇担重任，成功完成掩护主力突围任务，又经过20多天的艰苦转战，顺利自行突围。“中原突围的胜利，不仅粉碎了蒋介石‘一举包围歼灭’的计划，而且牵制了敌人，在战略上有力地配合了我军在其他战场上的作战。”[①]

1955年中国人民解放军授军衔时，毛泽东曾有一个批示：“皮有功，少晋中”。皮定均原来报的是少将军衔，因其在解放战争期间中原突围中所作的贡献，毛泽东亲自批示授皮定均中将军衔。“皮有功，少晋中”，不仅是对皮定均贡献的认可，更是对皮旅全体官兵胸怀大局、勇担重任的褒奖。

① 张月桂、牛玉乾：《皮定均在河南》，《河南大学学报》(哲学社会科学版)1985年第6期，第60页。

（三）观大势知担当，不胜不休

识大局者知天下。革命战争时期，服务大局需要胸怀宽广、眼光独到，需要把自身的思想认识和实际行动统一到党中央对形势的判断和总体部署上，遵循中国革命战争的规律，把握发展趋势，立足当前、谋划长远。1947年6月，从中共中央决定实施战略大反攻到淮海战役开始，刘邓大军始终采取顾全大局、自觉服从大局的战略行动，多谋善断，勇挑重担，牺牲局部，换得解放战争形势的根本扭转。

1947年7月23日，中共中央给刘伯承、邓小平发出指示，“下决心不要后方，以半个月行程，直出大别山，占领大别山为中心的数十县，肃清民团，发动群众，建立根据地，吸引敌人向我进攻打运动战”[①]。中央还具体指示刘邓大军可以休整至8月中旬，在接到指示之前刘邓大军已连续作战一个多月。面对这一任务，刘邓大军面临重重困难：大兵团作战无后方支援，兵员粮草无法补给；黄泛区千里行军，重装备无法随行；目的地大别山深处敌占区腹地，既面临敌人“围剿”，又要建立根据地。1947年7月29日，刘伯承、邓小平收到毛泽东亲自起草的三个A级（最急的）极秘密的电报，写着“陕北情况甚为困难”的简单内容。为顾全陕北安危和战略全局，刘邓大军跃进大别山，实现战略反攻：一是吸引和歼灭敌人，二是减轻陕北、中央和毛主席的困难。1947年8月6日，刘邓决心提前结束休整挥师挺进大别山。从鲁西南到大别山有千里之遥，途中还要跨过黄泛区、沙河、汝河、淮河等诸多天然屏障。部队在艰难困境中行军、作战，邓小平向部队提出，走到大别山就是胜利。刘邓大军

① 中共中央文献研究室、中央档案馆：《建党以来重要文献选编（1921—1949）》第二十四册，中央文献出版社2011年版，第256页。

跨越陇海路、涉越黄泛区、血战汝河、抢渡淮河，于8月底胜利到达大别山，完成了战略进攻的第一步。邓小平后来说到整个解放战争最困难的就是挑这个重担，但他们看的是解放战争这个大局。正如邓小平在出发前表示的那样："为了这个大局，我们不管付出多大的代价，这个担子都得挑起来，大的代价会换来全局的改变。困难会超过抗日战争，但这是暂时的、局部的。"[①]大军深入敌军腹地，遭重兵"围剿"，对山地作战尚不熟练，困难重重，已极度疲劳且产生畏难情绪。邓小平号召部队不要怕困难，要胸怀全局，勇挑重担，"虽在全国范围吃苦头最多，付出了代价，但换取了战略上的主动，取得了全局的胜利"[②]。1948年1月中下旬，蒋介石部署重兵"围剿"大别山。鉴于战况危急，中央军委曾指示粟裕率部南下，与陈谢大军会合，逼近武汉，以将部分敌人调出大别山，减轻刘邓大军压力。邓小平却致电中央："我们现在已在大别山站住脚，请外面部队打有把握之仗，不要考虑我们。"[③]刘邓大军以吃苦最多换取了战略主动。顾全大局、敢于担当就是要有全局意识，坚决服从中央制定的各项路线、方针，敢于挑重担，不怨下推上。实践证明，顾全大局、敢于担当不仅是忠贞的品质，也常常能创造转变形势、走向胜利的奇迹。刘邓大军毅然决然执行中央战略方针，责无旁贷挑起重担，与陈粟、陈谢两路大军内外配合，积极作战，歼敌19万多人，创建新中原解放区，把南线敌军一半以上兵力吸引到中原战场，取得战略意义上的重大胜利，揭开了人民解放战争战略进攻的序幕。

1948年秋，人民解放军同国民党军队进行决战的时机已经成熟，中国共产党决定打一场前所未有的歼灭战，先后发动辽沈、淮海、

---

① 中共中央文献研究室编：《回忆邓小平》（上），中央文献出版社1998年版，第196页。

②《邓小平文选》（第一卷），人民出版社1994年版，第99页。

③ 中共中央文献研究室编：《回忆邓小平》（上），中央文献出版社1998年版，第125页。

平津三大战役。淮海战役的战场主要在江苏、安徽、山东、河南交界处，主力是刘邓的中原野战军、陈粟的华东野战军。毛泽东指出，淮海战役取得胜利的意义在于全国局面可以基本解决。淮海战役的第一阶段是华东野战军歼灭黄百韬兵团，中原野战军主要任务是切断支援敌军的联系打配合战。淮海战役的第二阶段是以中原野战军为主力围歼黄维第十二兵团。从大别山转出的中原野战军兵力有限，武器装备落后，但是邓小平在战前动员中原野战军，为消灭南线的敌军主力，为全国各路解放军取得全国胜利，以中原野战军打光为代价也是值得的。黄维兵团有飞机、大炮和坦克，在宿县双堆集有用坦克、装甲车、汽车做成的防御工事，中原野战军在歼灭黄维兵团的作战过程中，伤亡2万多人。邓小平在给毛泽东写的战役综合报告中提到有一个遗憾，那就是没有独立歼灭黄维兵团，因此增加了华东野战军的负担。正是靠着这种面对困难勇于克服、勇担重任的责任意识，将生死置之度外换取全局战略的实现，以局部损失换取全局胜利的大局意识，中原野战军和援军协力激战20天左右，全歼黄维兵团10万多人，俘虏司令黄维。淮海战役历时66天，中原野战军、华东野战军及地方武装共歼敌55.5万人。

三、从党的需要出发，主动担当

游击战争在中国革命斗争中具有重要战略地位和作用。游击战争有两种情形：一是少量武装力量与人民群众开展的隐蔽斗争形式，二是以消灭敌人有生力量为主的积极防御斗争形式。在各个革命时期，大别山军民开展两种形式的游击战争坚守大别山革命根据地，主力部队、游击队、便衣队三种革命力量相结合，承担两项任务：一是配合主力奇袭、钳制敌军，二是吸引敌军开辟独立敌后战场。

邓小平曾经说过，“大别山，敌人必争，我也必争，这是艰苦斗争的过程”[①]。坚守大别山革命根据地，开辟敌后游击战场，坚持游击战争更是历程艰难。胸怀大局意味着一种担当意识、责任意识，更是一种坚守意识。大别山军民的斗争发展了游击战争的战略战术，坚守了老革命根据地，孕育了大别山精神。

（一）坚持游击战争

从1934年11月到1937年12月，主力红军战略转移后的鄂豫皖根据地，留下的部分武装重组成红二十八军坚持根据地斗争，按照中央指示开展游击战争配合红军主力实施战略转移，同时也保存鄂豫皖老根据地，成为抗日战争和解放战争的战略支点。红二十八军在鄂豫皖根据地面临局势十分严峻的情况下，坚决按照党中央指示，坚守边区，开展不屈不挠的斗争，作出如下贡献：一是牵制敌军，配合主力红军实施战略转移；二是保存鄂豫皖革命根据地，并发挥抗日战争、解放战争战略支点作用；三是发展、壮大鄂豫皖地区的革命武装。

1935年2月1日，高敬亭领导的皖西北红二一八团与鄂东北独立团在六安抱儿山会合，并于3日在太湖凉亭坳召开干部会议，坚定在鄂豫皖革命根据地坚持斗争的信心，并且重组红二十八军，人数3000多人，高敬亭任政委。鄂豫皖三年游击战争自此进入转折点，边区又有了自己的主力武装，也确定了今后游击战争的方向。红二十五军主力撤离鄂豫皖根据地后，蒋介石一方面调遣18个团尾追西征的红二十五军，另一方面10多万正规部队则对大别山进行“清剿”，并妄图于三个月内肃清红军主力。红二十八军的重组让蒋介石开始察觉大别山地区又形成主力部队，于是调兵遣将专门“追剿”。

---

①《邓小平文选》(第一卷)，人民出版社1994年版，第99页。

红二十八军重组后第四天，面临敌人从西北、东北和正南三面包围的形势。高敬亭率领的红二十八军避敌锋芒，寻机歼敌，在霍山、舒城、潜山、太湖一带开展反“追剿”斗争。从2月到4月的转战过程中，红二十八军克服敌我兵力悬殊、天寒地冻等困难，取得王庄、界岭、桃树岭等战役胜利。其中潜山境内的桃树岭战役，歼灭敌军两个营，重创敌军第三十二师。重组两个多月以来，红二十八军不但未被数十倍于己的敌人“剿灭”，反而得到锻炼，牵制大量国民党军队，分散了敌人兵力，为红二十五军和中央红军战略转移赢得宝贵时间，起到了战略上策应的作用。

1935年4月，国民党军队在汤池附近的桃树岭被红二十八军重创后，对鄂豫皖根据地重新部署“清剿”。5月初，红二十八军在霍山黄尾河召开会议，分析当前敌人“清剿”重点在舒霍潜太地区，红军主力需暂时跳出敌人防线，同时给皖西地方武装在当地坚持斗争创造条件。会议决定主力离开皖西，跨过平汉铁路，西进桐柏山，北向陕南，伺机打击敌人。随后红二十八军向北行进，经由六安、霍邱到达固始、商城、罗山县，其间在商城三里坪、罗山杨万店两次重创敌人。5月22日，红二十八军在湖北礼山县杨平口附近找到敌人薄弱的突破口，惊险越过平汉铁路。敌人“清剿”部署被打乱，加紧调兵遣将“追剿”。5月底，红二十八军甩掉尾追敌人，到达桐柏山西端的泌阳县东南的五道岭附近。此时，红二十八军领导人得知红二十五军在陕南活动的消息，打算去陕南寻找。但是根据情报分析，前有东北军堵截，后有独立五旅追击，而且到达陕南还要穿过300多里的大平原。高敬亭在五道岭召开干部紧急会议研究部队去向，分析局势后得出：首先到陕南寻找红二十五军存在很大难度，其次坚持在鄂豫皖根据地的武装斗争，可以对南京国民政府形成威胁，也可以牵制、拖住蒋介石的10万多正规军，减轻主力红军长征的压力。红二十八军从革命大局出发，为党分忧，为主力部队承担吸引、牵制敌军的重任，随即东返大别山，再次转战鄂豫皖，继续坚持游击斗争。

红二十八军对党忠诚，从革命需要、全局利益出发，维护党中央的决定和部署，坚持艰苦卓绝的游击战争，转战鄂豫皖边区40多个县，牵制约17万敌人，歼敌18个营，15个连，粉碎敌人4次“清剿”，战果辉煌。

（二）顾全抗日大局

1937年7月7日卢沟桥事变爆发，中国共产党从中华民族抗日大局出发，为挽救民族危亡，与国民党军队谈判联合抗日。党中央给红二十八军发出指示：在蒋介石还想把红二十八军和游击武装歼灭的形势下，为抗日大局，设法与国民党方面谈判，一切重大问题由中央最后决定。高敬亭认真研读传达到军部的中央文件，认为应该以民族利益、团结抗日为重，要不记旧仇，与当地国民党军队谈判，完成党中央交给的“停止内战、一致抗日”的重任。面对有些同志不理解与国民党军队停战谈判的意图，高敬亭从中国抗日大局加以解释，国共两党不一致抗日、仍然内战，日本就要灭亡中国，停战谈判不是投降国民党，而是要联合抗日挽救民族危亡。7月15日，高敬亭送函件给当地国民党军队，主张停战谈判。16日，中共皖鄂边区特委书记何耀榜奉高敬亭命令为谈判正式代表，在岳西县与国民党代表举行停战谈判。谈判中，何耀榜既顾全大局防止谈判破裂，又兼顾红二十八军的独立性和根据地利益。7月底，双方协商后的停战协议在岳西九河正式签订。

至此，鄂豫皖革命根据地十年内战结束，红二十八军三年游击斗争结束。9月，按照党中央的命令，红二十八军与鄂豫皖根据地的地方武装改编为新四军第四支队，在日本帝国主义妄图灭亡中国的危局下，响应、听从党中央政策、指示，摒弃旧仇宿怨，统一认识，激起练兵热情，做好随时奔赴抗日前线的准备，打响新四军敌后抗战第一枪。

新四军第四支队按照中央指示进入皖中、皖东。在皖东第四支队在合肥到安庆、合肥到六安沿线数次与日军作战，共打死打伤日军1000多人；对庐江、无为两地勾结的日伪反动势力进行讨伐，歼灭反动武装2800人。在皖东第四支队发动对敌战斗达90多次，歼灭日伪军达2300人。英勇斗争的新四军第四支队成为江北抗日主力，积极开展敌后游击战争，为配合支持正面战场的战斗作出了巨大贡献。

（三）便衣队、游击队配合主力部队

在反“清剿”“追剿”过程中，为应对行军打仗、消耗难以补充、伤员得不到安置、摆脱尾追敌人等困境，1935年2月，红二十八军在舒城的白果树召开会议，决定建立舒（城）霍（山）潜（山）太（湖）游击根据地，成立中共皖西特委，徐诚基任书记。“根据地的建立发动组织广大群众，筹粮筹款，安置伤病员，建立党组织，为红二十八军建立坚实的后方根据地”[①]。皖北与合肥两支游击队在遭到敌人“清剿”打击后合并，并且协商把合肥、寿县两个中心县委合并，向中央汇报请示成立皖西北特委，继续坚持斗争。1935年秋，中央派人传达指示，成立皖西北特委，按照中央指示集中游击队，成立皖西北独立游击师，支援和配合老苏区的游击战争，与鄂东北游击武装形成相互策应之势。这一时期，在大别山

① 中共六安地委党史工作委员会编：《皖西革命史》，安徽人民出版社1987年版，第236页。

区还有一定数量的相当于地方政权作用的便衣队，鄂东北有10支，豫东南有19支，皖西有10支，虽然人数不多，但是以自己特有的方式开展发动组织群众、筹粮筹款、掩护伤病员、扩充红军、提供情报等活动，成为党与革命地区群众联系的桥梁，是鄂豫皖地区游击斗争的重要力量。地方根据地的组建、地方武装的发展以及游击活动的广泛开展，不仅助力红二十八军粉碎敌人的“清剿”，而且配合红二十八军外线作战，牵制大量国民党军队，有力配合中央红军的长征。

同样从大局出发，在异常恶劣形势下坚持斗争的还有大别山游击队和老百姓。在中原军区主力部队突围后，大别山游击队坚持以游击战争牵制敌人，保存根据地的革命热情。1947年，刘伯承、邓小平接见大别山游击队员，问到为何能在艰难环境中坚持下来，其中一位名叫刘名榜的游击队员说道：一是靠党的坚强领导，坚持党中央的路线；二是靠当地百姓冒死支持和掩护。

四、塑造优秀的党性品质

坚决维护大局是在更高层次上的自觉，是将“自律”升华为“使命”。大别山区共产党人胸怀全局、勇于担当，心系民众，坚守党的纪律，敢于纠错，不计个人得失，坚守着党的初心和使命，塑造优秀的党性品质，也锤炼着大别山精神。

（一）从大局出发，不计较个人得失

毛泽东同志曾赞扬徐海东是“最好的共产党员”，当年如果没有徐海东同志率领的红二十五军先到达陕北，巩固和发展了陕北根据地，就没有红军立足之地。徐海东同志是对中国革命有大功的人。

徐海东的“大功”就体现在公而忘私、顾全大局上，表现出优秀共产党员的高尚品质。徐海东，1900年生，湖北省大悟县人，是从大别山走出来的革命战士，历任红四方面军独立第四师师长、红二十五军军长、红十五军团团长等职务。

1934年11月按照党中央指示，红二十五军主力整编为“中国工农红军北上抗日先遣队”，战略转移建立新根据地。长征出发前部队进行整编，徐海东向省委提出请党中央代表程子华当军长，自己任副军长。程子华在黄埔军校武汉分校学习过，参加过广州暴动和海陆丰斗争，领导过暴动，又当过中央红军师长，由他当军长，对指挥作战和部队发展都会更有利。省委采纳了徐海东的建议，增补程子华为省委常委，徐海东改任副军长。从革命的需要着眼，徐海东坚持党和人民利益高于一切，一心为革命，不计较个人得失与职务高低。长征中，徐海东从不搞特殊化，与红军战士同甘共苦，不因自己是副军长就少负责任，协助军长、政委带好队伍。红二十五军北上转战几年，指挥官严重减员，面对有人提议让徐海东代理军政委，有人想自己担任代理军政委的局面，徐海东提议在困难时刻不讨论人事安排。徐海东宁可继续担任副军长，也不愿作出可能不利于党的决定，体现了在关键时刻以大局为重、以党和革命事业为重的优秀品质。徐海东带领红二十五军在反“围剿”、西征北上、巩固陕北革命根据地的过程中，自始至终高度维护中央权威，自觉从党和国家大局出发，大事难事勇担当，不计名利、不怕困难、勇于牺牲的革命精神对红二十五军指战员产生了深刻影响。

（二）敢于担责，勇于纠错

刘邓大军迎难而上千里跃进大别山是胸怀大局、勇于担当精神的突出表现。邓小平在大别山地区的各项工作处处都体现了主动担当、不怨下推上、勇于纠错的高尚品质。

1947年10月，中共中央颁布《中国土地法大纲》，进一步维护农民利益，并要求各解放区进行土地革命。中原局发出《关于放手发动群众创造大别山解放区的指示》，开展分田地、分浮财的土地改革运动。“但在土改中，一些干部犯了‘左倾’急性病，在政策和策略上发生了失误，脱离了群众，甚至侵犯了群众利益”①。解放区政权的巩固和稳定受到极大影响。邓小平在深入调查基础上召开干部会议，纠正土地改革中所犯错误，主动承担责任，三次向中央作报告检查大别山区土改错误，勇于批评和自我批评。中央采纳了邓小平对解放新区土改的意见，下达土地改革工作和整党工作的指示。1948年6月6日，邓小平为中原局起草了《贯彻执行中共中央关于土改与整党工作的指示》（又称“六六”指示），列出从土改错误中应该吸取的重要教训：制定的方针和计划未从新区客观实际出发；从领导机关到干部，一般地没有正确政策和策略的思想；普遍实行走马点火、分浮财的政策；违背中央的工商业政策，打乱原有的社会经济结构；杀人过多便利反革命活动；在新区工作的急性病错误；忽略了政权维持社会秩序的作用；破坏公共设施和地富财产，引起群众反感；对本地干部认识不清，未分清正派积极分子和流氓坏人；进入新区缺乏动员和准备；一部分干部右倾情绪也在滋长。报告中强调，在中原解放区要“停止分土地，停止打土豪分浮财，停止乱没收，禁止一切破坏，禁止乱打人、乱捉人、乱杀人等现象”②，并且制定12项方针和政策调整各方面工作。皖西、鄂豫两区党委根据指示制定土改细则，因时制宜、因地制宜普遍开展，农民的生活和

① 中共信阳市委组织部编：《大别山革命回顾》，中共党史出版社2015年版，第128页。

② 《邓小平文选》（第一卷），人民出版社1994年版，第116页。

生产条件得以改善，解放区社会秩序逐渐稳定。同时，中原局也及时纠正财政工作上的错误，加强财政和经济工作，扶持工商业发展。邓小平在解放区土改运动中及时发现、纠正工作中错误，不怨下推上，主动承担责任，从解放事业全盘考虑，采取适合稳定解放区的措施，激发解放区群众的革命和生产热情，也推动了大别山地区革命事业的稳步前进。毛泽东曾高度评价邓小平检查大别山区土改“左”倾急性病的行为：“小平同志的这种负责的自我检讨是很好的，有了这样的自我检讨，就有使广大干部逐步学会党的策略观点与政策观点的可能；而没有全盘的策略观点与政策观点，中国革命是永远不能胜利的。”[①]

敢于承认错误、承担责任的还有鄂豫皖省委书记沈泽民。张国焘在鄂豫皖革命根据地开展“大肃反”工作，鄂豫皖区苏维埃政府下设“政治保卫局”“革命法庭”作为肃反工作的执行机构，肃反出现严重扩大化。沈泽民一开始也支持肃反，执行了“左”倾错误路线，其领导下的红二十五军在根据地的斗争中遭遇严重损失。沈泽民认识到肃反带来的问题，开始纠正一些错误，在《中共鄂豫皖省委给中共中央的报告》中，他正视现实，承认错误，并提出初步转变斗争方针，这也促成红二十五军从失败转向下一阶段的胜利。

（三）坚守党的纪律

中国共产党是一个纪律严明的政党，没有革命的纪律就没有革命的胜利。大别山革命队伍和共产党人胸怀革命事业大局，心系民众，把群众利益担肩上，坚守党的纪律，这成为大别山革命胜利的重要保证。

---

① 转引自中共信阳市委组织部编：《大别山革命回顾》，中共党史出版社2015年版，第129页。

1947年10月10日，毛泽东起草了《中国人民解放军总部关于重行颁布三大纪律八项注意的训令》，“三大纪律八项注意”以命令的形式成为人民解放军的统一纪律。早在20世纪20年代，毛泽东就制定了“三大纪律八项注意”作为红军的革命纪律和行为准则。《三大纪律八项注意》是一首革命传统歌曲，鄂东北道委秘书长程坦根据“三大纪律八项注意”内容编写歌词，编入鄂豫皖革命根据地民歌曲调中使其成为一支红军歌曲。红二十五军在长征开始就率先唱响这支红军歌曲，并且在长征沿途向广大群众作宣传，为部队留下很好的影响。

红二十五军按照“三大纪律八项注意”严明军队纪律，通过各种形式强调作战纪律和群众纪律：坚持党对军队的绝对领导，作战听指挥，赏罚分明；对群众秋毫不犯；过回民区，严格执行“三大禁令四项注意”（即禁止部队驻扎清真寺，禁止打回族中的土豪，禁止在回民地区吃大荤；注意遵守回族人民的风俗习惯，注意使用回民水桶在井里打水，注意回避青年妇女，注意公买公卖）。

刘邓大军进入大别山再建革命根据地，大别山群众的支持是稳定革命根据地的重要因素和动力。革命力量因战略调整四次转移至大别山革命根据地，群众因此遭到国民党反动势力的杀戮和迫害，对于刘邓大军进入大别山还持观望态度。邓小平、刘伯承从严治军，明确部队纪律，在队伍干部会议上多次强调不准侵犯群众利益，并且制定严厉的惩罚措施。1947年8月，邓小平起草《创建巩固的大别山根据地》，向所属部队发出指示，第六条明确规定：“充分发动群众及其游击战争，同我们一块斗争，是实现我们战略任务的决定条件。而我军严格三大纪律八项注意，严整军风纪，是树立良好影响，使群众敢于接近的先决条件。各级必须专门检查实现，万勿忽视。”[①]邓小平、刘伯承坚守党的纪律，与广大官兵共同坚持不搞特殊化，反对浮夸浪费，坚持实事求是、艰苦朴素，发挥了良好的榜样作用。其领导下的队伍不但对群众秋毫不犯，更是处处维护群众利益。以高尚的革命理想、铁的纪律和为人民服务的宗旨铸就革命不竭的力量之源，也是大别山精神的内涵所在。

---

①《邓小平文选》(第一卷)，人民出版社1994年版，第95页。

第六章　实事求是　守正创新

中国共产党领导的新民主主义革命是前人未做过的事，中国特色社会主义道路也是前人未走过的路，这既需要不怕牺牲、排除万难的决心，又要有开拓探索、敢创敢闯的勇气。正是在这种决心和勇气的鼓舞下，中国革命点燃了工农武装割据的星星之火，走出一条农村包围城市、武装夺取政权的道路。习近平总书记指出，“历史从不眷顾因循守旧、满足现状者”[①]。大别山地区之所以28年红旗不倒，大别山革命根据地之所以能成为仅次于中央革命根据地的第二大根据地，除了坚定的革命信念、奉献牺牲的精神、不胜不休的顽强作风、一心为民的公仆本色外，实事求是、守正创新也是一个

---

① 习近平:《在庆祝海南建省办经济特区30周年大会上的讲话》,人民出版社2018年版,第21页。

重要的原因。实事求是、守正创新应包含两方面内容：一是坚持以马克思主义为指导思想，马克思主义的本本不能丢，丢了就会迷失方向，革命就会葬送；二是“马克思主义的‘本本’是要学习的，但是必须同我国的实际情况相结合。我们需要‘本本’，但是一定要纠正脱离实际情况的本本主义”[①]。

实事求是、守正创新是大别山精神的亮点，也是大别山精神的关键。大别山革命时期，许多共产党人和革命群众立足于中国革命实际和大别山地区实际，把马克思主义普遍原理同中国革命具体实践紧密结合，探索出一条农村包围城市、武装夺取政权的中国特色的革命道路，在党的建设、政权建设、武装斗争、土地革命等方面进行了一系列成功实践，成功地开创了大别山革命根据地，引领大别山革命不断走向胜利。

一、扩大党的政治影响

1930年3月，中共鄂豫皖特委成立，实现了党对鄂豫边、豫东南、皖西根据地的集中统一领导，使党在鄂豫皖苏区的力量迅速壮大。据不完全统计，1930年初鄂豫皖苏区党员有3900多人，至1931年5月鄂豫皖苏区的党员队伍就迅速发展到1.6万多人。同时，鄂豫皖特委切实加强了党的思想建设、组织建设和作风建设，使各级党组织成为巩固和发展鄂豫皖革命根据地的坚强领导核心。当时，“赤区的政治影响，如苏维埃的政治影响，共产党的政治影响，特别是红军的政治影响，的确使特区的周围几十县都有望风响应之概”[②]。

①《毛泽东选集》(第一卷)，人民出版社1991年版，第111—121页。

②《中共鄂豫皖特委曾中生给中共中央的报告》(1931年2月10日)，见《鄂豫皖革命根据地》编委会:《鄂豫皖革命根据地》第二册，河南人民出版社1989年版，第169页。

大别山地区在党的建设上有一些成功的经验和做法。

（一）建立布尔什维克的党

中国共产党的领导，是开展工农武装割据的关键，也是大别山红旗不倒的关键。鄂豫皖根据地非常注重党的自身建设，克服非无产阶级思想。

1929年5月30日，中共鄂东北特委召开黄安、麻城、黄陂、孝感及红三十一师党委联席会议，于6月9日作出了关于加强党组织建设的决议，提出要“建立布尔什维克的党”的任务，会议批评了过去党组织建设的错误和缺点，共有八条，即没有城市工作、党和群众的关系不正确、收编式的发展、组织不秘密、没有注意培植工农干部、没有具体的指导、不能争取旧的群众组织、没有健全的支部生活。针对以上情况，作出如下规定：“一、在城市建立党的基础；二、在铁路工人中建立党的基础；三、提拔工农同志到指导机关来工作；四、建立健全的支部生活；五、加强党的组织教育；六、用布尔什维克的理论与精神来战胜小（资）产阶级的和农民的一切不正确倾向。”[①]会议指出，应该纠正过去“收编式的发展”方式，要求今后“介绍同志必须经过正式手续”，考察对象必须注意5个条件：革命性强，经济地位低，与反革命派无社会关系，习惯好，无恶劣嗜好。并且强调要“从斗争中和在党的影响下的群众组织中去考察对象”[②]。这次会议的召开，标志着鄂豫皖区党组织的建设进入了经常化、正规化的阶段。

1929年9月，中共中央为了统一鄂东北、豫东南两块革命根据地和红军的领导，决定将黄安、麻城、罗田、黄冈、黄陂、商城、

① 转引自曾成贵：《中共党史谈论》，湖北人民出版社2002年版，第240页。

② 中央档案馆等：《鄂豫皖苏区革命历史文件汇集（1927年—1934年）》（甲5），第80页。

光山、罗山八县划为鄂豫边特区，改组鄂东北特委为鄂豫边特委。区域扩大了，党的组织有了很大发展。为解决发展过程中的问题，在11月20日召开的中共鄂豫边第一次代表大会上，通过了组织问题的决议案，批评了过去党组织中存在的党员质量不高、工作计划性不强、有蛮干的倾向、支部生活不健全等问题，提出今后组织工作的重点首先是提高党员的质量，严格入党手续，注意吸收工农分子入党；其次要健全支部生活，加强对党员的教育工作，注意提高全体党员干部的政治理论水平；最后还应正确运用民主集中制，按期制订并认真执行工作计划，注意培养选拔干部。决议案规定入党手续为：按照入党条件考察入党对象；谈话；支部通过，上级批准；举行入党宣誓。经过候补期间考验转为正式党员。对于批准机关和候补期也作了具体规定：产业工人、手工业工人、雇农、贫农入党不必经上级批准，无候补期；自耕农入党须经区党委批准，候补期1个月；知识分子入党须经县委批准，候补期3个月。这样，发展党员的工作就更加完善，避免了随意性。

在1930年3月召开的七邻湾联席会议上，中共六安中心县委提出党在组织上的任务共14项，主要是：加强党的无产阶级意识，克服小资产阶级和农民意识；扩大党的无产阶级基础，吸收工农同志参加党的指导机关，实行干部工人化，党员军事化；切实训练工农干部，提高党员政治水平；加强组织生活，切实执行党的纪律，纠正党内右倾和“左”倾思想，密切党群关系；密切党团关系；等等。

为把各级组织建设成为领导群众向反动派斗争的先进集体，党在组织建设上注意克服小农意识，从而保证党的无产阶级先锋队的先进性，建立党的无产阶级的政治和阶级基础。苏区各级党组织在吸收新党员时，都采取非常慎重的态度，把执行党的正确路线作为最主要的标准。雇农、产业工人、苦力、手工业工人和贫农是党的发展对象。每个发展对象都要经过逐一谈话、考查，经支部讨论后报上级组织批准。各级组织都制定有支部生活、组织发展等措施，使党的组织得到健康发展。对于党的组织问题，基层积极参加讨论，使每个党员都有说话的机会，在党内形成民主集中、生动活泼的政治局面。为克服各种非无产阶级的思想，加强党的领导和战斗力，苏区党组织还十分重视思想建设，把学习马列主义理论，加强共产主义思想教育，作为一项长期的任务来抓。一是开办各级党务干部学校，教育和培养党的基层干部；二是普及“列宁学校”，进行宣传教育；三是创办理论刊物，对党员进行教育和扩大党的宣传；四是团结和组织社区群众共同奋斗，指导建立共青团、少先队和儿童团、工会和贫农委员会、妇女会、互济会和反帝大同盟。各级党组织重视自身建设，增强了党的战斗力，保持了党和人民群众的血肉联系，发挥了无产阶级先锋队的作用。

边区持之以恒进行反腐败斗争，“禁止一切腐化现象和浪费行为”。在根据地建设中，由于受旧社会封建腐朽思想的影响，在一部分党员、干部身上出现了享乐主义的苗头。为了解决这些问题，鄂豫皖边区各级党组织把反腐倡廉作为加强党的建设的一项重要工作来抓。其主要措施是：整顿队伍，教育干部，加强党的组织建设；严明纪律，端正作风，开展反贪污腐化、反享乐主义的斗争；勇于探索，善于总结，制定并执行了一系列正确的政策和策略；发动群众，联系群众，建立与人民群众的血肉联系。这些反腐倡廉工作的有效开展，对于加强党的建设和人民政权建设，发展壮大红军队伍，起到了重要的推动作用。

（二）首创鄂豫皖苏区监察制度

随着苏区的扩大，党员人数的增加，各项制度尚未建立，面临着一系列亟待解决的问题：在党员领导干部中，受旧社会不良风气的影响，存在着官僚主义、营私舞弊、贪污浪费等腐败现象，严重损害着革命利益。在苏维埃政府机关中，“委员、司务长、买办，腐化舞弊的事情还是不少，甚至有些负责人有这样的事情。机关中有什么东西，他家的也有，他的老婆往往穿的是机关的衣服”[①]；有的苏维埃政府机关不能很好地发挥作用，存在衙门作风、脱离群众和个人代替包办现象，“认为改造苏维埃是单纯的改选，名义上掉换几个委员，实际上没有工作，秘书包办了苏维埃的一切”[②]。部分干部和工作人员思想觉悟低，脱离群众，利用工作之便贪污、优亲厚友，生活作风腐化。经济部门中也存在不少问题，“财政开支无计划，甚至有浪费现象，就收入支出说，丝毫没有预算和决算”。“有的是在特苏政府财政项下开支的，但大多数开支是无范围无原则的现象……没有规定一人需要多少，漫无限制的办，工作人员不以节省经济为重，有时常支钱这买那买，不知耗费了多少经济。”[③]还有些地方苏维埃政府工作人员把人民群众拥护红军的鞋穿在自己脚上，挪用公款……以上事例说明，如果不能和上述现象作坚决斗争，“群众与政府的关系就不能密切起来。而苏区就不能建立巩固”。为了督促各级党政干部廉洁奉公，及时检举和查处各种腐败现象，鄂豫皖苏区从中共鄂豫皖中央分局成立后，就逐步建立和完善了监察制度。

1931年3月10日，中共中央作出《关于鄂豫皖苏维埃区域成立

---

① 湖北省档案馆、湖北省财政厅编：《鄂豫皖革命根据地财经史资料选编》，湖北人民出版社1989年版，第773页。

② 中国工农红军第四方面军战史编辑委员会：《中国工农红军第四方面军战史资料选编（鄂豫皖时期 下）》，解放军出版社1993年版，第244页。

③ 湖北省档案馆、湖北省财政厅编：《鄂豫皖革命根据地财经史资料选编》，湖北人民出版社1989年版，第766页。

中央分局决议案》。5月12日，中共鄂豫皖中央分局在光山县新集（今新县县城）成立。随后，中央分局在新集召开第一次扩大会议，增选周纯全、高敬亭、王平章、郭述申为中央分局常委，并设立党的监察委员会，蔡申熙任主席。鄂豫皖中央分局认为，建立健全党内监察机构去和官僚腐化行为作斗争，是“一个非常重大的任务”。基于这种认识，决定从1931年6月开始，建立党的各级监察委员会，严格执行党的纪律，反对党内的官僚主义、贪污腐化及一切不良倾向。中央分局还认为，有了监察机构的存在，就“可以公开的裁判那些官僚腐化分子”[①]，这对于加强党的领导十分重要。

1931年5月18日，中共鄂豫皖中央分局发出通知第五号，即《关于建立工农监察委员会》，指出工农监察委员会的组织，“是专一和一切苏维埃机关中的官僚腐化倾向作斗争的，他的权限是揭发这些官僚腐化倾向，公布给工农大众知道，同时拟定惩戒办法，交政府采取执行。他是由工农群众在群众大会上选举出来的委员会，凡在苏区的有公民资格的，都有选举权和被选举权”[②]。同时明确规定了各级工农监察委员会的编制：每乡3人，每区5—7人，每县11—13人，鄂豫皖苏区设立工农监察院，领导全区的监察工作，定额为20—30人。7月1日至7日，鄂豫皖苏区第二次苏维埃代表大会在新集召开，到会代表397人，代表苏区250万工农兵群众。这次大会选举产生了鄂豫皖区苏维埃政府，高敬亭任主席；选举产生了鄂豫皖苏区工农监察委员会，蔡申熙任主席。

关于工农监察委员会的职权和任务。鄂豫皖苏区明确规定各级

① 《鄂豫皖革命根据地》编委会:《鄂豫皖革命根据地》第一册，河南人民出版社1989年版，第279页。

② 中共中央党史研究室宣传教育局编:《党史文化与老区发展》，中共党史出版社2018年版，第153页。

工农监察委员会的主要职权是：考察各级苏维埃政府是否执行苏维埃的法令和决议；检查苏维埃工作人员的官僚腐化及违背苏维埃法令和决议的行为，并接受工农群众对苏维埃政府工作人员的控诉和申诉；各级监委在执行任务期间还有权审查各机关账目、文件、记录等，并有权组织各种委员会执行此项审查任务。经过一段时间的实施，为了总结监察工作的经验，1931年9月4日召开了鄂豫皖苏区工农监察委员会扩大会议。会议认为，由于实行监察制度是一项新的工作，缺乏经验，出现了一些问题。为及时解决这些问题，会议决定扩大监察工作的职权和任务。

根据《鄂豫皖苏维埃政府工农监察委员会条例》和其他监察法规，根据地监督制度得以建立，并得到有效的运行。监督制度包括三个方面的监督，即苏维埃代表大会和人民群众的监督、工农监察委员会的监督和各级党组织的监督。

苏维埃代表大会和人民群众的监督。鄂豫皖苏区各级苏维埃代表大会认真履行监督的权力，发现苏维埃执行委员会有不正当的行为，即进行批评直至撤换，并授予各级执行委员会有撤换该级常务委员或执行委员之权。人民群众也同样有对苏维埃代表和政府工作人员监督和罢免的权利，发现苏维埃“代表有不能胜任之处”，即“随时撤换”；发现苏维埃委员及其他工作人员有不好行为时，即提议苏维埃代表大会或选民大会改选；“对于各级苏维埃有不满意”，即“到工农监察委员会或上级苏维埃去控诉”。为了加强群众的监督，鄂豫皖中央分局通知第五号中指出，各级工农监委会“必须与广大工农群众发生最密切的关系。要吸收广大工农群众的意见和吸收他们去参加监察的实际工作”。为此，鄂豫皖区苏维埃政府张贴布告，郑重向广大群众宣告：“你们看见哪个有腐化舞弊、肥私为己的情形，应随时报告监察委员会或革命法庭。”对于截留私用拥护红军的物品，则号召“无论男女老幼，都可以到工农监察委员会去告发，给予严重的惩处”[①]。

工农监察委员会的监督。工农监察委员会“是专一来和一切苏维埃机关中的官僚腐化倾向斗争的”。鄂豫皖苏区各级苏维埃代表大会在选举执行委员会的同时，选举工农监察委员会。1931年7月上旬，鄂豫皖苏区第二次苏维埃代表大会选举15人组成鄂豫皖苏区工农监察委员会，并推举9人组成主席团。在各级工农监察委员会闭会期间，由其主席团代行工农监察委员会一切职权。为了切实履行职责、加强自身建设，鄂豫皖苏区工农监察委员会于1931年9月4日召开扩大会议，决定各级工农监察委员会必须进行17项工作，主要是：“经常参加苏维埃会议和各团体会议，督促执行上级苏维埃的法令和决议”；“清算苏维埃合作社、经济公社以及各机关的账目，切实预算和决算”；“调查各地方分配土地情形，有无徇私舞弊或阻碍分配土地行为”；“监督苏维埃有无官僚腐化，脱离群众等现象”；等等[②]。

各级党组织的监督。苏维埃是共产党领导下的工农民主政权，在鄂豫皖苏区各级政府工作人员之中，中共党员又占多数，且处于领导岗位，因此，加强各级党组织的监督尤为重要。在选举苏维埃代表时，先由党组织与群众团体协商，提出候选人名单，交选民酝酿讨论，经群众认可提交选民大会正式表决。在选举苏维埃委员时，先由大会中的党团组织与代表们协商，提出候选人名单，提交代表大会（村及部分乡是选民大会）选举。苏维埃代表和执行委员选出后，均须经同级党组织同意，报上一级党组织审批。在苏维埃政府

①《鄂豫皖中央分局党团联合通知第二号》（1931年7月22日），见《鄂豫皖革命根据地》编委会：《鄂豫皖革命根据地》第一册，河南人民出版社1989年版，第328页。

② 中共河南省委党史研究室、中共安徽省委党史研究室编：《鄂豫皖革命根据地史》，安徽人民出版社1998年版，第419页。

工作中，党组织将自己的主张、办法通过政府机关去执行。这样，既坚持了党对政府的领导，又避免了以党包办苏维埃工作的现象发生，做到党政分开，充分发挥苏维埃政府的职能。

鄂豫皖苏区在反腐倡廉监督制度方面的探索，虽然在监督内容、监督形式上都有待完善，但它开创了民主监督的先河，使广大劳动人民不仅享有选举权、被选举权，而且享有立法权、监督权。

纵观全国各大苏区所建立的监督机构——工农监察委员会，一般都是隶属于苏维埃政府，是苏维埃政府的下属机构。而鄂豫皖苏区的监督机构则是独立的，并且与苏维埃政府相平行，这在当时是独一无二的。1931 年 7 月，鄂豫皖区第二次代表大会通过的《苏维埃政府临时组织大纲》，明确规定了“工农监委会组织及与苏维埃的关系”：“工农监察院是独立的组织系统”，“各级工农监委会与各级苏维埃是平行机关，受代表大会的指挥”，“工农监察院是建议和监督机关，苏维埃是执行机关”。[①]由此可见，为了加强反腐倡廉工作，鄂豫皖苏区十分重视监督的作用，建立了独立行使职权的、“封闭型”的、具有高度权威的工农监察委员会，赋予监督机构足以胜任其重要职责的权限，这对于建立权力制衡系统，确保实行全方位的监督，坚决惩治腐败，具有重要的意义。

（三）首创人民检察司法制度

在土地革命战争时期，中国共产党创建了众多的革命根据地，但是较早从事人民检察工作的实践活动，则是从鄂豫皖革命根据地开始的。1931 年 7 月，鄂豫皖苏区工农监察委员会成立之后，隶属其的革命法庭、政治保卫局等司法机关迅速建立。鄂豫皖苏区在早

①《鄂豫皖革命根据地》编委会：《鄂豫皖革命根据地》第二册，河南人民出版社 1990 年版，第 430—431 页。

期的司法制度探索和实践中，产生了第一个国家公诉处和国家公诉人。国家公诉处处长是程玉阶（程汝阶），被国家最高人民检察院称为“国家公诉第一人”；鄂豫皖革命法庭主席是卫祖胜。当时，人民检察职能分别由工农监察委员会、革命法庭、政治保卫局担负。工农监察委员会具有法律监督权，有对苏维埃工作人员贪污腐化、徇私舞弊等职务违法犯罪行为的调查预防权。国家公诉处及国家公诉人通过办案、指控和揭露犯罪，促进革命法庭公开公正审判案件。

根据现有文献，最早的人民检察法令规范萌芽于鄂豫皖革命根据地，以1931年7月鄂豫皖革命根据地第二次苏维埃代表大会通过的《鄂豫皖区苏维埃临时组织大纲》为标志。鄂豫皖革命根据地是我国人民检察制度的发端地之一，体现了“三个最早”：一是具有人民检察性质的司法制度形成得最早，时间是1931年7月，比中央革命根据地早4个多月，比其他革命根据地最早长达4年多。二是体现人民检察机关性质的司法机构建立得最早，就监督机关而言，鄂豫皖革命根据地工农监察委员会与革命法庭的国家公诉处成立是最早的。特别是国家公诉处与国家公诉员，在革命法制史上是首次关于检察机关和检察人员的规定。三是最早确认人民检察权的相对独立司法地位。鄂豫皖革命根据地的工农监察委员会与苏维埃政府是并立的关系，由苏维埃代表大会及执行委员会选举产生并接受其领导。工农监察委员会行使职权不受政府部门的领导、干涉，能独立行使检察权，而其他革命根据地包括中央革命根据地的工农检察委员部，均受苏维埃政府的领导。

二、“学江西井冈山的办法”，走工农武装割据的道路

大革命失败后，鄂豫皖地区的革命形势和全国一样，暂时处于

低潮。党的八七会议提出土地革命和武装反抗国民党反动派的总方针，毛泽东在会上提出了“枪杆子里面出政权”的著名论断。会后，他又受中央委托，与中共湖南省委一起，领导了著名的秋收起义，1927年10月确定进军井冈山，将武装斗争、土地革命和红色政权紧密地结合在一起，开辟了第一个工农武装割据根据地。这就为中国革命打开了一条新路，对鄂豫皖工农武装割据的形成起了示范和带动作用。1928年10月，中共中央给共产国际的报告中说：“惟朱、毛在湘赣边界所影响之赣西数县土地革命确实深入了群众。”[①]同时，中央给各地的指示信中，也介绍了井冈山革命根据地的经验，并号召各根据地学习。1929年9月，中共鄂东北特委委员何玉琳给中央的报告就提到“学江西井冈山的办法”。这充分说明井冈山革命根据地对鄂豫皖地区的影响。

湖北省委和鄂东党组织最先认识到武装割据的必要性，并将设想变成了现实。1927年12月5日，黄麻起义占领的黄安县城沦陷，起义遭受损失。此时，湖北省委从血的教训中总结经验，纠正了此前坚持冒险暴动的指导方针，于12月25日给黄安县委发出指示信，认为黄安县城失守的原因在于没有充分发动邻近各县和城郊四乡的农民群众，提出“在群众未普遍起来之先，即无攻城之必要”，指示黄安县委不必用尽全力反攻黄安县城，而应迅速反击黄安、麻城及河南商城两县四乡的反动力量，要求“发动四乡的农民暴动”，“在麻城、黄安及河南商城一带，造成一割据局面”[②]。根据省委指示精神，黄麻特委和鄂东军领导人在黄安北乡木城寨开会。会议认为，鄂东军不能总停留在中心区，要跳出包围圈，把敌人引走，以减少

① 桂玉麟：《井冈山革命斗争史》，解放军出版社1986年版，第251—252页。

② 中共河南省委党史研究室、中共安徽省委党史研究室编：《鄂豫皖革命根据地史》，安徽人民出版社1998年版，第118页。

中心区的损失，保存力量。会议决定留下少数人坚持斗争，鄂东军集中72人转移到黄陂木兰山一带打游击。

1928年1月1日，鄂东军改编为中国工农红军第七军，由吴光浩等组成新的黄麻特委领导这次行动。这是一次有组织有计划的战略退却，在探索坚持长期农村武装斗争的道路上，迈出了重要的一步。

在斗争中，第七军认识到建立稳固立足点的重要性和迫切性。经过斗争实践，逐渐发现并认识河南光山县南部的柴山堡是个合适的地方。5月下旬，黄麻特委和第七军领导人在黄安檀树岗以西之清水塘举行会议，决定在恢复各区工作的同时，“开辟柴山堡地区，即在黄安、麻城、光山三县边界的天台山、摩云山、羚羊山、木城寨、光裕山之间，创建一个比较稳固的立脚点，作为对敌斗争的依托”①。会议认为，柴山堡地处鄂豫两省黄安、麻城、光山三县边界，反动统治力量比较薄弱：周围有木城寨等山环绕，山势险要，物产比较丰富，便于坚持长期的游击斗争；当地群众要求革命，斗争情绪很高；此地和黄安紫云区、麻城乘马区相连，黄麻地区党的基本力量依然存在，第七军既可以得到各区群众的支持，又可以依托这里恢复各区的工作；戴克敏、曹学楷、戴季英等人还有亲戚在柴山堡。这些条件说明，在柴山堡建立根据地是完全可能的。参加会议的王树声、陈再道、詹才芳等人高度评价这个决定，认为“这个决定……是创建鄂豫皖革命根据地的萌芽，是第七军发展史上的一个重要里程碑”②。

第七军进入柴山堡后，采取了一系列正确的斗争策略，得到了人民群众的支持，站稳了脚跟。鄂豫边界出现了以柴山堡为中心，北到摩云山，南抵紫云寨，西至天台山，东联光宇山，方圆数十里

①《黄麻起义》编写组:《黄麻起义》,湖北人民出版社1978年版,第113页。

②《黄麻起义》编写组:《黄麻起义》,湖北人民出版社1978年版,第113页。

的第一块红色区域。1928年7月召开的尹家嘴会议，就革命武装、党的组织、政权建设和土地革命等问题进行了讨论，规定边区目前的主要任务是恢复和建立党团组织，设立领导机关；积极组织地方赤卫队和群众武装，有条件的县成立县武装指挥部；领导农民进行抗租抗债斗争，普遍开展抗捐、抗税、抗租、抗课、抗债的“五抗”运动，没收地主财产。根据中央指示，将第七军改编为中国工农红军第十一军第三十一师。这次会议把土地革命、武装斗争、政权建设三者初步结合起来，表明黄麻特委和第七军领导人对于利用边界地区实行武装割据已经有了比较明确的认识，解决了建党、建军、建政问题，鄂豫边军民开始走上了工农武装割据的道路。

经过半年多的斗争，中共鄂东特委认识到，只有在敌人统治比较薄弱、群众基础较好且地理条件有利的边界地区，寻找一固定区域开展武装割据，并抓住有利时机扩大割据区域，革命才能胜利发展。特委经过认真思考，结合大别山地区的实际，提出了一个战略意义的构想：成立鄂豫皖特别区，以创建整个大别山区的武装割据。1928年12月，特委向前来巡视的中央特派员曹壮父正式提出建议：将黄安、麻城、光山、商城、六安等县划为特别区，并请曹壮父报告中央。曹壮父对此积极赞同，在给中央的报告中，他认为黄安有良好的斗争环境，有一批好干部和积极分子，红军半数是党员，官兵平等，师长吴光浩对党忠诚老实，和士兵能同甘共苦，指挥作战的能力亦不错，黄安是“湖北最好的一个苏维埃区域”。现在，黄安的斗争要坚持下去，就必须有周围的配合，因此他提议“建立一个鄂豫皖的苏维埃局面”[①]。

但是，中共中央并没有接受上述建议。1928年12月18日，中共

① 湖北省档案馆、湖北省财政厅编：《鄂豫皖革命根据地财经史资料选编》，湖北人民出版社1989年版，第25页。

中央在给湖北省委的指示信中明确表示，不要“仿效湘鄂赣边特委之例”建立鄂豫皖特别区，因为“三省党的组织是兄弟党的关系，不应当在其中另有特殊的组织去紊乱其系统，而且在政治上各省有各省的政治环境”[1]，因此“工作的布置指挥，还是应当由各省的省委去做才适宜。如果为工作方便起见，三省边界各县有互相联络之必要的时候，不妨开一开边界各县的联席会议，共同讨论及解决种种问题，但仍然要受各省省委的指导，而且是临时的性质，并不可以作经常的组织”[2]。中央在指示信中不同意在鄂豫边界开展武装割据，认为“这种寨子主义，是非常之不好的，事实上因为集中的队伍惹起敌人的特别注意，所以无法安身”，主张“把红军分散起来，混在群众中间去领导群众，帮助群众做工作，必然可以减少被敌人围剿一次缴械的危险，而且可以增加群众作斗争的力量”[3]。从中可以看出，中共中央的认识落后于实践发展的需要，没有与时俱进地提出党和红军的工作任务，不懂得武装割据是夺取革命胜利的唯一正确的道路。中共鄂东特委接到湖北省委转来的中共中央指示信后，认为信中所谈不符合鄂东地区实际斗争情况。鄂东特委从实际斗争的需要出发，没有机械地执行中央关于分散红军的错误指示，而是将红三十一师握成一个拳头，游击作战。同时积极联系邻省各县，为创造大别山地区的武装割据而努力。

1929年5月7日，鄂东北特委何玉琳给中央的报告中汇报了黄麻地区政治经济军事等各方面情况，再次提出“也学井冈山的办法，

① 谭克绳主编:《中国革命根据地史》,福建人民出版社2007年版,第82页。

② 沙健孙主编:《中国共产党通史 第三卷 掀起土地革命的风暴》,湖南教育出版社1997年版,第123页。

③《鄂豫皖革命根据地》编委会:《鄂豫皖革命根据地》第一册,河南人民出版社1989年版,第67—69页。

军事割据东由皖英霍山界大山起一直到西武胜关鄂豫界山脉一条横线”，并且说，特委接到中央来信说三省政治情形不同，不能合组，“但是企图造成这条山脉的横线的军事割据，是还在继续努力的”[1]。接着，鄂东北特委又于6月15日向中央提出“建立鄂豫皖特委的建议”，以期通过首先实现党在鄂豫皖边区的集中统一领导，来保障实现整个大别山工农武装割据的战略构想。

与此同时，邻近的河南省委、安徽省委也在作艰辛的探索。1928年5月7日，中共河南省委召开党团联席会议，讨论了南五县地区的形势，总结了大荒坡暴动的教训，指示南五县特委，深入发动和组织群众，大力发展党组织，恢复大荒坡一带的农运基础，与息县连成一片，在固、息、潢三县交界地区造成农民暴动的局面；发动商城南乡的农民暴动，与固始及光山南部打成一片，并联络湖北黄安、罗田的暴动势力，实现商城、固始两县的割据，而后夺取潢川。[2]为使四望山红色区域能够在强敌包围中坚持下来，河南省委提出，豫南的起义应更迅速地发展，尤其在南五县应用绝大力量发动起来，与鄂北鄂东的暴动联络一致，建立苏维埃政权，造成一个几县或几十县工农革命势力的割据。

在安徽皖西地区，中共六霍县委于1928年3月接到安徽省临委关于“要在接近豫鄂的边境暴动成割据形势的计划”后，即在党的代表会议上作了专门研究，并请求省委帮助进行“邻县的联络及豫鄂边县在工作上必要时之联络”[3]。同年4月，安徽省临委先后指示

① 中央档案馆等:《鄂豫皖苏区革命历史文件汇集(1927年—1934年)》(甲5),第49—50页。

② 参见中共信阳市委党史研究室:《中国共产党信阳历史 第一卷(1922—1949)》,河南人民出版社2015年版,第88页。

③《王逸常关于巡视六安、霍山等地向中央组织部的综合报告》,1929年2月13日。

皖北特委在发动皖北起义前，必须注意同“豫南、鄂东有相当的联络”，以阜阳、太和为中心并联合鄂东豫南造成一数县割据的局面，并指示六霍县委，可连接鄂东及阜阳建立一苏维埃割据的局面，六安县委在这个大的方向下，应立即动员加紧这一工作。

鄂豫皖三省不约而同的行动，表明实现大别山工农武装割据是他们的共同心声和宏伟目标。继黄麻起义成立红三十一师和建立鄂豫边根据地后，豫东南方面于1929年5月举行豫东南起义，成立红三十二师和建立豫东南根据地，皖西方面于1929年11月举行六霍起义，成立红三十三师和建立皖西根据地。红三十一、红三十二、红三十三师以三足鼎立之势，战略上紧密呼应，作战时互相配合和支援，战斗力越来越强，从地方到中央形成了把鄂豫边、豫东南、皖西革命根据地连成一体，实现党在整个大别山区域的集中统一领导，汇集三支红军的力量，步调一致地开创大别山区域工农武装割据斗争新局面。

1930年2月，中共中央军事部部长、军委会主任周恩来在上海听取中央巡视员郭述申对河南东南部的工作汇报后，代表中共中央召集郭述申、许继慎、熊受暄开会，强调湖北、河南、安徽边界地区战略地位的重要性，宣布中共中央决定：统一鄂豫皖边区的领导，建立鄂豫皖边区特委，郭述申任特委书记；统一三省边区军事指挥，建立红一军，许继慎任军长，徐向前任副军长，曹大骏任政委，熊受暄任政治部主任。[①]随后，中共中央又于2月25日、3月17日、3月18日、3月22日4次发出给三省党的组织的指示信，就建立鄂豫皖特别区、党的领导、组建红一军作出重要部署。遵照中央指示，鄂豫皖革命根据地于1930年春正式成立，建立鄂豫皖地区武装割据

① 参见中共中央文献研究室编:《周恩来年谱(1898—1949)》,中央文献出版社2007年版,第183页。

的愿望成为现实。

从这一历史来看，鄂豫皖地区武装割据的形成是中共中央因势利导、吸收鄂豫皖三省党组织合理建议的结果，也是三省党组织根据本地区实际情况，努力探索适合一条本地区革命道路的结果，其中鄂东党组织有首倡之功。

三、因地制宜，实行土地革命

中国革命的基本问题是农民问题，封建土地所有制的改革是农民问题的核心。中国共产党自成立之日起，就十分关注农民的土地问题。20世纪30年代初，鄂豫皖革命根据地掀起了声势浩大的土地改革运动，取得了显著成效。解放战争时期，中国共产党在大别山区又采取了正确的政策，纠正了急性土改。

（一）鄂豫皖革命根据地的土地革命

土地所有权集中而使用分散，是旧中国农村土地关系的主要特征。鄂豫皖地区农村同全国其他地区农村一样，大量土地被少数地主、豪绅、军阀所有，而广大贫苦农民只占有极少或根本不占有土地，土地制度极不合理，封建生产关系根深蒂固。在鄂东地区，有一些大地主拥有上万亩的土地，如黄冈大地主刘维祯占有2.5万亩，方本仁占有1.2万亩；蕲水县何家寨几姓祠堂占有2.4万亩以上的祭户田。黄安县九龙乡，地主16户，占总户数4.15%，有耕地2885亩，占全乡总地亩79.5%；富农13户，占总户数4.15%，有耕地100亩，占全乡总地亩2.75%；中农83户，占总户数26.7%，有耕地432亩，占全乡总地亩11.9%；贫农114户，有耕地227亩，占全乡总地亩

5.85%；雇农85户，占总户数27.34%，没有土地。[①]在皖西地区，六安县“土地属于官僚、军阀的占50%，属于商业资本的占10%，属于农民的占30%”。丁、涂、史、刘四家大户地主，各占有土地万亩以上。六安县七邻湾占总人口4.2%的地主，占有的土地为总面积的80%。英山县蔡家畈村，3户地主、5户富农占全村土地2400亩的98.8%。

地主、豪绅凭借其对土地的占有及政治特权，对农民进行残酷的经济剥削。地租和高利贷是两种最主要的方式。

地租在鄂豫皖地区五花八门，名目繁多。在鄂东北，有“批田”“分种”“带田”等；在豫东南，有定租、分租、押租等；在皖西，有“批租”“包种”等。六安县还有一种预收租，即今年冬收明年全年之租。不论何种形式，地主的真正目的是征收高额的地租。在鄂豫边，北部“每年收入除佃户留一部分吃的外，其余都交给地主”；中部“地主佃户各得一半的较多”。而在六安西南、西乡一带，佃农“平均每年收入须交纳三分之二与地主”[②]。

高利贷也是农村十分普遍的剥削方式。地主除收取地租外，往往兼营高利贷，以放贷为名剥削农民，借贷的利率非常惊人。六安县高利贷的形式和利率有很多种，主要有春借秋还、青苗钱、“驴打滚”等。另外，农村有各种苛捐杂税，六安县有40余种，鄂东地区的苛捐杂税达60余种，可以说“物物有税，事事完捐”。

不合理的土地占有制度，反动政府和地主阶级的残酷剥削，加上军阀混战，使鄂豫皖地区的农民处于水深火热之中。六安县“雇农因失业者众多的关系，工资亦甚微，每年不过二十元，牧童、女

① 参见中共黄冈市委党史办公室编：《中国共产党黄冈历史 第一卷（1922—1949）》，中共党史出版社2013年版，第184—185页。

② 《六霍起义》编辑委员会：《六霍起义》，中共党史资料出版社1989年版，第58页。

工每年只有五元至十元”[①]。黄安县七里区吴家湾，共有48户人家，其中36户以讨饭为生，另有12户因饥饿而死绝了。事实证明，封建土地占有制度是广大农民贫困的根源，是阻碍农村生产力发展的桎梏。鄂豫皖地区的党组织顺应历史发展趋势和广大农民要求，在开展武装斗争、建立根据地的同时进行了土地革命。

整个土改过程大致分为三个阶段。第一阶段是初步试点，时间大约为1928年夏至1929年秋。土地革命最先从鄂东开始。中共鄂东党组织于1928年7月召开尹家嘴会议，决定在光山、罗山、黄安、麻城四县的部分地区，开展大规模的“五抗”运动（抗租、抗课、抗税、抗债、抗捐）。豫东南的商城县南部地区，于1929年5月开展“五抗”和分粮斗争。皖西地区于1929年10月开展减租减息运动。第二阶段是深入发展阶段，时间大约为1929年秋到1930年夏。广大农民已不满足“五抗”斗争，提出了分配土地的要求。鄂豫边区的党组织依据《临时土地政纲》和《鄂豫边革命委员会土地政纲实施细则》的要求和办法，掀起了土地革命的高潮。第三阶段是全面展开阶段，时间大约是1930年夏到1932年冬。鄂豫皖根据地于1930年6月完成了统一，苏区在总结以往土地改革经验的基础上，全面开展了以分配土地为中心的土地改革运动。虽然受到“立三路线”和“王明路线”的干扰和破坏，但经过纠正，一度误入歧途的土地改革回到了正确的轨道。

经过鄂豫皖苏区党组织和全体军民的努力奋斗，土地革命基本完成。在豫东南地区，到1930年底，商城县就有103个乡，121600人分得229530多亩土地；新县有64个乡19万多人，光山有93个乡10万多人，分得了土地。在皖西地区，到1931年春，除了老根据地40万人获得土地外，新开辟的根据地大约100万人分得了土地。截

①《六霍起义》编辑委员会:《六霍起义》,中共党史资料出版社1989年版,第58页。

至1932年底，鄂豫皖苏区除少数新开辟的根据地因战争影响未能分配土地外，其余地区土地分配都先后完成。

从整个鄂豫皖苏区的土地改革进程来看，由于各地政权成立的时间先后不一，土地改革的步调也不相一致。鄂豫边土地改革开展得最早，豫东南次之，皖西最晚。在当时的特定战争环境下，这场土地改革是循序渐进的，经历了由局部到全部、由不彻底到彻底的过程。在鄂豫皖苏区的土地改革中，《临时土地政纲》《鄂豫边革命委员会土地政纲实施细则》《六安六区土地政纲实施细则》是三个纲领性文件，而皖西党组织制定的《森林办法》更是伟大的创造。

1.《临时土地政纲》

该政纲由中共鄂东北特委制定。1929年5月底到6月上旬，特委召开黄安、麻城、黄陂、孝感四县县委和红三十一师师党委联席会议，讨论通过了以指导土地革命为主的临时政纲，包括10个方面的决议，如《临时土地政纲》《中小商人和富农问题》《粮食问题》《公积祖积问题》《纳租与还债问题》《赤卫队问题》《肃反问题》《文化问题》《财政问题》等。其中，《临时土地政纲》主要解决土地问题，其他各项决议也多与土地革命有关。

《临时土地政纲》共有两章十一条，其他几个决议也有一些涉及土地方面的内容。对土地革命的几个重要问题，作出如下规定。

一是关于没收土地的范围。规定：凡地主所有之土地一律没收；凡豪绅所有之土地一律没收；凡经肃反委员会宣布有反革命行为者，无论是否惩办，其所有之土地一律没收。《公积祖积问题》规定：取消一切公积祖积的组织，其土地归所在地的区苏维埃处理，或由区苏维埃支配给当地苏维埃处理。这三个“一律没收”和“一个取消”，就改变了原先“谁种谁收”的没收办法，将地主豪绅的土地全部没收并分配到农民手中，顺应了广大农民的呼声和要求。

二是关于分配土地的对象。规定：凡已经没收的土地，如系已佃者，可拨归原佃农耕种，如系未佃者，拨归当地无耕地之农民、失业工人及退伍士兵耕种或拨归当地苏维埃酌量处理；红军及赤卫队现役之军官、兵士其家属无生产能力而愿耕种者，须分给土地并得雇人耕种；凡经没收之山场、竹园、鱼塘等出产，归当地苏维埃处理。这个分配办法满足了广大佃农、雇农及其他群众对土地的要求，体现了“耕者有其田”。同时还规定，以政治态度来决定是否分田，“有反革命行为者”不得分给土地。这在经济上打击了反革命分子，调动了广大农民参加革命的积极性。

三是对待小商人和富农的政策。《中小商人和富农问题》规定：中小商人得享其资本企业，有营业自由权；富农得享有其土地，有自由耕种权。还规定，中小商人和富农均有选举权和被选举权，但当选者，不得超过全体执委七分之一。这样，在政治、经济等方面就保护了中小商人和富农的利益。此外，还停止了对非地主出租田地的没收。明确规定：孤寡、无生产能力又无反革命行为者、诚意悔过之反动嫌疑分子，其土地无论已佃未佃不得没收。此政策缩小了打击范围，有利于分化并打击地主阶级。

四是关于纳租与还债问题。规定：废除押租制；凡经没收之私人佃田，按照田主之经济地位，减原租十分之四至十分之八；凡苏维埃所有之土地，得按照佃农之经济情形，减原租十分之五至十分之九；苏维埃人民所欠豪绅地主反动分子之债一律免还；穷苦民众所欠公积祖积之债一律免还；苏维埃人民彼此之间的债项，四年以内者，须酌量情形偿还，四年以外者酌量情形减少或免还。这样的规定，减轻了贫苦大众的负担，受到广泛欢迎。

当然，由于土地革命是新生事物，鄂东北党组织的理论准备和实践准备都不足，《临时土地政纲》也存在一些明显缺陷，主要表现为土地分配政策不完善，无统一标准。“以佃者，乃拨归原佃农耕种”，其结果就是多佃田者得田多，佃好田者得田好。非佃贫农虽然分了一些田地，但并不多而且质量不好，又要分给无地农民、失业工人、红军家属和退伍士兵，远不能满足他们对土地的要求。这样做的结果是，农民所分的土地在数量和质量上存在着严重不均的现象。这些弊病的存在说明当时土地革命尚处于初级阶段，也说明鄂东南党组织在制定土地革命路线的问题上，仍处在探索之中。①

尽管有这样那样的不足，但作为边区区域性的土地法令，《临时土地政纲》的基本精神是正确的。它不仅是鄂豫皖地区第一个关于土地革命的纲领性文件，而且同《井冈山土地法》《兴国土地法》的主要精神相符，制定的时间也仅晚于《井冈山土地法》。与之相比，《临时土地政纲》关于富农经济的规定是正确的，避免了《井冈山土地法》中“没收一切土地”的错误，丰富了党的六大关于土地政策的内容。这是该政纲最大的亮点。政纲的颁布，标志着边区土地革命的真正开始。随着土地革命实践的不断深入，它所存在的不足，将会得到克服和完善。

2.《鄂豫边革命委员会土地政纲实施细则》

1929年12月下旬，鄂豫边第一次工农兵代表大会召开。会议总结了自《临时土地政纲》颁布以来的斗争实践，制定了《鄂豫边革命委员会土地政纲实施细则》（简称《细则》），对《临时土地政纲》作了一些重要修改和补充。该《细则》包括没收细则3条、分配细则11条、附则7条，共21条。另外，会议通过的《鄂豫边第一次全区代表大会群众运动决议案》（简称《决议案》）也有一些土地改革的内容。与临时土地政纲相比，《细则》和《决议案》在土地的没收

① 参见中共黄冈市委党史办公室编：《中国共产党黄冈历史 第一卷（1922—1949）》，中共党史出版社2013年版，第191页。

和分配方面都更加完善。主要有以下几点：

第一，划分不同区域进行土地改革。《决议案》依据鄂豫边根据地开展土地革命的不同情况，将区域划分三类：发动土地革命区域、开始土地革命区域和土地革命发展区域。在发动土地革命区域，党应“加紧农民日常斗争的领导并扩大其斗争范围”，领导农民开展“反苛捐杂税，反派夫，反高利，反小课，反提高谷价等斗争”，“尽量利用豪绅地主的矛盾，不拘方式推动一切小的斗争”，“应准备武装斗争”，“建立党在群众中的信仰”；在开始土地革命区域，没收和分配地主的土地，对富农酌量进行减租减息，并限制其剩余粮食的价格和禁止出境，禁止对富农罚款勒捐，允许富农加入农民委员会但禁止当选执委，对反动富农“以断然手段处理之”；在土地革命发展区域，“分配富农剩余的土地”，将富农分为反动和同情革命的两大类，“对于反动之富农与地主一样处治”，“同情革命的富农，应有苏维埃的选举权而无被选举权”[①]。这样有步骤有区别的斗争策略，能极大地打击敌人，团结大多数，推动土地革命运动向前发展。

第二，在没收土地和分配土地政策上更加完善。首先，扩大了土地没收范围，增加了对祠堂、庙宇、教堂及一切公产官地的没收。其次，调整了分配土地的对象。完全冲破了“谁种谁收”的框框，规定凡没收之土地、财产，一律统一分配。土地分配对象为：“1. 无地之农民。2. 少地之农民。3. 愿安家耕种之雇农。4. 愿耕种之工人。5. 红军的官兵。6. 革命职业家。7. 退伍的兵士。8. 愿耕种之小贩及其他职业者。9. 凡豪绅反动派已经解决，其家属确经当地革命团体证

① 湖北省档案馆、湖北省财政厅编：《鄂豫皖革命根据地财经史资料选编》，湖北人民出版社1989年版，第404页。

明无反动嫌疑者。”[①]此外，还规定鳏寡孤独残疾无力耕种者，也酌情分配土地等。再次，明确规定了分田的数量和标准。即以分配土地对象的全家每年需要吃多少粮食为主要条件，“依照耕种能力分配之”，“分配土地不可以土地面积为标准，须以出产多少为标准”。这样避免了按《临时土地政纲》分配土地所带来的土地多寡不一、肥瘦不均的现象，保证了土地分配的公平合理。最后，规定了没收、分配土地的实施办法。即划定乡级行政区域范围，以乡为单位没收分配土地；成立自上而下的土地委员会，作为土地改革的专门机构；在程序上，规定首先由乡土地委员会制定方案，然后提交农代大会讨论通过，再由基层苏维埃和农民协会组织实施。这样，将民主集中制的原则引入分配土地的各个环节，让广大农民充分参与，有效调动了他们的革命积极性。

第三，提出了土地革命斗争的政策和策略。这方面的内容，除《细则》外，《决议案》亦作了补充。一是再次强调了保护中小商人的政策。二是将保护富农的政策改为限制富农的政策。三是强调了联合中农的政策。强调“联合中农是土地革命胜利的保障，这是六次大会所定的正确策略，今后应切实运用这种策略，防止无原则的妨碍中农利益”。按照这一精神，《细则》规定“中农在别乡之土地交别乡分配，本乡得以同量之土地分给该中农（如无土地换掉别乡不能分配）”。这样就有了严格的政策，对社会各阶层采取了科学的区别对待的态度，既打击了主要敌人，又团结了大多数。[②]

① 湖北省档案馆、湖北省财政厅编:《鄂豫皖革命根据地财经史资料选编》,湖北人民出版社1989年版,第406—407页。

② 参见《鄂豫边革命委员会土地政纲实施细则》和《鄂豫边第一次全区代表大会群众运动决议案》的条文,分别见《鄂豫皖革命根据地》编委会:《鄂豫皖革命根据地》第二册,河南人民出版社1990年版,第47—49页,第24—32页。

3.《六安六区土地政纲实施细则》

1930年3月下旬，中共六安中心县委召开所辖六县与红三十三党委联席会议，提出彻底分配土地，制定了《六安六区土地政纲实施细则》，于4月公布。

该细则是参照《鄂豫边革命委员会土地政纲实施细则》，结合皖西的实际制定的。细则分甲、乙两项，包括没收细则4条，分配细则16条，合计20条。和鄂豫边土地政纲相比，共计修订、补充了7条，在一些方面有所创新和进步。主要有：第一，在没收土地方面，规定教堂的土地不没收，可以团结教会和会众；规定“富农剩余之土地一律没收之”，采取了正确的对待富农的政策，限制了对富农的剥削。第二，在分配土地方面，规定“凡没收之柴山竹园（不值百元的）得照田分配”，扩大了分田来源；规定“分配土地尽先分给革命死难家属”，体现了对烈士的敬仰和对其家属的关心照顾；规定“分配土地男女有同样的权利”，提倡男女平等，提高了妇女的社会地位，激发了她们参加革命的积极性；规定“工人小贩及其他职业者如愿耕地者，要估量他原有职业收入，再酌量分以土地”，照顾了其他各阶层的利益。第三，规定了土地所有权属于苏维埃政府（国家），使用权属于农民。土地分配后，农民对于土地只有使用权无所有权。规定苏维埃政府监督农民，严防土地抛荒。农民对于土地如有保护不力，耕作培植不良者，由苏维埃政府立即收回再分配给其他农民。第四，规定了土地改革中纠正失误的办法。土地分配后，如有多少不一、肥瘦不均者，得随时纠正。第五，制定了《雇农工资办法》《手工业工人办法》《债务办法》等与之配套，加上有关森林方面的法规，使之成为一部完善、成熟的法规。[①]

---

① 参见《六安六区土地政纲实施细则》，见《鄂豫皖革命根据地》编委会：《鄂豫皖革命根据地》第三册，河南人民出版社1990年版，第306—308页。

4.《森林办法》

鉴于当时皖西地区山多田少的实际情况，皖西党组织顺应群众呼声，于1930年3月制定了《森林办法》，与土地法规相配套。该办法共有7条，对森林、山场的政策作了比较详细、具体的规定。第一，指出保护和发展森林资源的重大意义，“森林除供人使用外，有保护雨量之益，各民众都负有保护之责任”。第二，规定了没收山林的范围，凡值百元以上之森林，一概没收由当地乡苏维埃政府管理。第三，规定了山林的使用权和管理办法。凡分给农民林竹茶桑油漆果树等，只许使用不许毁坏或转卖，不许砍伐柴山树苗；凡无山场之居民欲使用竹木时，须报告当地乡苏维埃政府，经许可后始得使用，不得伤害森林或自由强伐；森林山场，农民只能按棵变卖或种茯苓，不得乱砍。第四，提出了义务植树的问题。规定凡公共场所及路旁树木一律不准砍伐或转卖并有培育的义务；凡屋拐、田头、路旁、河下、荒山，农民都要尽量栽插树木。①

《森林办法》不但废除了封建地主的森林、山场所有制，而且规定了新的山场、森林使用和管理办法，首次提出全民护林、义务植树的思想，突出强调对山场、森林“不许毁坏”“不许砍树苗”“不得伤害森林或自由强伐”“不得乱砍”等政策规定，对于提高农民对森林的保护意识、发展林业生产、开发林业资源起了积极作用。《森林办法》弥补了土地政纲没收和分配方面的不足，是对土地政纲的有益补充，是当时唯一一部改革、保护和发展林业的好法规，具有划时代的意义。它的颁布，表明皖西党组织独立探索土地革命的规律，对六大以来党的土地改革政策的认识达到了一个新的高度。

鄂豫皖地区三个土地法令的颁布和实施，说明鄂豫皖地区党组织

① 参见《鄂豫皖革命根据地》编委会:《鄂豫皖革命根据地》第三册，河南人民出版社1990年版，第306页。

对土地革命的认识经历了“实践——认识——再实践”的过程，既是土地革命实施情况的经验总结，也是当时对土地革命进行探索的最新成果，和《井冈山土地法》《兴国土地法》以及其他革命根据地的土地法一起，共同构成了党在土地革命战争时期的土地法令。它的产生和完善，标志着在鄂豫皖地区初步形成了一条依靠贫农雇农，联合中农，限制富农，保护中小工商业者，消灭地主阶级，发展农村生产力的土地革命路线，这是边区党和人民努力实践、不断探索的结果，也是马列主义普遍真理同当地的具体实践相结合的结果。在土地革命的探索中，鄂豫皖地区的党和人民作出了独特的贡献。

（二）解放战争时期大别山区的土地改革

1947年秋，刘邓大军挺进大别山后，中共中央中原局于10月12日发出《关于放手发动群众，创建大别山解放区的指示》，强调要把发动群众实行土改看成自己的头等任务，认真地在群众中宣传贯彻《土地法大纲》，组织贫农团和农会，着手打土豪、分田地、分浮财。

开始阶段，大别山各地在执行政策上比较谨慎，打击对象只限于群众痛恨的少数地主恶霸，因此受到群众的欢迎。尽管境内的顽匪还没有肃清，但农民参加土改的人数越来越多，积极性也越来越高。进入10月份以后，各地陆续出现了一些偏差，普遍进行“急性土改”。由于土改任务要求过快过急，加之处于战争环境，许多地方提出了“一手拿枪，一手分田”和“村村点火，处处冒烟”等过激口号。在划分成分上，强调“贫雇农路线”，反对“地主路线”，在贫农团内查三代，查关系，“搬石头”，不许中农加入农会，把中农错划为地主、富农；分浮财时，任意扩大打击面，分中农土地财产的现象比较普遍，有的不仅没收地主兼工商业者的浮财，甚至没收一些商贩的财产；分田时搞强迫命令，简单地一插牌子了事，给投机分子和反革命分子以可乘之机，真正的贫雇农分得的田地不敢种。

土改中出现的种种问题，得到了中原局书记邓小平的高度重视，并及时进行了纠正。1948年1月初，邓小平、李先念等到金寨、麻城检查工作，发现在分浮财中，贫农几乎没有分到什么东西，而果实却落到流氓、地痞、地主狗腿子手中，还发现少数干部存在着思想、作风不纯的问题。他们认为，这样做的结果，不仅使党和人民军队在群众中的威信受到影响，而且匆忙普遍地分浮财，既未解决大多数群众的基本问题，又使社会财富过早分散和大量浪费，致使军队供应发生困难。山区的工厂和集镇商店被破坏后，既损害了生产和影响商品的流通，又使一大批赖其为生的群众衣食无着，形成了比较突出的社会问题。尽管这类事件仅发生在局部地区，但对大别山斗争全局有不利影响。①

当邓小平等深入大别山各县了解、调查土改中出现的各种问题，并开始注意纠正时，中共中央和毛泽东也在着手纠正全国各解放区土地改革中的“左”倾错误。1947年12月下旬，中共中央召开了会议，通过一系列领导人讲话、党的文件，对土地改革的政策和策略作了许多更加完善的规定和说明。由于中央和毛泽东对新解放区的情况不是很了解，为此，毛泽东于1948年1月14日致电邓小平，从6个方面询问新区土改情况。第二天，邓小平复电，汇报了进入大别山4个月来的情况。他说，部分地区已开始分田，“但都很粗糙，分假田的一定不少”②，“分浮财贫雇农没有分到什么东西”。邓小平认为，工作进展不快的客观原因为敌人的进攻和不易发动群众；主观原因则在于党内不纯，使正确的路线不能贯彻。因此，他仍坚持今后斗争的关键还在于完成土改和消灭土顽这两件大事。

① 参见朱玉主编：《李先念传（1909—1949）》，中央文献出版社2009年版，第669页。

② 任涛：《邓小平在中原》，中央文献出版社2007年版，第189页。

1月22日，经过深入思考，邓小平又给毛泽东发了电报，就大别山区情况和应采取的策略作了详细的答复。其中一个最关键的思想，就是明确提出要依据新解放区的特点区分两种区域，采取不同的策略。“大别山区（包括鄂豫、皖西两区）一千二百万人，我们要力争六百万人的巩固区（经过严重的斗争），另有一半人口的地区则将是较长时期的游击区”[1]。在巩固区可以进行土改，并且“首先应该实行充分的贫农路线”；“在第二种区域一时期内还谈不上平分土地，但应深入宣传土地法大纲，我在游击战争中坚持执行打土豪分浮财、组织秘密贫农团、耐心团聚群众的政策”[2]。报告还系统分析了新区各阶层的政治态度，说明了对待地主、中小地主和富农中的反动分子、中农应采取的不同政策。

应特别指出的是，邓小平对中农政策有独到见解。他认为，对于中农，还是采取不动政策为好，“我觉得在新区一般采取中农自愿或中农不动政策为好，切忌强制打乱平分，使中农不满”[3]。他还将中央苏区的情形和大别山的具体情况作了对比，阐明了原因：“根据我在江西的经验，那里事实上是打乱平分的，但那是在大块苏区贫雇领导业已树立而且有力的条件下做到的，中农觉得平分比保持特殊更为有利的条件下做到的，而在新区一时尚难具备这种条件，故应郑重。”[4]大别山区的中农和其他地区的中农不同，这里的中农多为佃户和半佃户，缺乏土地，多余耕牛、农具。所以，如平分土地，而耕牛、农具不动亦不合理。邓小平认为：“可采取按其本人自愿或将土地、耕牛、农具打乱平分，或照旧不动的政策，同时在负担政

---

① 辛根义主编:《邓小平在鲁山》,中央文献出版社2008年版,第116页。

② 辛根义主编:《邓小平在鲁山》,中央文献出版社2008年版,第117页。

③ 辛根义主编:《邓小平在鲁山》,中央文献出版社2008年版,第117页。

④ 辛根义主编:《邓小平在鲁山》,中央文献出版社2008年版,第117页。

策上加以合理的调剂。总之对中农必须坚持自愿原则，按每家具体要求加以解决，不可用大会通过一律对付的强制办法。”①

邓小平的两份电报使毛泽东对新区情况有了初步了解，特别是在新区土改中区分两种不同区域的建议对中央启发很大。收到1月22日电报的当天，毛泽东起草了一份给华东野战军副司令员粟裕的电文，较系统地阐述了他对新区土改的意见，主要有三点：一是土改不能性急，大体用3年时间完成；二是新区土改分两个阶段，第一阶段打击地主、中立富农，第二阶段平分一切封建阶级的土地；三是应区分两种区域，采取不同策略。在巩固区可进行土改，在游击区只做宣传工作，为土改做准备。②

毛泽东的这份电报没有立即发出，他于2月6日将此电报转发给邓小平，并就新区土改的斗争策略和组织形式特别是组织贫农团的问题征求邓小平的意见。2月8日，邓小平给毛泽东的复电中，作了系统回答，提出了6条意见，强调了土改的长期性、阶段性和地域性。认为在新区树立两个观念非常必要：一是“根据地之确立与土改之完成，要经过相当长的过程，绝非一年半载所能达到”；二是“在斗争策略上，应分阶段、分地区地局部深入”，开始应缩小打击面，以免犯急性病和策略上的错误。大别山应分两种地区，即可以巩固的区域和游击区域。在可以巩固的区域，培养贫雇农骨干，组织贫农团，将所有地主的财产及富农多余的土地、财物全部交给贫雇农（下中农也得到一部分），提高其积极性。但应注意：中农打乱平分应绝对采取自愿的原则，不要勉强；迅速扩大贫农团为农民协会，必须保证贫农的领导；暂时不斗富农底财；使地主特别是中小地主能够生活，不要一扫而光。复电还讲到，地主经营的工商业应

① 辛根义主编：《邓小平在鲁山》，中央文献出版社2008年版，第117页。

② 辛根义主编：《邓小平在鲁山》，中央文献出版社2008年版，第120—121页。

该保留，不予没收。[1]

毛泽东对邓小平的意见给予充分肯定，立即转发各地，并加了一段按语："（一）小平所述大别山经验极可宝贵，望各地、各军采纳应用。（二）分阶段、分地区极为必要。在第一阶段将打击缩小至只打击大、中地主及国民党反动分子时，并不是说富农、小地主中的保甲长、恶霸、反动分子为农民所要求打击者，也不要打击，我们只要注意对富农、小地主的多数，暂时不去惊动，就无危险了。（三）确定先组织贫农团，树立贫雇农威信，几个月后，再组织农民协会，团结全体农民，并严防地富及坏人混入。"[2]

毛泽东通过征求各方面意见，特别是征求了邓小平的意见之后，于1948年2月15日发出《关于新解放区土地改革要点的指示》，下发各区。邓小平接到指示后，在3月8日向毛泽东作了《关于进入大别山后的几个策略问题》的报告，从主观上深刻地检查了大别山区"左"倾急性病的各种表现极其危害性。电报说：敌情严重后，深深地体会到"左"倾冒险急性病的害处。急性病表现为以下几方面："（一）不分阶级和地区，对大中小地主、富农一并下手，树敌太多，增加了许多障碍，反于农民不利。（二）我们所提的贫雇农路线，其本身就是不正确的，而正确的应该是中央所提的以贫雇为骨干，巩固地联合中农的路线。……对阶级划分也犯了与老区同样的错误。（三）在工商政策上，可以说是紊乱的。……（四）在工作布置上，对必然到来的严重变化缺乏估计。……（五）武装力量分的很散……（六）一般干部缺乏思想的准备。"[3]电报中还提到与鄂豫区党委共同讨论规定了几点：任何时候不要忽视百分之九十以上的

① 参见辛根义主编：《邓小平在鲁山》，中央文献出版社2008年版，第119—122页。
② 辛根义主编：《邓小平在鲁山》，中央文献出版社2008年版，第120页。
③ 辛根义主编：《邓小平在鲁山》，中央文献出版社2008年版，第122页。

人，中立那些中立的人；区分巩固区和游击区的不同策略步骤（照中央指示）；禁止乱杀人，注意工商政策等。毛泽东看了邓小平的这份报告，对邓小平勇于批评和自我批评的精神大加赞赏，批示说："小平同志的这种负责的自我检讨是很好的。有了这样的自我检讨，就有使广大干部逐步学会党的策略观点；而没有全盘的策略观点和政策观点，中国革命是永远不能胜利的。"[①]

3月14日，中原局就巩固区的土改政策致电桐柏区党委，提出第一阶段和第二阶段土改的策略问题，要求按中央指示办理。3月25日，中原局发出《关于发动群众分地区分阶段有步骤进行土改的指示》，部署贯彻"新区土改要点"。5月24日，毛泽东在给邓小平的电报中指出，新解放区在相当时间内，只实行减租减息和酌量调剂种子、口粮的社会政策和合理负担的财政政策，而不立即实行分浮财、分土地的社会改革政策，把主要打击对象限于政治上坚决反对我党我军的重要反革命分子，以利于集中一切力量消灭国民党反动派。他强调，"这一个减租减息阶段是任何新解放地区所不能缺少的，缺少了这个阶段，我们就要犯错误"[②]。5月25日，毛泽东起草了《一九四八年的土地改革工作和整党工作》，提出"从不同地区、不同历史条件的具体情况出发，决定当地当时的工作任务和工作方法"[③]，并且明确规定了土地改革所必须具备的三个条件。至此，从中央到大别山地区，从领导全局的毛泽东到主持新区工作的邓小平，经过认真的调查研究和各方面讨论，终于形成了比较符合实际的科学认识。

接到中央指示后，邓小平结合中原及大别山区情况，于6月6日

① 辛根义主编：《邓小平在鲁山》，中央文献出版社2008年版，第168页。

②《毛泽东选集》（第四卷），人民出版社1991年版，第1327页。

③《毛泽东选集》（第四卷），人民出版社1991年版，第1331页。

起草了《关于执行中共中央1948年的土地改革工作和整党工作指示的指示》。指示全面总结了党在新区农村工作政策的转变过程，系统分析了急性土改等“左”的错误危害，对新区工作作了详细解释，有着很强的针对性和指导性。上报中央后，毛泽东十分重视，完全同意这个指示，并增写了两段文字，将这个文件转发给各地。他说：“有了中原局这个文件，中央就不需要再发这类文件了。”①

解放战争时期，土地改革政策的演变过程是一个政策日趋符合实际的过程，体现着土改与军事、干部、群众等工作的互动，充满着中央与地方的思考交流这一过程，体现了从实践到理论，再由理论到实践的反复过程，毛泽东、邓小平为完善党的土改政策作出了创造性贡献。大别山地区土改朝着正确的方向发展，大多数农民分得了土地，政治、经济地位提高了，他们的革命和生产积极性也被充分调动起来。以新县为例，全县80%的地区进行了土改，农民占有土地的比例，由土改前的30%上升到80%左右；该县在实现土改后，一次报名参加地方武装的农民群众即达五六百人。②

四、独具特色的游击战争理论和实践活动

在大别山这片红色土地上，诞生了红四方面军、红二十五军、红二十八军三支主力红军，徐向前、李先念、曾中生、蔡申熙、许继慎、陈赓、王树声等军事家在此战斗过，还有许多著名将领在此留下了战斗的足迹。他们在人民群众的大力支持下，在大别山的战争舞台上，创造了战争奇迹，上演了威武不屈、精彩纷呈的战争史

① 饶银华:《评述邓小平》,中央文献出版社2017年版,第241页。

② 参见中共信阳地委党史资料征编委员会:《豫南革命史》,河南人民出版社1991年版,第430页。

话，形成了独具特色的游击战争理论，从而丰富了毛泽东军事思想，并成为毛泽东军事思想的重要组成部分。这里仅以土地革命战争时期为叙述对象。

（一）坚持中国共产党的领导，坚持人民军队的建军原则

大别山地区的红军自诞生之日起，就置于中国共产党的绝对领导之下，按照无产阶级的建军路线、建军原则去建设军队，为实现党的纲领、路线、任务而努力斗争。

经过黄麻起义诞生的红三十一师，在鄂东北特委领导下，发展和建立了各级党的组织，建立了党代表和政治工作制度。部队始终用马列主义和党的纲领、决议武装指战员的头脑，不断将理想信念、革命精神、党的宗旨等用于军队思想建设之中。师政治部还出版了刊物《红旗》。坚持工农为骨干的建军路线，采取由地方武装和吸收贫雇农直接参加的方式，去扩大和巩固红军。每个红军战士不仅是战斗员，同时又是群众斗争的宣传者和组织者，“加强士兵或队员的政治教育，使他们不仅是一个武装士兵，而且是一个群众的宣传者和组织者”[①]。红军纪律严明，作战勇敢，爱护群众，官兵之间关系平等，不虐待俘虏。经过艰苦斗争，到1929年5月，全师已发展到400人，成立了第五大队，成员90%是工农分子，党员占二分之一。红一军到1930年10月召开全军第一次代表大会时，共有党员1200余人，约占总人数的24%。[②]加强党对红军的领导，提高“军队中党员

① 谭克绳、欧阳植梁主编：《鄂豫皖革命根据地斗争史简编》，解放军出版社1987年版，第71页。

② 参见《红一军前委关于部队整编情况给长江总行委的报告》，1930年10月31日。

的数量”，“使其真能起核心作用”[①]，人民军队的一些根本制度已经逐步建立起来。

1929年冬召开的中共鄂豫边第一次代表大会，在红四方面军的历史上有着重要意义。这次大会成立了中共鄂豫边特委，负责领导红军。会议通过了《政治问题决议案》《组织问题决议案》《军事问题决议案》《群众运动决议案》等文件，总结了武装割据、土地革命和红军建设的经验，规定了红军的发展方向和任务。会议确定红军的组织问题，共8项，即①红军受革命委员会指挥；②成立士兵委员会，作为常设机构，增强红军内部的民主气氛；③各级政治指导员不参加士兵委员会，但负责指导士兵委员会的工作，在士兵委员会的执行委员中，干部不能超过三分之一；④各级政治指导员由革命委员会派遣，各级军事首长的命令，只有经过各级政治指导员副署后，才能发生效力；⑤高级政治指导员，必须由中共党员担任；⑥红军党的工作路线，由党委制定；⑦红军编制采取“三三制”，还应成立慰问队、通讯队、侦察队等临时组织；⑧红军在各地游击的军事行动，由军队党委和地方党委召开联席会议决定，意见有分歧又不能及时报告上级组织决定时，以军队党委的意见为准。会议确定红军的任务是：①帮助和发动白色区域的民众进行各种斗争；②坚决实行土地革命；③夺取反动武装；④保障和扩大苏维埃区域。

会议还确定了红军各方面的关系。在内部关系上，确定军事工作与政治工作的正确关系，加强士兵委员会建设，帮助训练士兵，督促士兵做宣传群众、组织群众等工作；在外部关系上，正确规定红军同地方党组织、苏维埃政府和各种群众组织的关系，规定主力部队与地方武装和赤卫军的相互关系；在敌军工作上，提出瓦解敌

① 谭克绳、欧阳植梁主编：《鄂豫皖革命根据地斗争史简编》，解放军出版社1987年版，第71页。

军的各项措施，规定对俘虏不杀不辱，正确实行俘虏政策。这次会议对日后成立的红四方面军有着重大影响和里程碑的意义，特别是会议通过的《军事问题决议案》，是对鄂豫边区两年来游击作战的系统总结，深刻地论述了红军建设的基本原则，是鄂豫边区党组织奉献给中国革命军事宝库的一份重要军事文献。

红四方面军成立后，军队党的建设不断加强。团以上各级均设立党务委员会，连有支部，排有小组。方面军和军师均设有政治部，团设政治处，重视对各级政工干部的选拔、配备和培养，制定了《军、师政治部工作细则》《团政治处工作细则》《红军政治指导员工作暂行条例》等。为加强部队的政治教育，除“六大”决议等中央文献外，鄂豫皖时期编印了《支部生活》《红军须知》《怎样训练新同志》《怎样分配土地》等，以供干部战士学习和贯彻执行。此外，军队十分强调党员的先锋模范作用。据1931年5月红四军第十、十一师统计，党员共有2437人。其中，贫雇农和手工业工人占80.3%，中农、店员、小商贩等占11.1%，知识分子占7.1%，富农、小地主占1.5%。这样的党员构成保证了强大的战斗力。在所有工作中，党员都起带头作用，“冲锋在前，退却在后”，“吃苦在前，享受在后”。有了党的领导和正确的建军原则，红四方面军始终保持人民军队的无产阶级性质，战胜了张国焘的分裂主义，完成自己的战斗任务。

红二十五军一成立就在中国共产党的绝对领导之下，有一个坚强的领导核心。从组建到重建，红二十五军先后在中共鄂豫皖中央分局、鄂豫皖省委、鄂豫陕省委的直接领导下，直到与红二十六、红二十七军合编为红十五军团，都没有单独成立军党委。重建后的红二十五军领导人，大多是省委的成员，或者是省委的主要领导者。省委对部队实行直接领导，一切重大问题都是省委决策，军领导执行。红二十五军一开始就强调建立健全党委、党的总支和支部、政治委员制度，加强政治机关和政治工作，使这支部队成为党领导下的执行革命政治任务的武装集团。在远离党中央时，军队领导拥护党中央，坚决执行省委的决定；长征中，红二十五军急切盼望同党中央会合，得知党中央的消息后，全军不惜一切代价，离开新开辟的根据地，策应、迎接党中央和中央红军；在陕北同中央红军会合后，看到中央红军物资困难，便主动支援武器和物资。

红二十五军非常重视发挥党支部的作用和党员的先锋模范作用。党支部要求党员经常汇报思想情况，注意纠正不良倾向；经常开支委会、小组会，开展批评和自我批评，检查自己的思想和行动，发挥党支部的核心作用。团支部也常组织教唱歌曲、表演节目，开展互助活动，进行纪律教育等，巩固部队，鼓舞士气。1934 年 7 月，军政治部曾对党团支部提出："发展一倍的党、团员，普遍地开支部会、小组会，检查每个同志的工作，实行小组会分工，建立支干会的督促与检查工作。"[①]为做好战士工作，军政治部还成立了红色战士委员会。军政治部特别指出：该委员会"是红色战士自己学习管理自己的组织，补助上级政治教育的不够"[②]。红色战士委员会协助连队干部开展群众工作，进行群众性的自我教育，发扬政治、经济、军事三大方面的民主。

中共鄂豫皖省委和红二十五军撤离大别山地区后，边区党政军失去了领导。在这紧要关头，高敬亭挺身而出，重建红二十八军，担任军政委，使边区有了坚强的统一领导。后来，高敬亭往返于鄂豫皖边区各地，用很大的精力整顿各地党组织，恢复和建立党的领导机构。鄂东北道委根据形势变化，及时撤销了一些县委，重新建立了直属道委领导的中心县委、光麻特委，并调整了罗陂特委和红

① 红二十五军政治部:《红军中"八一"计划大纲》,1934 年 7 月 26 日。

② 红二十五军政治部:《红军中"八一"计划大纲》,1934 年 7 月 26 日。

安县委等领导机构，加强了党对鄂东北地区斗争的领导。1935年2月，皖西特委成立，统一领导皖西各地的地方武装和便衣队，经过一年多的努力，工作发展到舒城、霍山、潜山、太湖、宿松、岳西、英山、罗田等地。高敬亭根据这一情况，于1936年9月将皖西特委改为皖鄂特委。1936年5月，高敬亭发现黄冈地区的群众基础较好，便派便衣队队长汪少川到黄冈开展工作，很快就建立了黄冈中心县委。这样，在鄂豫皖边区属高敬亭领导的有皖鄂特委、黄冈中心县委、商南县委和鄂东北道委。高敬亭通过对这四个地区党的领导机构，全面领导鄂豫皖边区的党政军工作，加强了对敌斗争的领导。正是由于党对军事工作的绝对领导，鄂豫皖边区红军和游击队坚持了三年游击战争。

（二）在战争实践中运用灵活机动的战略战术

土地革命战争是在敌强我弱的条件下进行的。在不同时期，根据不同的情况，红军采取了不同的战略战术。

1928年1月，工农革命军第七军在木兰山一带打游击。在残酷的斗争环境中，为了保护自己，消灭敌人，第七军逐步摸索、总结出了一套游击战争的战术原则，就是“游击战争要八会”，即会跑、会打、会散、会集、会进、会退、会知、会疑。“八会”表明当时部队已具备“跑、打、散、集、进、退、知、疑”八种基本素质。为适应人数不多、队伍精悍的游击队活动，第七军提出了“昼伏夜动、远袭近止、声东击西、绕南进北”的游击原则。“昼伏夜动”，揭示了游击队的活动规律；“远袭近止”，提出了游击队的活动方式；“声东击西、绕南进北”，明确了迷惑、调动敌人以利歼敌的方法。第七军能够在木兰山区坚持斗争与正确运用游击战术是分不开的。

1929年在接连粉碎敌人的三次“会剿”后，徐向前、戴克敏、曹学楷总结了七条游击战术原则：①集中作战，分散游击；②红军作战尽量号召群众参加；③敌情不明，不与作战；④敌进我退，敌退我进；⑤对敌采取跑圈的形式；⑥对远距离的敌人，先动员群众扰乱敌人，次采取突击的方式；⑦敌人如有坚固防御工事，不与作战。这7条朴素的游击战术原则，使游击战争中的军队和群众、进攻和退却等方面的关系初步明确起来了，反映了那个时期红军作战的特点和规律。

1930年3月下旬，六安中心县委召开所辖六县和红三十三师党的联席会议，总结"过去的一切斗争经验"，于4月1日作出军事问题决议案，其内容较鄂豫边的决议案有了新的补充和发展。决议案除了说明党和红军的关系、红军性质、红军和群众的关系、加强红军建设外，提出要同时加紧游击队和赤卫队建设，用自愿和义务两种方式挑选勇敢忠实、有坚决的革命认识、身体强壮、吃苦耐劳、年龄在10岁以上30岁以下者为游击队员。规定游击队的任务是"①解决反动派，帮助群众斗争的发展；②收缴敌人小部队枪支；③筹款。"[①]同时提出游击队的训练有两项："①注意射击、瞄准、偷藏物件、侦探、警戒、利用地形地物散开、集中等军事日常的训练；②注意政治任务的理论宣传组织等政治训练。"将赤卫队的任务增加到5项："①保护一切革命的组织；②肃清反动派；③维护赤区治安；④帮助游击区红军作战；⑤夺取敌人武装。"要求"各县游击队、赤卫队的行动，应与红军三十三师发生密切关系"；"红军军事行动应注意与邻县及附近区斗争相配合"[②]。该决议对游击队和赤卫队作了原则规定，也说明了游击队的作战原则。

---

①《六霍起义》编辑委员会:《六霍起义》,中共党史资料出版社1989年版,第144—145页。

②《六霍起义》编辑委员会:《六霍起义》,中共党史资料出版社1989年版,第145页。

红一军成立后，开始了从游击战到运动战的转变，红四方面军更是熟练应用这一战术。如第三次反“围剿”，红四方面军采取了集中兵力、外线进攻、各个击破的作战方针，经过黄安、商潢、苏家埠、潢光四大战役，歼敌40个团共6万余人。红四方面军在这个时期形成了奔袭奇袭、围点打援、避实击虚、迂回包抄等一系列战术原则。

红二十五军在长期的斗争中，逐渐认识和掌握了“围剿”和反“围剿”的内在规律，正确处理进攻与防御、歼灭敌人有生力量和保守土地的关系，采取积极防御的战略方针、灵活机动的战术，取得了胜利。如在七里坪战役失利后，红二十五军吸取了单纯防御、不敢诱敌深入的教训，不以夺地和守土为主要目标，灵活运用游击战、运动战，“采取游击方式来牵制敌人，消灭敌人”，先后取得了高山寨、罗田、长岗岭、太湖、扶山寨等战斗的胜利，恢复和开辟了天台山、朱堂店、陶家河等几个小块根据地。在第五次反“围剿”的后期作战中，红二十五军将游击战术用到了极致，忽东忽西，飘忽不定，屡屡出其不意，给敌以沉重打击，终于打破了东北军的三个月“围剿”计划。

一些具体的战术，在鄂豫皖红军中首次成功运用。如坑道作业战术的成功实践。1931年2月，红四军第十师师长蔡申熙率部攻打新集（今新县县城）。新集是一座山城，三面环山，东临潢河，城墙高两丈有余，环围数里。城池碉堡全部用人工凿成的长方形岩石灌以糯米浆砌成，高六七米，宽两米多，异常坚固。城外有护城的水沟环绕。守城的民团和红枪会有一千多人，骨干都是地主豪绅搜罗的兵痞、惯匪，强攻势必遭受重大伤亡。蔡申熙经过深入了解，制定了攻城方案：每天让红十师三十团团长王树声率部发动佯攻，暗地里却利用地形在城北挖地道破城。第一次由于没有经验失败了，第二次在小北门西侧重新挖坑道。在苏区人民的支援下，红军挖成了一条50多米长的坑道。2月10日，红军将炸药装入，爆破成功，全歼守敌1000余人，新集第一次获得解放。据考证，这是红军历史上最早进行坑道作业的战例。①

围点打援战术也是鄂豫皖红军的伟大创造。这一战术首先出现在磨角楼战斗中。磨角楼位于麻城县北部，这里驻扎着国民党军夏斗寅第十三师的一个营。1931年1月26日，红四军以第十师两个团的兵力围攻磨角楼，以第十一师和第十师的另一个团作为预备队。意图是吸引麻城之敌出援，在野战中“出奇兵而歼灭之”。磨角楼被围后，不出所料，敌第十三师四个团由麻城前来救援。红军打援部队顽强狙击，经三日激战，将敌援军全部击溃，磨角楼守敌大部被歼，残部撤至七里桥。此战共歼敌1000余人，缴枪1000余支，是鄂豫皖红军第一次有计划地运用围点打援战术所取得的胜利。

红军尝到甜头后，在后来的战斗中广泛运用围点打援战术，特别是第三次反“围剿”中运用此战术取得了辉煌战果。从1931年11月到1932年6月，经过黄安、商潢、苏家埠和潢光四大战役，红四方面军先后歼敌6万余人，根据地得到巩固发展。胜利的原因很多，红四方面军总指挥徐向前认为，战术的正确运用也很重要，甚至能对战役战斗的胜利起决定性的作用。四大战役，我们采取的主要战术是“围点打援”，达到了大量歼敌的目的。②

（三）特殊的武装斗争形式——便衣队

便衣队，是土地革命战争时期，鄂豫皖苏区党组织在红四方面军和红二十五军先后西征、斗争环境日益恶劣的情况下，为寻求正

① 参见马德俊：《蔡申熙传》，中共党史出版社2013年版，第190—192页。

② 参见徐向前：《徐向前军事文选》，解放军出版社1993年版，第327—329页。

确的斗争策略而进行艰苦的探索后，独创的一种特殊的武装组织形式，在其他苏区很少见。

1933年3月，在黄安县仙居区第五乡和第六乡，分别成立了以陶华海和黄进德为队长的两支各由六七人组成的小型游击队，他们以老君山为依托，白天隐蔽在黄丝冲的河沟里，深夜下山侦察敌情，筹集粮食，摸敌岗哨，做群众工作，斗争很活跃，成绩十分显著。当时，鄂豫皖省苏维埃人民委员会主席兼鄂东北游击总司令郑位三对这种对敌斗争形式给予充分肯定，他“发现一些区乡干部三五人一队，携带短枪、匕首，袭扰敌人，串连群众，有效地保存了自己，便及时地总结经验，提出了建立便衣队的正确主张”①。

郑位三认为，便衣队应以县、区、乡党和苏维埃的干部为核心，每队三五人、七八人不等，身穿便衣，和农民一样打扮，利用夜间行动，奔走于山林和村庄，来往于赤白区之间，偷袭敌人据点和碉堡，捕捉反动分子。便衣队既是一支游击小分队，也是一级“没有挂牌子的苏维埃政权”，实际上是党政军三位一体的武装工作队。由于他们是本地人，熟悉情况，随时可以得到群众的掩护，加上他们队伍小，行动灵活、秘密，敌人很难对付。所以，“便衣队是群众工作与秘密组织工作的一种最有效的极为适宜的游击武装组织”②。郑位三以鄂东北道委书记的身份，举办便衣队训练班，向鄂东北各县推广这个经验，并将便衣队的任务概括为：做群众工作，侦察敌情，发展党组织，扩大武装，打击小股敌人，处决地方反动分子，负责上级党政机关和红军的给养。鄂豫皖省委书记沈泽民在1933年11月10日给党中央的报告中说，“现在最有发展希望最重要的运动，就是便衣队的运动”，“是极为适宜的一种游击武装的方式”，省委“决定

① 程子华、郭述申等:《德高望重的位三同志》,《湖北日报》1984年6月25日。

② 刘光明:《郑位三传记》,武汉工业大学出版社1988年版,第112页。

用党、苏维埃、红军及游击队的全部力量，去发展这种武装形式”[①]。在省委的领导下，便衣队发展迅速，鄂豫皖根据地的局面大为改观。

红二十五军战略转移后，留在苏区的新成立的红二十八军几乎天天处于敌人的“围剿”中，难以立足。于是利用便衣队开展斗争这一形式便引起了以高敬亭为首的边区党组织的重视。斗争的实践使他们认识到：“便衣队是对敌斗争的一支坚强的重要力量，能完成主力部队不能完成的某些任务，已成为坚持老区、开辟新区的重要力量，是党和红军联系群众的桥梁，主力红军的得力助手，插向敌人心腹的利刃。”[②]于是，边区党组织和红军就把发展便衣队放在重要的战略位置。

便衣队起源于1933年下半年，勃兴于三年游击战争期间。据不完全统计，鄂豫皖边区共有大小便衣队111支，分布在边区的22个县。活动范围东起霍山、潜山，西跨平汉铁路至应山，南抵蕲春、黄梅、广济和黄冈（今团风县），北达信阳、固始。这种以群众工作为主的武装工作队，在上述广大区域内紧紧依靠人民群众，配合主力红军给国民党反动派以沉重的打击。可以说，便衣队不愧是鄂豫皖边区党组织和红军在三年游击战争中的一大创举，体现了边区人民的伟大智慧。在三年游击战争中，便衣队作出了巨大的贡献：

第一，恢复和发展党的组织，建立党的领导核心。经过便衣队的努力，到1935年底，不仅恢复了鄂豫皖边区部分党组织，而且建立了新的党组织。黄冈便衣队1936年夏成立时，只有十几个人，一个党支部，在地下党的配合下，到1936年秋就成立了4个区委，并

---

①《中共鄂豫皖省委给中共中央的报告》，1933年11月10日。

② 中共中央党史研究室编：《南方三年游击战争》卷4，中共党史出版社2016年版，第1834页。

建立了黄冈中心县委，有党员100多名。灵山便衣队1935年冬成立时，只有队员10人，一个党支部，到1936年春就发展成立了6个党支部。党组织的建立，使各个游击区有了新的领导核心。党通过党员在农村中串联群众，成立各种秘密组织，建立以党员为骨干、以便衣队为武装力量的群众队伍，保卫游击根据地。

第二，配合红军作战，补充主力部队。作战时便衣队与红二十八军紧密配合，侦察敌情，或割电话线、毁公路，破坏敌人的通讯联络与交通运输，牵制敌人的兵力，掩护红军行动；或打击敌人的增援部队，烧毁敌人的粮草，捣毁敌人后方的军事设施，摧毁敌人的封锁线。便衣队还积极为红二十八军补充兵源。例如，鄂东北的老苏区、新苏区、红安苏区、光麻苏区的便衣队就多次为地方组建独立团、特务营、游击师提供兵源。

黄冈便衣队曾动员400多名青年参军，先后组建了两个战斗营，成建制地编入红二十八军。灵山便衣队先后组建十多支小游击队，收缴反动民团长短枪480多支，为红军输送了上百名战士。1935年初，潜山县沙河便衣队与当地党组织密切联系，组织发动群众，成立了皖潜游击大队，到4月份就发展到180多人，以后又先后改编成独立营、游击师，并陆续补充至红二十八军中。

第三，扩大游击区，建立新的游击根据地。便衣队利用自身隐蔽分散、灵活精干、便于联系群众和发动群众的特点，在一些边远地区和山区立足生根，开辟出一小块一小块根据地，然后逐步连成一片。在以黄冈大崎山为中心的黄冈、麻城、浠水几县的边界地区，便衣队建立了两块游击根据地。罗山县的灵山冲便衣队，就在平汉铁路两旁的罗山、信阳、应山三县之间的灵山、鸡公山、大青山一带开辟出一大片游击区。在皖西地区的岳西县，就有10支大便衣队和13支小便衣队活动，他们各自作战，互相配合，形成一个整体，开辟了以鹞落坪、大岗岭为活动中心的舒霍潜太游击根据地。新的游击根据地不断开辟，使得红二十八军所到之处有大大小小的游击根据地作为依托，从而进行掩护、修整和补充，成为红二十八军克敌制胜的重要条件。

第四，保障红二十八军的供给，掩护和安置伤病员。便衣队发挥其独特优势，为红二十八军提供了大批现款、粮食和其他物资。如1936年3月，罗山便衣队接到中共罗陂孝特委关于尽快给红军筹集粮款的指示后，在地下党的帮助下，抓到罗山县税务局长，筹到1000块银元，购粮后送给红军。黄冈便衣队在新洲抓到外号“百万富翁”的大土豪毛竹宇后，筹到现款5万元送到红军部队。

便衣队还在霍山、岳西的包家河、青天畈、沈家桥等地开设红军地下商店，红军出钱，群众办店，秘密为红军采办油、盐、布匹、电池、药品等。包家河“万大兴”号经理徐诚桢曾打入敌人内部，为红二十八军购买子弹等军用物资，直至献出了自己宝贵的生命。红军伤病员也基本上靠便衣队安置和进行医疗护理，有的被巧妙地送到老苏区，有的被安排在可靠的群众家中隐蔽养伤。红二十八军二四五团团长梁从学、手枪团团长詹化雨负伤后，就是分别由黄冈、黄安的便衣队负责安置在群众家中隐蔽疗养的。在皖西，便衣一分队曾在大岗岭办起了“红军医院”；便衣二分队在鹞落坪一带安置红军伤员，最多的时候达七八十人之多。从1936年6月到1937年10月，黄冈便衣队共安置伤病员200多名。大批伤病员由于得到妥善安置和治疗，痊愈后或重返主力部队，或成为组建独立团、游击师、便衣队的骨干，大大鼓舞了红军的士气，提高了红军的战斗力。

第五，灵活运用对敌策略，开展统战工作。便衣队在长期的斗争实践中，根据实际情况来制定自己的策略。为了突破敌人的封锁，便衣队纠正了“左”的错误做法，运用打击与争取相结合的方针，来分化瓦解敌人的阵营，效果很好。如对地主、联保主任和保甲长等基层人员加以区分，纠正以往不分青红皂白地加以处决的做法，改成只对那些罪大恶极的恶霸地主和反革命分子进行镇压，以收杀一儆百之效。对罪恶不大的人员，只提出警告，给他们规定交款交粮、保护群众、掩护红军的任务，只要他们遵守苏维埃的法令，完成便衣队交代的任务，就予以保护；对那些迫不得已给敌人做事的联保主任、保甲长，则和他们建立统一战线，让他们站到人民的一边来，这些人表面上为敌人效劳，实际上为便衣队办事。赤城县委书记张泽礼领导的便衣队，控制了一个姓王的联保主任，让他为游击队送粮食、子弹，搞情报，买医药，掩护伤员和便衣队的活动。在河南光山、商城，由便衣队控制的地区，地主富农向谁收租，收多少租，村长保甲长的任免等，都要由便衣队决定。同时，便衣队的统战工作也开展得轰轰烈烈。如宿松县便衣队争取到了国民党的一个原旅长朱超云率部参加红军。对待宗教和僧尼方面，便衣队保障宗教自由，使僧尼等都主动为红军服务，庙宇道观成了便衣队的栖身之所。尽管敌人“清剿”不断，但由于统一战线政策的成功运用，便衣队仍然进攻可取胜，防守有保障，给养有来源。

便衣队作为党、政、军三位一体的武装工作队，在党组织的领导和主力红军的支持下，紧紧依靠人民群众，有力地配合了红二十八军开展了艰苦卓绝的三年游击战争，成为坚持斗争的一支重要力量。这种主力红军、地方部队、便衣队三结合的人民游击战争模式，值得我们好好研究和借鉴。

（四）徐向前、曾中生的独特贡献

鄂豫皖边区的红军将领很多，他们都为鄂豫皖革命根据地的发展壮大作出了巨大贡献。在诸多将帅中，本部分选取徐向前、曾中生来叙述，因为这两人是大别山将帅的杰出代表，具有典型意义。

1.徐向前的经历和独特贡献

徐向前元帅是杰出的、忠诚的共产主义战士，伟大的无产阶级革命家、军事家，中国人民解放军的缔造者之一，长期担任党、国家和军队重要领导职务的卓越领导人。[①]1929年6月，徐向前受中央派遣，进入鄂豫皖根据地，先后任中国工农红军第三十一师副师长，红一军副军长兼第一师师长。1931年起历任红四军参谋长、红四军军长、红四方面军总指挥。他指挥了鄂豫皖根据地四次反“围剿”，以精深的军事思想、优良的战斗作风、丰富的战略战术，造就了众多的良将精兵，是红军部队中擅长打大仗硬仗恶仗、战绩最辉煌的一方统帅。概括起来，徐向前在鄂豫皖时期的贡献有以下几条：

第一，制定了正确的游击战术原则。刚到鄂豫皖根据地，徐向前就指挥部队粉碎了敌人发动的三次“会剿”。在异常频繁、艰苦的战斗中，他经受了战火的考验，增长了灵活运用游击战术克敌制胜的本领。这些战术就是徐向前、戴克敏等总结出的七条原则（前文已述）。戴克敏还提出游击队员的“八会”：会跑、会打、会散、会集、会进、会退、会知、会疑。这些原则被写进了1929年召开的鄂豫边第一次党代表大会通过的《军事问题决议案》。1984年，徐向前在《历史的回顾》中对这一原则又作了阐述和总结。他认为，这些东西，既不是天上掉下来的，也不是人们头脑里固有的，是部队和群众实际斗争经验的总结。斗争形势主要是敌强我弱，形势逼人。弱小的红军要生存下去，关键是避实击虚，避强击弱，消灭敌人，保存自己。对三种敌人要分别对待：对付国民党正规军，主要是打伏击，利用有利的地形条件埋伏好兵力，抓住他们的个把连或排，

① 参见《徐向前年谱》出版前言，解放军出版社2016年版。本专题着重叙述徐向前在鄂豫皖根据地的贡献，适当兼顾川陕根据地的贡献。后文对曾中生的叙述也是如此。

突袭一下，打完就走，瞅准机会再打；对付地主民团，主要是夜间奔袭、白昼伏击，一般是选些孤立的民团据点，夜间发起攻击，打得他们措手不及，速战速决，天亮前解决战斗；对付红枪会的乌合之众，则发动群众搞掉他们，为我所用。他强调说，红军人少武器少，打大仗不行，要靠多打胜仗取胜，积小胜为大胜，不能一口吃成胖子，在哲学上，这叫作主客观条件的统一问题。

第二，培养了红四方面军的战斗作风。徐向前将它概括为："狠、硬、快、猛、活"。这五个方面相互联系，形成红四方面军的优良传统，在历次战役中显示了强大威力。"狠"，就是部队作战一不为钱，二不为官，有敌无我，有我无敌，一心一意消灭敌人；"硬"，就是部队敢于打硬仗，打恶仗，特别是在艰险危急的形势下，能够硬着头皮顶住，坚持最后五分钟；"快"，就是部队不论行军转移或战役战斗，均保持果决神速的特点，善于以快制敌；"猛"，就是部队进攻时猛打猛冲，迂回包抄时猛进猛插，追歼逃敌时猛打猛追；"活"，就是部队有极大的灵活机动性，善于利用客观有利条件和敌人的矛盾，避实击虚，出其不意，各个击破。后来，红四方面军制定了"智勇坚定，排难创新，团结奋斗，不胜不休"的十六字军训，进一步体现了红四方面军的优良传统和作风。作为领导这支英雄部队的主要负责人，徐向前对部队作风的培养起了很大的作用。

第三，在战术上重视敌人，创造了一些独特的战术。如诱敌深入，飘忽制敌[①]，徐向前对鄂豫皖苏区第一次反"围剿"作了总结，认为反"围剿"也分两个阶段，即战略防御与战略反攻阶段，都是以运动战为主要方式。我们的防御，是运动中的防御；我们的进攻，是运动中的进攻。有进有退，有攻有防，忽东忽西，忽南忽北，这

① 此为徐向前的回忆，收入《徐向前军事文选》时加了《诱敌深入，飘忽制敌》的标题，见徐向前：《徐向前军事文选》，解放军出版社1993年版，第323—325页。

种战法叫“飘忽战略”，即在运动中歼灭敌人。“打得赢就打，打不赢就走”，不过是一种初级的非正规的运动作战的形式罢了。红军能够用运动战歼敌，有三个方面原因：一是红军是从游击战起家的；二是红军觉悟高，肯吃苦，服从命令听指挥，战斗作风过硬；三是无论内线作战或外线进攻，都有根据地广大群众的积极支持、配合、掩护。又如红军在第三次反“围剿”中取得了大胜，徐向前认为，黄安、商潢、苏家埠三大战役，红军采取的主要战术手段是围点打援。他在回忆录中说，为什么搞围点打援？情势所迫，逼出来的嘛！我们要执行外线进攻的方针，但兵力少，装备差，“乞丐和龙王比宝”，比不起。敌有优势装备，我们缺乏。我们的装备很落后，没有大炮，炸药很少；手榴弹有些，大都是土造的马尾手榴弹，杀伤力很小，扔到树上都掉不下来。敌人深沟高垒，凭坚固守，像黄安、商城、苏家埠的城墙，又高又厚，还有吊桥、城壕、栅门、炮楼、城垛子，防得严严实实，像铁桶一般。我们缺乏进攻的火器，攻得动吗？如果硬叫部队去爬城，那得死多少人。硬攻不行，就动脑筋，想办法，办法是“围点打援”①，野战歼敌。我军的装备虽然差，攻城力量不足，然而，却长于运动，长于野战。于是依托根据地先用小部兵力把突出、孤立的敌据点围住，死死围上若干天，敌粮断炊断，自然告急求援。估计敌援兵从哪个方向来，我主力部队便预先选好战场，利用有利地形，构筑工事，以逸待劳。敌援兵开来，运动在野外，立足未稳，正好给我以歼敌之机。消灭了援军，守敌人心惶恐，不战自乱，我军可趁势解决点上的敌人。事实证明，“围点打援”乃扬己之长、避己之短的重要战法，运用得当，能收以弱胜

① 徐向前关于围点打援的论述和思考，首先见于他的回忆，收入《徐向前军事文选》时加了《围点打援，外线歼敌》的标题，见徐向前：《徐向前军事文选》，解放军出版社1993年版，第328—329页。

强、以少胜多之效。他还进一步分析说，即使是打援，也不是敌人一来我们就攻，而是让敌人先攻我们，待其疲惫不堪，攻势到了“再而衰，三而竭”的时候，我们集中主力和预备队出击，把敌人包抄分割，彻底摧垮。

总之，徐向前在鄂豫皖地区的革命实践经验和理论著述，丰富了毛泽东军事思想的宝库，是学习党史军史的好教材。

2. 曾中生的经历和独特贡献

曾中生，湖南兴宁（今资兴）人，1924年入黄埔军校第四期学习，1925年加入中国共产党，1930年11月受党中央派遣，到鄂豫皖苏区担任中共鄂豫皖特委书记和军事委员会主席。从此，曾中生战斗在鄂豫皖地区，紧紧依靠党组织和人民群众，书写了自己军事生涯的辉煌一页。1935年8月，由于反对张国焘军阀主义、分裂主义，曾中生被张国焘秘密杀害，年仅35岁。1945年，中共中央在七大上为曾中生平反昭雪。1989年11月，曾中生被中央军委确定为军事家。他是共和国36位军事家中开始军事生涯较早的一位，也是军史论著较丰富的一位。概括起来，曾中生在鄂豫皖时期的贡献有以下几点：

第一，领导鄂豫皖军民粉碎了敌人的第一、第二次“围剿”。曾中生到来时，正值敌人发动“围剿”。据徐向前在《历史的回顾》中说，曾中生采取了以下反“围剿”措施：一是召开紧急会议，确定反“围剿”的方针和部署；二是妥善解决了群众跑反的问题；三是纠正了主张军队开展分散游击战或离开根据地的错误意见。曾中生等人纠正了“左”倾机会主义的错误，发扬红军英勇奋战的光荣传统，取得了很大的胜利，并将边区的各项建设向前推进了一步。当时的红四军军长旷继勋在1931年给中央的报告中，充分肯定了鄂豫皖特委和红军的革命功绩，说“中生同志在此，实际工作中的确有大踏步的进展”[1]。

第二，忍辱负重，为党工作。由于反对张国焘的军阀作风、个人主义、错误肃反，曾中生被撤销了红四军的领导职务。但他是一个真正的共产党员，从不计较个人得失。对此，徐向前评价道：“他又是一个能够经得起打击迫害和忍辱负重的人。我记得鄂豫皖时期，因南下之争，被王明一伙和张国焘批得够呛，罢掉了他的分局军委副主席和红四军政委的职务，分配去地方武装黄安独立师当师长。他那时身患肺病，咳得厉害，体质很虚弱。面对政治打击和疾病的折磨，他毫无颓丧、失望情绪，夜以继日地工作，从而很快使该师发展成为战斗力甚强的一支地方武装力量，反第四次‘围剿’时，起到了主力军的作用。七里坪恶战，他指挥在前，脚负重伤后，躺在担架上随军转战到川北。在川陕边根据地，他不顾张国焘的继续打击（明的或暗的），一心扑在根据地和红军建设上。”[2]

第三，系统总结克敌制胜的战略战术原则。难能可贵的是，在受打击的情况下，曾中生以自己的亲身经历和无数次战争的实践，系统地研究和总结了红军克敌制胜的一整套战略战术原则，在人民军队的发展史上留下了光辉的一页。1933年8月，他写下《游击战争要诀》一文，发表在红四方面军的军事性刊物《干部必读》上。文章分三个部分：第一，游击战争总结。指出什么是游击战争，游击战争的性质和任务、具体条件，游击队员应有的技能以及游击战争网的布置，阐明了游击战术与群众工作的关系。第二，游击战的通则。其中就如何进攻敌人、为什么不攻坚、为什么不打硬仗、为什么敌情不明不打、与群众组织如何配合、袭击敌人的方法以及如何发动群众骚扰敌人、打圈子对付敌人、脱离危境、声东击西、埋

①《旷继勋关于接受中央指示反对立三路线给中共中央的报告》，1931年4月15日。

② 徐向前：《历史的回顾》，人民出版社2016年版，第181页。

伏掩击、中途狙击、坚壁清野、破坏敌人后方、夜间行动、肃清地方反动分子等方面总结16条原则。第三，游击战术。围绕“敌退我进、敌驻我扰、敌疲我打、敌退我追”的十六字方针，详细解释了阻敌、迷敌、饿敌、疲敌、欺敌、截敌、袭敌、捕敌、毒敌、诈敌等要领，还介绍了消灭敌人的8种方法，即掩击、伏兵、包围夜袭、行动要秘密、敌情要明了、地形道路要熟悉、侦察要细心、攻击精神要特别提高。这篇军事论著论述了游击战争的各个方面，是一部指导游击战争的百科全书。

在曾中生的军事理论中，最耀眼的明珠当属他在囹圄之中所写的《与“剿赤军”作战要诀》①。这篇军事论著长达3万多字，内容涉及中国革命战争战略和战术的各个方面，包括纲要、红军与白军在军事上的对比、红军一般应注意之原则、行军应注意之事项、驻军应注意之事项、战斗搜索应注意之事项、与“剿赤军”作战之要领、特种地形作战要点、夜间作战的要点、几个附带注意的问题等十个部分。在这些基础上，根据敌人采取的十种“围剿”战法，曾中生找出其弱点，系统总结了十种反“围剿”的战法：内线作战，各个击破；专击敌人联络点；前进包围，后退包围；专于抄袭迂回；声东击西，避实就虚，以飘忽行动击敌要点；围点打援；诱敌深入，集中力量而歼灭之；布置大的游击战网；尽力发挥夜间作战；突出外线攻击。纵观全书，可以看出曾中生以下军事思想：

关于中国革命战争的规律和特点。书中认为，“阶级斗争，为被压迫阶级反对压迫阶级必然采用的手段”，“红军主旨，即在于完成

---

①《与“剿赤军”作战要诀》系单行油印小册子，曾印刷过三次。第一次为西北革命军事委员会印（1933年10月2日），第二次为西北军区政治部翻印（1934年3月24日），第三次为红九军政治部翻印（1934年5月8日），见四川大学等编：《川陕革命根据地历史文献选编》上，四川人民出版社1979年版，第259—301页。

阶级战争的任务”，反“围剿”已成为时代的特种战术。中国被压迫阶级的民族解放运动，应将自己的战斗经验与教训，与一般战术的要旨，敌人对付我们的各种手段，有系统地练成反“围剿”的全国军事艺术，以迅速进到根本消灭“围剿”的胜利阶段。他进一步指出，战胜的条件，在于综合有形的无形的各种战斗要素。红军战胜的原因，除了有共产党的坚强领导和广大群众拥护外，还必须有精密的训练、严肃的军纪、必胜的信心、攻击的精神，才能取得胜利。

详尽地分析了敌强我弱的特点，强调要发挥红军的优势。书中指出“红军的数量在目前较白军当然为少”，“武器不及白军”，“白军常得到帝国主义的帮助”，但这不是决定因素。红军是有主义的军队，是唯一的革命者共产党所领导的，是反帝国主义及国民党军阀和实行土地革命建立苏维埃政权的军队，代表了人民的根本利益，所以能够“越战越胜，越胜越多，越多越坚”。他提出了15个红军的优点以及与之相对应的白军的缺点，指出白军有十大无法解决的矛盾，最后得出结论：“红军与白军比较，在任何一点，红军均有消灭白军的可能。”

关于人民战争的思想。书中指出，“红军是劳苦工农谋解放的军队，是为群众利益而奋斗而服务的，故能处处得到广大群众力量的帮助与拥护”。为此，在战争中“处处要求得群众斗争力量的配合”，“要充分发挥地方武装的作用，和经常布置很活跃的游击战争网”，还要注意“白区群众斗争的发展与军事阴谋的布置”。只有这样，才能使敌人四面受敌，处于人民战争的汪洋大海之中。

关于集中优势兵力，各个歼灭敌人的作战原则。在与“剿赤军”作战的一般原则第六条中，要求“彻底集中我必胜的兵力于敌人一面之要点，而发挥其战斗力”，“必要时，当不为任何敌之牵制而贻误自己主要任务”；“极忌不断的分割使用兵力，这样必然增加自己的损失，甚至陷入全军危险之境，而不能遂行其集中主力消灭敌人的任务”。在对付敌人“分进合击”战法时指出：“必须集中最大兵力，迅速果断，坚决先机，彻底消灭一路，使敌他路不敢妄进。”

根据敌人采取的战术，提出红军的十种战法。如敌人四面围攻，红军以内线作战法，集中主力，攻击一点，没有不消灭的道理；敌人采用重层配备，活动“搜剿”的方法，红军可采用大的迂回与包抄的战法，从敌后面侧面攻击；敌人采取持久战法，红军是不怕的，“就一般的意义上说，我们与敌人是作长期的艰苦的到底不懈的斗争，这自然是一种持久战的性质；而且必须有这种持久的准备才能战胜一切敌人”；敌人迫使红军脱离苏区作战，“红军作战必须有苏区根据地的依托，是不能轻易放弃苏区根据地的”，“但当着敌人的力量的压迫，使我主力非离开苏区不可的时候，则我们必须有突出外线的行动计划”。这十种战法不拘一格，因地制宜，有很大的可操作性，因而为红军所接受。

提出了关于特种地形如山地战、河川战、森林与居民地战法，要求根据特种地形因时因地进行；提出了夜间作战的要点，“其一般的要旨，在于沉着、勇敢迅速、肃静，不发声响，不误方向，联络切实和能完全掌握部队”。书中还就红军的指挥、训练、组织、侦探、攻坚与持久、小部队活动、游击战术、特种兵编制、全国红军行动的联络等问题提出了自己的看法。在书的最后，曾中生高瞻远瞩地说：“目前应将帝国主义进攻中国革命的军事计划，与日本此次进攻的行动和现代战术各种新材料，与我军历年战斗的经验，作有计划的搜集与编纂，同时在这种材料基础上，多多准备与帝国主义作战所必需的计划与训练等等。”

曾中生的军事著作，是他经过长期的积累、吸收了古今中外军事斗争的经验而总结出来的系统性的比较成熟的理论，高屋建瓴，博大精深，涉及中国革命战争几乎所有的基本范畴，是一部价值极高的军事著作，也是一份留给我们的重要的军事遗产。正如他在前言中所说："这本小册子编者的根据，是依靠着近代战斗纲要和敌人目前的军事材料以及我们自己一部分的战斗经验。因为革命飞快的发展，红军迫切的需要，所以没有经过详细的校正，即呈现于英勇战斗的同志们之前。"[①]张国焘也不得不承认，"本书甚有价值，红军干部应人人手执一本"[②]。这部著作被翻印三次，后来被带到延安，为毛泽东系统总结中国革命战争的战略问题提供了丰富的素材。

①《川陕革命根据地历史文献选编》上，四川人民出版社1979年版，第259页。

② 此为张国焘的批注，印在小册子的扉页上，时间为1933年9月15日。

第七章　勇于牺牲　甘于奉献

牺牲奉献精神指的是个人怀着崇高的责任感，为了维护和保全社会整体利益或他人利益，自觉地舍弃、牺牲个人利益的高尚品质和崇高境界。“人总是要死的，但死的意义有不同……要奋斗就会有牺牲，死人的事是经常发生的。但是我们想到人民的利益，想到大多数人民的痛苦，我们为人民而死，就是死得其所。”[①]1944年，毛泽东在中央警备团战士张思德的追悼会上说的这段话，对死的意义和价值作了精辟、准确的阐释，也是对中国共产党人牺牲、奉献精神的绝妙注脚。

“我们共产党人讲奉献，就要有一颗为党为人民矢志奋斗的心，有了这颗心，就会‘痛并快乐着’，再怎么艰苦也是美的、再怎么付

①《毛泽东选集》(第三卷)，人民出版社1991年版，第1004—1005页。

出也是甜的，就不会患得患失。这才是符合党和人民要求的大奉献。”[①]习近平总书记不仅论述了奉献，更强调了新时代要学习和践行奉献精神。

“黄安有个赵赐吾，革命坚决胆子粗。土豪见了吓得哭，白军见了直叫苦。”歌谣中传唱的革命烈士赵赐吾曾说，革命就是一场你死我活的斗争，没有个人的牺牲就不能夺取革命的胜利！

“小小黄安，人人好汉（称赞）；铜锣一响，四十八万；男将打仗，女将送饭。”[②]这首歌谣用最形象、最质朴的语言诠释了大别山人民的牺牲奉献精神。“黄安”仅仅是大别山地区的一个代表，“男将打仗”中的“男”应该是指为了民族独立、人民解放同一切反对和阻碍这项伟大事业作斗争的人们，不仅仅是指男性，也包括女性，红军中就有女性，特别是金刚台上的“妇女排”。1934年11月，主力红军奉命长征，部队撤离鄂豫皖根据地后，留下的妇女干部、原红军医院部分护士、红军家属等共40多人组成“妇女排”。在敌人不断上金刚台“清剿”、山上缺衣少粮的情况下，“妇女排”的同志依托金刚台，与敌人开展游击战争。“女将送饭”中的“女”应该是除了参与前线作战外的一切人民群众。“打仗”应包含参军和战斗，只有建立革命队伍才能打仗。“送饭”应该是为作战提供一切保障。苏家埠战役呈现出2万多名红军作战、2万名多群众支援的人民战争的壮观景象，就是“男将打仗，女将送饭”的情景再现。大别山地区人民踊跃参军打仗，倾其所有，奉献自己的一切，为中国革命胜利作出了巨大的牺牲和贡献。表7–1是鄂豫皖各县牺牲的革命烈士人数统计情况。

---

① 中共中央纪律检查委员会、中共中央文献研究室编：《习近平关于党风廉政建设和反腐败斗争论述摘编》，中国方正出版社、中央文献出版社2015年版，第144—145页。

② 郛家能主编：《红安精神代代传》，海潮出版社2006年版，第254页。

表 7-1　鄂豫皖各县牺牲的革命烈士人数统计

县　名	牺牲人数/人	县　名	牺牲人数/人
信阳	3071	罗山	1007
光山	2349	商城	5350
广水	242	大悟	7456
新县	11057	麻城	6282
红安	22552	黄陂	1204
孝感	4953	浠水	1075
黄冈	4178	武穴	2307
蕲春	2508	寿县	565
霍邱	1372	固始	1837
潢川	521	六安	11839
金寨	11000	舒城	937
霍山	2931	英山	2000
罗田	962	潜山	780
太湖	368		

一、为人民牺牲一切

五四运动后，大别山地区爆发农民武装起义，革命运动蓬勃发展，逐渐形成了红四方面军、红二十五军、红二十八军三支主力红军和新四军四支队、五师。在这些革命部队建立、发展、壮大的同时，英雄的大别山儿女不断遭受敌人的“会剿”“围剿”“清剿”，导致红四方面军撤出，红二十五军北上长征、中原突围和刘邓大军主力撤出。敌人疯狂“围剿”大别山，以致一些地方成为无人区，大别山地区基本的生产和生活资料遭到严重破坏，部队和人民群众大量伤亡。

据统计，新中国成立前，为了民族独立和人民解放，大别山地区有200多万人参加革命部队，100多万人牺牲，这铸就了大别山精神的内核——牺牲奉献精神。可以说，牺牲奉献精神的形成史，是大别山地区部队的建立、发展史，也是大别山地区人民与部队合力同国民党、日伪顽作战的斗争史，更是不断追求民族独立和人民解放的奋斗史。

（一）踊跃参军

五四运动之后，马克思主义在大别山地区传播，社会主义青年团和中共党组织开始建立，并发动和领导工人、农民和学生开展革命运动。尤其是八七会议后，湖北、河南、安徽等省的党组织发动农民武装暴动，在暴动中建立革命队伍，同国民党军队和地方反动武装进行战斗。

从黄麻起义成立红三十一师起，在大别山地区先后走出了多支人民军队，为民族独立和人民解放作出了巨大贡献（见表7–2）。

表7–2　大别山地区诞生的人民军队一览表

番　号	时　间	地　点	主要领导人	人数/人	备　注
红三十一师	1928.07	光山木兰山	吴光浩 戴克敏	120	该部队为鄂东军，1928年1月改为工农革命军第七军，1928年7月改为红三十一师
红三十二师	1929.05	商南斑竹园	周维炯 徐其虚	200	—
红三十三师	1930.01	霍山流波䃥	徐百川 姜镜堂	200	—

续 表

番　号	时　间	地　点	主要领导人	人数/人	备　注
红三十四师	1930.04	潜山请水寨	王效亭 陈履谦	200	—
红一军	1930.04	黄安箭厂河	许继慎 曹大骏	2100	由红三十一师、三十二师、三十三师和一个独立旅组成
红十五军	1930.10	黄梅考田镇	蔡申熙 陈　奇	2000	由红八军第四、第五纵队组成
红四军	1931.01	麻城福田河	旷继勋 余笃三	12500	由红一军与红十五军合编而成
红二十五军	1931.10	六安麻埠	旷继勋 王平章	—	红二十五军经过几次重建，1934 年 11 月长征，人数为3000人
红四方面军	1931.11	黄安七里坪	徐向前 陈昌浩	30000	由红四军和红二十五军改编而成
红二十七军	1932.10	英山土门潭	刘士奇 郭述申	4500	—
红二十八军	1933.02	太湖凉亭坳	高敬亭	1000	红二十八军曾三次重建，两次都并入红二十五军，这是第三次，也是最有影响力的一次
新四军 第四支队	1937.10	黄安七里坪	高敬亭	3100	—
新四军豫鄂 挺进纵队	1940.01	京山八字门	李先念	9500	—
新四军 第五师	1941.05	孝昌大悟山	李先念	15300	主要由豫鄂挺进纵队改编而成

续 表

番 号	时 间	地 点	主要领导人	人数/人	备 注
中原军区部队	1945.10	孝昌大悟山	李先念 王 震 王首道	60000	主要由新四军第五师和王震、王首道率领的八路军三五九旅南下支队组成

以上部队创建和重建的人数处在不断变化之中，中间有减员，但总的趋势是大别山地区的人民积极参军，始终保持革命队伍的发展壮大。究其根本原因，是源于中国共产党一心为民的宗旨。其他具体原因如下：一是早期革命者为了追求信仰，引导和发动周边人民群众参加革命。黄麻起义、商南起义、六霍起义和请水寨暴动就是在中国共产党的领导下由早期革命者发起的。鄂东大崎山地区的火种传播者漆先庭，先后引导亲友共近300人参加革命队伍，绝大部分都为革命献出了宝贵的生命。黄麻起义主要领导人之一戴克敏，全家两代人中有14人参加革命。鄂豫皖革命根据地的创始人之一王树声，家在麻城乘马岗区，这个10多户人家的村庄，有50多人参加红军。还有鄂豫皖革命根据地的创始人之一徐海东，全家族为革命牺牲66人。像戴克敏、王树声、徐海东这样满门忠烈的革命家庭，在大别山地区数不胜数。二是土地革命战争使“农民分得了土地，工人改善了生活，妇女得到了解放，取消了债务，废除了苛捐杂税，土豪杀尽，政权到手，行路也得安心，呼吸感到自由，比较革命以前的生活，已经是两个世界”[①]。

土地革命战争以前，广大穷苦农民年年辛苦劳动，但生活仍然难以为继，甚至无法生存，而土豪劣绅不劳而获，依靠剥削劳动人民，反而享受着悠闲的生活。中国共产党组织发动农民武装暴动，

① 大别山干部学院编:《大别山革命简史》,中共党史出版社2016年版,第100页。

打倒土豪劣绅分田地，使广大的穷苦农民逐渐认识到自己为什么穷。在中国共产党的领导下，通过革命斗争，穷苦农民不仅可以打倒这些高高在上的土豪劣绅，而且还能获得土地，跳出苦海的他们解决了生存问题。而为了自己和更多的穷苦人民能够获得并且长久拥有土地，就必须参加共产党领导的革命队伍，就必须支援红军同国民党反动政府斗争，建立人民群众自己的红色政权，把自己的命运与共产党、苏维埃政府和工农红军紧密联系在一起。生活在水深火热里的人民群众在斗争中深刻体验和认识到这一点，便坚定了同一切反动派斗争到底的信心和决心，义无反顾、前赴后继。正如徐向前在《历史的回顾》中总结道，“红军的力量在于民众之中”，“红军有了群众的支持，如鱼得水，任我驰骋，这是弱小的红军能够生存、发展、克敌制胜的根本原因”①。

商城县五区土改后，一次就有300多名赤卫军、少先队员参加了红军。1931年6月，商城县赤卫军共编5个团，大都是得到土地的农民。仅1931年下半年，光山县农民参加红军达3430人，相当于一个师。

在一次又一次的参军参战热潮中，各地出现了父送子、妻送郎的动人情景。新县籍将军吴华夺年仅12岁就随父参加红军，留下了《我跟父亲当红军》的佳话；光山县阮洼村的阮玉青与马行政刚刚结婚3天，就送丈夫参加红军，留下了《送郎当红军》的革命歌谣。勇于牺牲、甘于奉献的大别山精神，最初就是在土地革命战争时期形成，随后逐渐发扬光大的。

正是由于大别山革命根据地的人民积极参军，才确保了主力红军和地方武装力量不断发展壮大。

---

① 徐向前：《徐向前回忆录》，解放军出版社2007年版，第64页。

（二）持续战斗

自武装暴动到新中国建立，大别山地区的革命斗争就没有停止过。黄麻起义胜利后，部队不断遭到国民党军队的袭击和进攻，先后被迫转移到黄陂县木兰山和光山县南部柴山保一带。1929年6月下旬至10月中旬，红军遭到国民党军队的三次“会剿”。1930年冬至1931年夏，鄂豫皖根据地先后遭到国民党军队两次“围剿”。

第一次“围剿”从1930年11月开始。12月上旬，国民党当局调集兵力10万多人对根据地进行四面“围剿”，同时烧杀奸淫劫掠，造成罗山、光山、黄安、麻城地区数以万计的群众“跑反”。1930年12月至1931年1月，红一军、红十五军在中共中央领导下，集中兵力进行运动战，鄂豫皖边区临时特委领导地方武装、群众武装，广泛深入发动群众，支援配合主力红军作战。经过一个多月英勇顽强的战斗，先后歼敌4个团另4个营，溃敌4个团另1个营，还消灭了大量反动民团和国民党正规军小股部队，总计毙、伤、俘敌5000余人，缴枪近3000支。

第一次反“围剿”胜利后，国民党当局又于1931年3月中旬部署发动第二次“围剿”，兵力增加到10多个师，十二三万人，采用“追剿并施”的方法，限令在5月底前完全肃清鄂豫皖边区的红军。经过一个多月的反“围剿”作战，红四军主力东、西两线往返机动，北、南两线避实击虚，先后歼敌5000人，再次取得了第二次反“围剿”胜利。

1931年9月至11月，蒋介石又先后调集15个师以上的兵力分别部署在鄂东、豫东南和皖西，发动对鄂豫皖根据地的第三次“围剿”。

1931年11月至1932年6月，红四方面军实行外线进攻作战的方针，先后发起黄安、商（城）潢（川）、苏家埠、潢（川）光（山）4次战役，共歼敌约6万人，使得国民党军队对鄂豫皖根据地的第三次“围剿”未及发动，即宣告流产。

1932年7月14日，蒋介石调动24个师又6个旅约30万人，发动对鄂豫皖根据地的第四次“围剿”，从东西两向夹击，“穷追硬堵”，企图一举歼灭红四方面军。从7月至10月，红四方面军和苏区人民群众共同开展了空前激烈的第四次反“围剿”斗争，歼敌1万多人。

1932年10月中旬，红四方面军主力战略转移后，敌军仍纠集20万兵力和大量地方反动武装力量，继续“清剿”鄂豫皖苏区。1932年12月中旬，蒋介石下令对鄂豫皖苏区进行大规模的划区“清剿”，国民党集中13个师在清剿区内部署“驻剿”和“进剿”，限令在1933年1月底“完全肃清”红军和地方武装。红二十五军在围攻七里坪时，部队减员6000多人。

1933年5月初，蒋介石又部署了14个师和4个独立旅，共计82个团10万余兵力，对鄂豫皖根据地发动第五次“围剿”，以潢麻公路为界划东西两区，计划自西向东进行分区“清剿”。1933年8月底，红二十五军减员1500多人。

1934年2月，蒋介石自任鄂豫皖三省“剿匪”总司令，重新调整第五次“围剿”的部署。到4月中旬，国民党投入大别山区的兵力已达16个师又4个独立旅，计80多个团。敌人在“血洗大别山”“铲除干净、绝尽根苗”等口号的引领下，对苏区实行灭绝人性的烧杀抢掠。凡国民党军队所到之处，火光冲天，村落为墟，尸骨遍野，人烟断绝，田园荒芜，满目疮痍。敌人在对根据地“清乡”时实行杀光、抢光、烧光的“三光”政策，野蛮地屠杀苏区群众。

在豫东南地区的许多地方，国民党军队动辄一次屠杀群众千人以上，制造了骇人听闻的“万人坑”“寡妇冲”“无人区”。尤其是老根据地的光（山）、商（城）、罗（田）、固（始）等地，受到的摧残更为严重。敌人在天台山平头岭一次就屠杀革命群众2000多人；在泗店、田铺一带方圆六七十里的地方，烧毁村庄891个，杀害群众24825人，抢走耕牛14180头；在箭厂河地区连续烧杀数月，屠杀、活埋、饿死群众5321人，强迫移民6808人，贩卖青年妇女534人，烧毁房屋6840间，53个村庄被夷为平地；在光山县中部杀害干部、群众12433人，烧毁村庄439个，房屋12325间；在商城南部枪杀、活埋共产党员、干部和群众共5600多人；在金寨一带用汽车运走2000多名青年妇女贩卖到外地。①

国民党反动派极其野蛮、残暴地摧残和破坏着革命根据地，同时也不断加强在占领区的反革命统治，以军事和政治相辅的反动手段，对光、罗、商、黄、麻（城）等中心根据地实行封锁控制。国民党军队每占领一地，就让地主豪绅返乡，恢复地方反动基层政权组织“还乡团”“铲共义勇队”，到处搜捕共产党员和苏维埃干部，迫害红军家属，逼迫群众“插白旗”，实行反革命复辟倒算，并强制推行保甲制度，实行封建的株连法规定：五家连座，相互监视，一家通共，五家同罪。

红二十五军长征后，国民党军队开始向革命根据地腹地发动进攻，妄图消灭留下来坚持斗争的红军和游击队。他们采取碉堡围困、经济封锁、移民并村、保甲连坐、大肆烧杀等最残酷、最毒辣的手段，实行反复“清剿”，所剿之处一片废墟，新坟叠叠。

赤城县苏维埃政府所在地熊家河遭洗劫后十室九空，荒无人烟；商城反动民团头目顾敬之，每到一处就大喊要开人肉铺子，在汤家汇周围百余里，杀害红军伤病员、军属和群众1万多人；刘镇华第

① 参见中共河南省委党史研究室、中共安徽省委党史研究室编:《鄂豫皖革命根据地史》,安徽人民出版社1998年版,第523页。

六十四师大肆屠杀共产党员和革命群众，为向上级报功领赏，割下死难者耳朵达7担之多；敌第十一路军在立煌县（今金寨县）柳树庄，挖了一条长达几里的大沟，一夜间活埋苏维埃干部和群众3500余人；在敌人的残酷“清剿”下，以卡房为中心方圆90里的地区变成了“无人区”。面对国民党军队的反复“清剿”和血腥镇压，第三次重建的红二十八军在鄂豫皖地区人民的大力支持下，以不足2000人的兵力，以岳西县鹞落坪游击根据地为中心，转战于鄂豫皖三省45个县，与敌发生大小战斗243次，牵制敌正规军最多时达68个团17万多人，歼敌18个营又15个连和大量反动民团武装，粉碎了敌人的反复“清剿”①。

新四军第四支队在高敬亭的率领下，于1938年4月间东进到舒城、桐城、庐江、无为地区，5月12日，在皖中巢县东南蒋家河口伏击日军，歼敌一部，这是江北新四军取得的首战胜利。6月中旬，日军为西进，打通了安庆到合肥的公路。第四支队在安合公路两侧连续进行了大小数十次的伏击战，给西进的日军以有力的打击和牵制。10月下旬，第四支队先后攻克庐江、无为两县城，共歼灭勾结日军的当地反动武装2800余人，初步打开了这一地区的抗战局面。

新四军五师依靠豫鄂边区人民的大力支援，浴血奋战，先后抗击了15万日军和8万伪军，对敌伪战斗达1260余次，共歼灭日伪军4.3万多人；对顽军的自卫作战878次，毙伤俘顽军和接收起义投诚的顽军共32000多人。在浴血奋战中，新四军五师伤亡1.3万余人②。

抗战胜利后，中原军区的6万余名群众牵制国民党30万多人，并胜利突围。1947年8月，刘邓大军跃进大别山，先后在安徽六安

① 参见中共河南省委党史研究室:《中国共产党在河南八十年》,河南人民出版社2001年版,第44页。

② 参见朱德忠:《猎日大悟山》,湖北人民出版社2015年版,第173页。

东南的张家店战役和湖北广济西北的高山铺战役中，取得歼敌一个整编师师部及三个半旅的胜利。在中原中央局的领导下，至11月下旬，刘邓大军共歼敌3万多人。

随后，国民党政府成立“国防部九江指挥部”，调集33个旅，企图以“总力战”战略对大别山地区的解放军进行围攻。鄂豫、皖西解放区军民坚持内线斗争。

1948年2月，刘邓主力开始北上后，国民党军以数师兵力，首先“扫荡”大别山南部区域的鄂东、皖西，在占领大别山南部大部分地区后，又以第四十八师、第二十八师、第五十八师等部，对大别山北麓的豫南地区进行分区“合围”和重点“清剿”。在国民党的扶植下，反动乡保、土匪武装急剧扩充，鄂豫区境内的反动武装力量最多时达4万多人。在豫南，仅新县乡保武装就由原来的数百人扩充到2000人，固始一县土匪武装即达百余股，约2万多人。商城县反动地方武装由原来的3个自卫大队扩编为4个常备大队，另将原顾敬之的地主武装改编为县预备队，各乡还有若干自卫大队或中队，其总人数在数千人之众。光山县地主恶霸纷纷还乡，组织乡保地主武装，县有县大队，乡有联保队和小保队。那些地主和乡保武装熟悉当地情况，有长期的反共经验，充当国民党的爪牙和耳目，配合国民党军，采用“纵横扫荡”“反复合击”“捕捉奇袭”等方法，打击革命区域的县、区武装，捕杀地方干部，破坏地方政权和各群众组织，残害干部家属及革命群众，搜寻埋藏的物资，手段狡猾而凶残。

在敌人的血腥镇压下，鄂东罗田、黄冈等县农会组织几乎被摧垮，太湖县新建立的乡、村政权损失90%以上，礼山县东部禹王城和新县浒湾、箭厂河一带十室九空，黄安县北部、麻城县东部等地很快沦为“无人区”。鄂豫四分区的武装力量损失一半，干部损失四分之一，鄂豫军区部队共损失5000人，革命力量遭到重创。

二、为人民倾其所有

新民主主义革命时期，革命队伍在斗争中取得一系列胜利并不断壮大，除了得益于大别山地区的劳苦大众积极参军外，也得益于“女将送饭”。陈锡联深情写道：“大别山广大人民群众，给了我们很大支援，除供应军队粮食、柴草外，还协助部队作战，当向导，送情报。特别是在救护工作上，帮助部队抢救伤病员，把一些经治疗、包扎后的重伤病员，隐藏在自己的家中或山上，他们采药送饭，送衣送被。当敌军‘清剿’时，又想尽一切办法，积极保护伤病员，充分体现了军民骨肉之情。”①提供粮草、协助作战、当向导、送情报、抢救伤病员就是“送饭”的主要内容。

黄安战役时，为了支援红军“围城打援”，黄安及周围各县的独立师团、赤卫队纷纷参战，由数万群众组成的担架队、运输队、救护队、送饭队、洗衣队则不分昼夜地为红军进行战地服务。各地捐献的粮食（仅光山县就捐送大米18.5万公斤）源源不断地送到前线战场上。苏家埠战役时，六安及周围各县都全力支援红军作战，“要人有人，要粮有粮”。在大量地方武装直接参战的同时，战役所在地六安、霍山两县一方面组织1万多名群众奔赴战场，为红军战斗部队进行战地服务，另一方面组织1万多名群众从战场外运输粮食、副食品和柴草等，使红军战斗部队始终保持旺盛的战斗力。这些都是“女将送饭”的真实写照。

大别山地区的人民倾其所有，保障革命顺利进行并取得胜利，

① 陈忠贞主编:《皖西革命回忆录 第三部 解放战争时期》,安徽人民出版社1991年版,第101页。

留下的材料虽不多，但从渡江战役资料中大别山地区人民支援前线的统计数据中可见一斑。在渡江战役期间，大别山革命老区人民克服种种困难，全力以赴。据不完全统计，黄冈地区供应了12000多万斤粮食、7000多万斤柴草、1000多万斤食盐；黄梅县组织了700多只船渡江；广济县组织大批手工艺人，在一二十天内赶制了300多只小船；黄冈县组织了320多只船入江，还组织了560多只船在内湖运送粮草；蕲春县组织入江的船只也有200多只。①

信阳地区新县、商城、固始、息县、信阳县等5个县共计动员民工486458人次。全区共计筹粮约3657万余斤、柴草5927万余斤，修筑公路（不包括罗山县在内）达1245里，修建大中型桥梁（不含罗山县在内）222座。另据有关资料统计，潢川一县（不含当时白雀县所辖区）计筹粮550万斤、柴草1300万斤、银元4万元、食油6万斤、食盐2万斤、军鞋5万余双，并先后支援担架314副、各种车辆238辆、渡船80只、修桥6座，修复信潢、潢新公路数十里，投入民工数万人次。

新县动员修桥补路、抬担架、运输物资的民工达12.4万人次，征收备粮130.8万斤，直接供给南下过境大军粮食475万斤，同时还筹集了大批款项及其他物资。②

六安地区，寿县、六合、霍山、舒城四县及六安市参加常备担架队和运输队的共12700人，其服务期限一般为6个月。临时运输队则由地方行政机关根据任务需要随时调用，仅舒城县临时民工就出工91万多个工作日。三个月内仅舒城、六合、霍邱三县和六安、三

① 参见中共黄冈市委党史办公室编：《中国共产党黄冈历史　第一卷（1922—1949）》，中共党史出版社2013年版，第419页。

② 参见中共信阳市委党史研究室：《中国共产党信阳历史　第一卷（1919—1949）》，河南人民出版社2015年版，第400页。

河西市就筹措渡江粮5559万多斤，完成筹集渡江款1007.6万多元。舒城、霍邱两县及三河市支援食油6.2万多斤、食盐近20万斤、军鞋近5万双。霍山县支援毛竹约50万根。霍邱县在支前期间修路450多里、建立汽车站10多座、修桥25座、架桥4座、组织民船300多只。寿县赶修窑口集大桥，并于3月5日前完成。六安市修公路20里，修桥梁8座。①

安庆地区参战船工水手1.5万人，动员民工51.3万人，抢修公路760余里，抢修桥梁287余座，提供大米22万余担、军鞋24万双、肉食16.8万斤、柴草520万斤、食盐19.3万斤、油13.9万斤，支援木船6100余只、雨具4万件、挑子87088担、担架10152副、小车1736辆。②

大别山地区人民除了为部队提供各种保障外，不惜牺牲自己和亲人的生命。黄冈漆先庭的岳母刘大婆，被漆先庭引上革命道路后，她的家就成了党组织和部队的联络站、红军招待所、地下医院病房。刘大婆曾多次被敌人抓去，敌人用枪托踹、皮鞭抽、浓烟熏、辣椒水灌，逼她交代黄冈地下党和领导人的藏身处，刘大婆宁死不屈，被大家称作“革命的母亲”“红色母亲”。

周大娘为换取王树声及百余群众的生命，牺牲了自己的儿子；怀宁县的郝大妈冒险救伤员；岳西县来榜镇的徐大娘舍子救红军，并且安慰两位被救的红军战士：“孩子，别哭，死一个活两个，值得!”六安叶集的赵赤坪一生为了党的事业，曾7次入狱，6次脱险，最终为了革命事业献出了宝贵的生命。

---

① 参见中共六安地委党史工作委员会编:《皖西革命史》,安徽人民出版社1987年版,第468—469页。

② 参见中共安庆市委宣传部、中共安庆市委党史研究室编:《红色安庆》,中共党史出版社2017年版,第120页。

国民党宿松县政府城厢田粮分处主任徐裴章，热情收留孤身奋战的新四军五师独立第二旅旅长张体学与政治部主任赵辛初。他安排人把守门户，自己闭门不出，整日陪侍，确保万无一失，最后又精心安排，让他们安全回到解放区。太湖县徐桥商人黎立武也是如此，将处境危险的中共鄂皖边区特委书记李丰平和特委委员桂林栖安顿在自家屋内的佛堂夹楼中藏身，躲避了40多天后，带他们找到党的地下联络点。

潜山的“新四军母亲”陈桂珍为伤病员提供吃、喝、住、用，且不辞劳苦地为游击队传递情报、信件，站岗放哨，收藏军械，新四军战士亲切地称她家是“地下联络站”“后方医院”。在艰苦的岁月中，她家多次受到敌人的搜查，即便家人惨遭毒打，她仍然对新四军伤病员说：“我们再苦，也要把你们调养好。有了你们，穷人才能翻身!”潜山水贵有位老大娘，经常接济来往的游击队员，敌人知道后派兵杀害了她丈夫，烧毁了她家的屋子，但敌人一走，她做的第一件事，就是从还在燃烧的房子里抢出一些大米，用烧塌下来的房子木头生火做了一锅稀饭，给藏在附近山上的两名游击队伤员吃。还有潜山县官庄的沈李氏，为了保护新四军全家遭敌人杀害。

在渡江战役中，宿松县的李恒高带领弟弟李启高和儿子李全开一家驾驶自家船只，横渡泊湖，主动要求编入连队。1949年4月21日19时30分，李恒高一家随渡江突击队第一三〇团第二营第六连进入前沿阵地，接近南岸时，李恒高一家相继壮烈牺牲。

正如戴觉敏所说：“红安革命家庭很多，我们家只是其中一户，还有许多家庭倒灶绝户了。”实际上，不仅是红安，正是有了整个大别山地区千千万万个革命家庭的勇于牺牲、甘于奉献，才有了大别山的解放。段君毅（时任鄂豫解放区党委书记兼军区政委）和刘子厚（时任鄂豫解放区党委副书记兼行署主任）在撰写的纪念文章

《重建鄂豫解放区的斗争》中由衷感叹道："老根据地到底还是老根据地，大别山的老百姓真好。"①

军民合作是大别山牺牲奉献精神形成的基础。革命军队在艰难困苦的环境中为什么能够生存，并在战斗中不断发展壮大？为什么能够打败日本帝国主义和国民党反动派，从而使民族获取独立、人民得到解放？劳苦大众为什么能倾其所有、全身心地支援革命队伍，甚至不惜牺牲自己及全家人的生命？依靠的就是牺牲奉献的精神。革命军队是中国共产党领导下的部队，是人民的子弟兵，这就决定了他们必须遵循"全心全意为人民服务"的宗旨。牺牲奉献精神就是党的宗旨的具体落实，革命队伍用自己的行动告之人们：他们是人民的队伍。劳苦大众也用朴素的发自内心的言行向世人宣告：革命的队伍是人民的武装力量，军民只有相互依存，才能实现共同的理想和目标——民族独立和人民解放。

我们党所建立的第一支革命武装就是工农红军，是一支由无产阶级工人、农民组成的代表人民利益的部队。部队为了使人民能够有口饭吃，能够活下来，为了获取生产和生活资料，被迫同封建地主和国民党反动派进行斗争。抗日战争时期，广大军民誓死不做亡国奴，奋勇抵御外敌，实现民族独立。解放战争时期，为了不再受剥削和压迫，当家做主人，军民一心与国民党反动势力进行顽强斗争。那时的军队在地方上是党政军为一体，这些都决定了军队的出发点和归宿点就是一切为人民。人民军队来源于人民群众，深深懂得、知道人民群众的希望和要求，因为只有为了人民群众，才有人民军队的存在和发展；只有依靠人民军队这支强大的力量，人民才能得到解放，过上幸福生活。正因为军队为人民牺牲奉献，才有了

① 中共北京市委《段君毅纪念文集》编辑组编：《段君毅纪念文集》上，北京出版社2009年版，第420页。

全体人民不顾自己的一切，全力以赴地支援革命队伍。实际上就是人民军队为人民，人民为军队，鱼水一体，和谐相处，齐心协力，为彼此牺牲奉献，最终实现民族独立、人民解放。

三、牺牲奉献精神在数据中的具体体现

革命遗址记录着中国共产党人和中国人民为民族独立和人民解放而英勇奋斗的光荣历史，革命烈士名录是烈士个人重要信息的记载，它们蕴含着中国共产党人和中国人民艰苦奋斗、不屈不挠、一往无前、追求胜利、勇于牺牲和甘于奉献的革命精神，是一笔宝贵的革命历史文化遗产。下文以安徽为代表，从革命遗址、革命烈士名录两个方面进行数据分析，以期加强人们对大别山地区人民牺牲奉献精神的认识。

（一）革命遗址分析

革命遗址主要是指重要的革命历史文化遗址，包括党的重要机构旧址，重要党史人物的故居、旧居、活动地，重要事件、重大战役战斗遗址，具有重要影响的革命烈士事迹的发生地或墓地，能够反映重要历史活动、进程、思想、文化的各种遗迹等。2010年，安徽省、市、县委党史部门按照中共中央党史研究室的要求，对全省遗址进行了普查，其成果结集为《安徽省重要革命遗址通览》，由中共党史出版社出版。现根据《安徽省重要革命遗址通览》（第1册、第13册）进行分析。

1. 安徽省革命遗址数据分析

从表7-3、7-4中可知全省革命遗址3318处，其中属于大别山革命老区的六安市（549处）和安庆市（913处）革命遗址合计1462

处，占全省的44%。尤其是在土地革命战争时期，两市的革命遗址数（分别为314处和263处）占全省总数（931处）的61.98%。正如《安徽省重要革命遗址通览》书中所写：六安市是著名的革命老区，是红军的故乡、将军的摇篮、人民军队的发祥地之一。土地革命战争时期，六安是鄂豫皖革命根据地的重要组成部分，安徽土地革命运动的中心。安庆曾经是安徽省的省会，是中国共产党活动和建立组织较早的地区之一。在党的创立和大革命时期，安庆爆发了六二学潮；土地革命战争时期，安庆地区是主力红军红八军、红十五军、红二十七军、红二十五军战斗地，是红二十八军坚持鄂豫皖三年游击战争的主要战场。这些具体数字体现了大别山地区人民的牺牲奉献精神。

表7-3 安徽省革命遗址地域分布表①

地区	合肥市	亳州市	淮北市	宿州市	阜阳市	蚌埠市	淮南市	滁州市	六安市	巢湖市	芜湖市	马鞍山市	安庆市	池州市	铜陵市	宣城市	黄山市
遗址数/个	109	53	282	85	155	62	74	158	549	162	56	54	913	112	45	256	193
百分比/%	3.3	1.6	8.5	2.6	4.7	1.9	2.2	4.8	16.5	4.9	1.7	1.6	27.5	3.3	1.4	7.7	5.8

① 表中巢湖市现属合肥市(下表中同)。

表7-4 安徽省革命遗址年代分布表

单位：个

地区	党的创立时期	大革命时期	土地革命时期	抗日战争时期	解放战争时期	解放后
合肥市	1	2	29	41	23	13
亳州市	0	0	0	17	18	18
淮北市	6	22	42	68	127	17
宿州市	0	2	15	28	35	5
阜阳市	5	14	38	25	56	17
蚌埠市	3	2	9	23	18	7
淮南市	2	4	23	20	20	5
滁州市	1	1	14	90	27	25
六安市	56	17	314	34	62	66
巢湖市	2	4	23	76	56	1
芜湖市	2	7	11	13	12	11
马鞍山市	0	0	1	41	8	4
安庆市	11	23	263	207	310	99
铜陵市	0	0	52	14	26	20
池州市	0	0	2	25	11	7
宣城市	23	8	52	81	52	40
黄山市	1	1	43	41	42	65

2.安庆市革命遗址数据分析

从表7-3、7-4中还可以看出，安庆的革命遗址是全省最多的，占全省的27.5%，且在各个时期为数较多。为了获取更多信息，现对安庆市革命遗址进行深入分析。

（1）安庆市革命遗址地域分布分析

全市遗址总数1005处（革命遗址913处，其他遗址92处），其中桐城市47处，占全市总数4.7%；怀宁县30处，占全市总数3%；枞阳县76处，占全市总数7.6%；潜山县194处，占全市总数19.3%；岳西县336处，占全市总数33.4%；太湖县116处，占全市总数11.5%；望江县46处，占全市总数4.6%；宿松县123处，占全市总数12.2%；迎江区12处，占全市总数1.2%；大观区16处，占全市总数1.6%；宜秀区9处，占全市总数0.9%（见表7-5）。

表7-5　安庆市革命遗址地域分布表①

地区	桐城市	怀宁县	枞阳县	潜山县	岳西县	太湖县	望江县	宿松县	迎江区	大观区	宜秀区
遗址数/个	47	30	76	194	336	116	46	123	12	16	9
百分比	4.7%	3%	7.6%	19.3%	33.4%	11.5%	4.6%	12.2%	1.2%	1.6%	0.9%

岳西、潜山、宿松和太湖县的革命遗址较为集中，因为这些地区在土地革命战争时期和解放战争时期是党的重要活动区域，1932年鄂豫皖革命根据地建立的26个县级革命政权，含潜山、宿松和太湖3县（当时岳西还未设县）。红二十八军在鄂豫皖坚持三年游击战争转战45县时包括安庆7县。抗日战争时期安庆全市抗击侵华日军。

（2）安庆市革命遗址类别分析

革命遗址中，重要党史（历史）事件和重要机构旧址192处，占全市总数19%；重要党史（历史）事件及人物活动纪念地251处，占全市总数25%；革命领导人（重要人物）故居121处，占全市总数

① 表中枞阳县现属铜陵市。

12%；烈士（重要人物）墓407处，占全市总数40.6%；纪念设施34处，占全市总数3.4%。安庆人民在中国革命的长期斗争中作出了重大牺牲，这次普查列入的烈士墓达407处，还有更多血洒战场的无名烈士没有留下任何遗迹。

（3）安庆市革命遗址保护级别分析

安庆市革命遗址中，国家级文物保护单位2处，如大别山烈士陵园被列入全国重点烈士纪念建筑物保护单位，红二十七军成立遗址——白崖寨被列入全国重点文物保护单位，占全市总数的0.2%；省级文物保护单位13处，占全市总数1.3%；市级文物保护单位17处，占全市总数1.7%；县级文物保护单位74处，占全市总数7.4%；未定级899处，占全市总数89.4%。

（4）安庆市革命遗址利用级别分析

全市革命遗址中，目前没有国家级爱国主义教育基地；省级爱国主义教育基地6处，占全市总数0.6%；市级爱国主义教育基地15处，占全市总数1.5%；县级爱国主义教育基地34处，占全市总数3.4%；未定级950处，占全市总数94.5%。省级爱国主义教育基地有：大别山烈士陵园、红二十八军军政旧址、太湖县烈士陵园、望江渡江烈士陵园、安庆市革命文物陈列馆暨黄镇生平事迹陈列馆、独秀园等。

（5）安庆市革命遗址兴建年代分析

革命遗址中，在党创立前兴建的有7处，占全市总数0.7%；党创立时期兴建4处，占全市总数0.4%；大革命时期兴建23处，占全市总数2.3%；土地革命战争时期兴建355处，占全市总数36.2%；抗日战争时期兴建207处，占全市总数21.2%；解放战争时期兴建310处，占全市总数31.6%；解放后兴建77处，占全市总数7.6%（见表7-6）。

表7-6 安庆市革命遗址兴建年代分布表

单位：个

地区	党创立前兴建	党的创立时期	大革命时期	土地革命时期	抗日战争时期	解放战争时期	解放后兴建
桐城市	1	0	1	5	16	20	3
怀宁县	0	0	1	8	13	6	2
枞阳县	0	0	0	13	29	21	11
潜山县	0	0	1	37	65	79	7
岳西县	0	0	0	212	23	93	8
太湖县	0	0	2	27	19	35	33
望江县	0	0	0	20	9	15	2
宿松县	0	2	14	30	29	35	0
迎江区	3	2	2	0	0	2	3
大观区	3	0	2	3	1	2	4
宜秀区	0	0	0	0	3	2	4

安庆是中国共产党活动和建立组织较早的地区之一。1921年春，安徽社会主义青年团在安庆召开筹备和成立会议。安徽社会主义青年团是在全国团的一大召开前最早成立的17个地方团组织之一。1923年冬，中共安庆支部成立，这是安徽省最早的党组织之一，此后党组织的建立和党的活动在安庆地区就一直没有中断过。在党的创立和大革命时期，安庆先后爆发了六二学潮、反对三届省议会贿选、反对李兆珍长皖、反对军阀马联甲、反对曹锟贿选等斗争。土地革命战争时期，安庆党组织领导革命群众举行了十几起农民武装暴动，建立革命政权，安庆地区是主力红军红八军、红十五军、红二十七军、红二十五军的战斗地，是红二十八军坚持鄂豫皖三年游击战争的主要场地，是鄂豫皖革命根据地的组成部分。抗日战争时

期，安庆地区是新四军四支队、三支队挺进团，七师和五师抗日反顽的重要战场。解放战争时期，安庆地区是皖西工委坚持游击武装斗争，刘邓大军挺进大别山和打响渡江战役的主战场，是皖西区党委及一地委、二地委发展党组织，建立人民民主政权，实行土地改革的主要地区。

3. 岳西县革命遗址数据分析

岳西不仅是安庆遗址数最多的县，还是大别山革命根据地四大农民武装暴动地之一，红二十八军第三次重建地，红二十八军坚持鄂豫皖三年游击战争的大本营。国民党政府为了"剿灭"红二十八军，于1936年1月"析潜山、太湖、霍山、舒城四县边境地区设置岳西县"[①]，可以说"没有红二十八军，就没有岳西县"[②]。

自1935年2月3日，高敬亭率领红二一八团和鄂东北独立团进驻凉亭坳组建红二十八军，至1937年9月20日红二十八军和中共皖鄂边特委所属游击队、便衣队从土门集结离开岳西，岳西红二十八军一共留下了89处珍贵的革命遗址。这些革命遗址，铭刻着红二十八军和岳西人民英勇奋斗的光辉历程。

（1）岳西革命遗址区域分布分析

从表7-7中我们可以看出，在岳西的24个乡镇中有21个乡镇留下了红二十八军的足迹，其中重要机构和重要会议遗址主要集中在包家乡，占27.8%；重要事件和重大战斗类遗址主要集中在河图镇和石关乡，占27.5%；领导人故居主要集中在中关乡，占43.5%；烈士墓主要集中在石关乡、和平乡，分别占25%和15.6%。另外还可以看出，革命遗址最多的两个乡是石关乡和中关乡，说明这两个乡不仅

① 中共岳西县委党史研究室：《红二十八军在岳西》，中央文献出版社2008年版，第1—2页。

② 中共岳西县委党史研究室：《红二十八军在岳西》，中央文献出版社2008年版，第2页。

是红二十八军的主要活动地，而且是整个新民主主义革命时期党组织及其领导下的革命武装战斗地，是岳西革命的中心和策源地。

表 7-7　岳西革命遗址区域分布表

单位：个

区　域	重要会议和重要机构遗址	重要事件和重大战斗遗址	领导人故居	烈士墓
包家乡	5	1	2	0
菖蒲镇	0	1	0	3
店前镇	1	1	0	0
和平乡	1	0	0	5
河图镇	2	3	0	1
黄尾镇	1	0	0	1
来榜镇	0	0	0	1
莲云乡	1	0	0	2
毛尖山乡	0	0	2	0
青天乡	2	1	0	0
石关乡	1	3	0	8
天堂镇	0	0	1	0
田头乡	0	1	0	0
头陀镇	0	0	1	2
巍岭乡	0	1	0	1
温泉镇	0	1	2	1
五河镇	2	2	4	0
姚河乡	0	0	1	4
冶溪镇	0	1	0	1
中关乡	0	0	10	1
主簿镇	2	0	0	1

续　表

区　域	重要会议和重要机构遗址	重要事件和重大战斗遗址	领导人故居	烈士墓
白帽镇	0	0	0	0
古坊乡	0	0	0	0
响肠镇	0	0	0	0

（2）岳西革命遗址形成时间分析

从表7-8中可以看出，岳西革命遗址主要形成于1935年，是红二十八军刚刚进入岳西组建机构、建立地方武装、多次召开会议分析敌我形势，以便灵活运用战略战术同国民党政府军战斗的时期。这一年是烈士牺牲最多的一年，是极其艰苦的一段时期，也是红二十八军摆脱困境、建立根据地、逐渐发展壮大并走向辉煌的时期。

表7-8　岳西革命遗址形成时间分布表

单位：个

形成时间	重要会议和重要机构遗址	重要事件和重大战斗遗址	领导人故居	烈士墓
1935年	10	13	3	22
1936年	3	3	11	8
1937年	4	1	6	2
1938年后	0	0	3	0

（3）岳西革命烈士参加革命年代分析

从表7-9中可以看出，岳西故居遗址的主人几乎都是在1930年以前参加革命的，是当时地方党组织和革命武装的主要领导者和发起人。这些故居主人牺牲时，6人是县委、特委书记，4人是县委委员，8人是赤卫队、便衣队的队长或指导员，3人是区委书记，1人是联络组组长，1人是早期党支部书记，其中有11人参加了1930年2月的请水寨暴动。烈士主要集中在1930年以后参加红军和地方武装，他们是受到1930年2月请水寨暴动的影响，深受残酷压迫，纷纷参加红军和各种地方武装闹革命。

表7-9 岳西革命烈士参加革命年代分布表

类别		1927年	1928年	1929年	1930年	1931年	1932年	1933年	1934年	1935年
故居主人	人数/人	1	4	4	8	1	0	0	1	0
	百分比	5.3%	21%	21%	42.1%	5.3%	0	0	5.3%	0
烈士	人数/人	0	0	0	18	2	3	2	2	3
	百分比	0	0	0	59.9%	6.7%	10%	6.7%	6.7%	10%

（注：故居主人4人和烈士2人在遗址登记表中没有注明参加革命的时间）

（4）岳西革命烈士牺牲年代分析

1936年红二十八军主力在岳西活动逐渐减少，同国民党部队的围追堵截作斗争的主要是皖西特委（1936年9月后为中共皖鄂边特委）及其领导下的地方党组织、游击队和便衣队。这些组织的领导人除了在战斗中牺牲外，部分为叛徒出卖而牺牲，部分因肃反而遭错杀（见表7-10）。这些领导人牺牲时平均年龄为34岁，最大的48岁，最小的21岁。烈士大都牺牲于1935年，这是红二十八军同国民党部队在岳西进行频繁战斗的一年。烈士牺牲时平均年龄为30岁，最大的为57岁，最小的为18岁。

表7-10 岳西革命烈士牺牲年代分布表

类 别		1935年	1936年	1937年
故居主人	人数/人	3	11	6
	百分比	15%	55%	30%
烈士	人数/人	22	8	2
	百分比	68.7%	25%	6.3%

（注：故居主人4人在遗址登记表中没有注明牺牲的时间）

革命遗址不仅真实记录和客观反映了大别山地区人民的牺牲奉献精神，更是立体的党史、有形的党史、无声的党史。

（二）革命烈士名录分析

革命烈士名录分析主要选取六安和安庆两市的数据。六安市选取金寨县汤家汇镇和霍山县漫水河区，安庆市选取岳西县。金寨县汤家汇镇革命历史悠久，是大别山红旗不倒的历史见证，大革命时期诞生了今金寨境内第一个党组织；土地革命战争时期是鄂豫皖革命根据地和游击区的中心区之一，是商南立夏节起义爆发地，曾作为豫东南道委、皖西北道委驻地，红二十五军与红二十八军在此完成合编进行长征。霍山县漫水河区是六霍起义的重要发生地。六霍起义胜利后，在此建立了西镇革命委员会，建立了霍山境内第一个区级苏维埃政府；成立了360人的西镇游击队，后改编为安徽红军第二纵队，编入红三十三师，成为皖西红军的重要源头。

1. 金寨县汤家汇镇革命烈士名录分析

表7-11是《金寨县革命烈士名录》中的表格，金寨县有12800位烈士，其中新中国成立前牺牲的有1262位；汤家汇镇共有1093位烈士，其中1080位烈士是在新中国成立前牺牲的。表中共列有7项：姓名、性别、生卒年月、职务、所在单位、牺牲地和证号。现主要对部分烈士表中信息进行分析。

表7-11　金寨县汤家汇镇革命烈士名录（部分）

序号	姓名	性别	生卒年月	职务	所在单位	牺牲地	证号
1	丁江运	男	1883—1933	主席	小本山乡苏维埃	河南	19516
2	丁兴财	男	1901—1948.3	主席	银沙乡农会	银沙畈楼房	1592
3	丁兴明	男	1904—1930.10	民兵	赤卫队	上畈吴坳	08480

续 表

序号	姓名	性别	生卒年月	职务	所在单位	牺牲地	证号
4	丁兴种	男	？—1932	战士	游击队	铁路道边	18737
5	丁红建	男	？—1931	民兵	苏维埃	大马湾	18253
6	丁际太	男	1901—？	班长	红二十八军学兵连	无信	18216
7	丁际保	男	—	—	红四军	无信	18223

（1）性别分析

1080位中有1068位男性和12位女性。12名女性中，3位是红军战士和护士，1位是区委宣传部长，1位是剧团政治指导员，1位是红军家属，另6位分别是乡苏维埃委员、妇女主任、宣传员等。

（2）牺牲年代分析

烈士牺牲年代主要是土地革命战争时期，实际上先烈参加革命的年代也主要集中在土地革命战争时期，部分在土地革命战争时期幸存的战士由红军变为新四军和八路军，部分成为解放军，在抗日战争或解放战争时期牺牲（见表7-12）。

表7-12　金寨县汤家汇镇革命烈士牺牲年代分析

牺牲年代	党的创立和大革命时期	土地革命时期	抗日战争时期	解放战争时期	不详
人数/人	1	598	18	15	448
百分比	0.1%	55.4%	1.7%	1.4%	41.4%

（3）烈士生前单位、牺牲地、曾任职务、牺牲年龄分析

烈士生前单位中主力和地方部队的区分主要根据是部队番号。有部队番号的为主力部队，其余为地方部队（下同），二者比为1:0.66（不考虑不详，以下均是）。参加主力部队的主要是红四军和红二十五军，其中红四军411人，红二十五军119人，还有红二十八军18人，新四军5人。地方部队主要是赤卫队和游击队，这也说明该地人

民群众大都参加了主力部队（见表7-13）。

表7-13 金寨县汤家汇镇烈士生前单位、牺牲地、曾任职务、牺牲年龄分析

类别		人数/人	百分比
生前单位	主力部队	612	56.7%
	地方部队	404	37.4%
	不详	64	5.9%
牺牲地	本地	416	38.5%
	外地	200	18.5%
	不详	464	43.0%
曾任职务	战士	507	46.9%
	干部	555	51.4%
	不详	18	1.7%
牺牲年龄	12—20岁	59	5.5%
	20—30岁	215	19.9%
	30—40岁	106	9.8%
	40—50岁	28	2.6%
	50—52岁	4	0.4%
	不详	668	61.8%

牺牲地的区分主要根据金寨县区域内还是县区域外，二者比为2.2∶1，表明开展革命活动主要是在金寨县区域内。由于当时大别山革命根据地是一个整体，革命人员牺牲地点不仅仅在金寨县区域内，还包括其他地方。如在安徽省内其他地方牺牲37人，湖北省内牺牲53人，河南省内牺牲91人。由于红四方面军和红二十五军战略转移和长征，在四川牺牲10人，在甘肃牺牲9人。

牺牲年龄主要集中在30岁上下，即20岁至40岁，平均年龄28.2

岁，其中最小的只有12岁，最大的52岁。

将牺牲人员按曾任职务划分为普通群众、战士和干部三种（下同）。干部与战士比为1∶0.91，同前面的主力部队与地方部队相当。

2.霍山县漫水河区革命烈士英名录分析

表7-14是《霍山县革命烈士英名录》中的表格，霍山县有2841位烈士，其中漫水河区有655位烈士，都是在新中国成立前牺牲的。表中共列有9项：姓名、性别、出生年、入伍年、是否党团员、籍贯、职别、简历和牺牲时间地点。现主要对部分烈士相关信息进行分析。

表7-14　霍山县漫水河区革命烈士英名录（部分）

姓名	性别	出生年	入伍年	籍贯	职别	简历	牺牲时间地点
王士修	男	1904	1929	漫水河公社	队员	五区古三乡赤卫队队员	1930年漫水河
李家和	男	1886	1929	漫水河公社	炊事员	赤卫队炊事员	1930年上土市
李金奎	男	1889	1929	漫水河公社	队员	赤卫队队员	1931年漫水河
刘贞品	男	1875	1930	漫水河公社	侦察	三乡苏维埃侦察	1932年漫水河
叶义春	男	1908	1930	漫水河公社	队员	赤卫队队员	1931年上土市
王士申	男	1907	1929	漫水河公社	队员	赤卫队队员	1930年黄泥塘
肖可成	男	1903	1929	漫水河公社	队员	赤卫队队员	1929年土地岭

续 表

姓名	性别	出生年	入伍年	籍贯	职别	简历	牺牲时间地点
肖可正	男	1896	1930	漫水河公社	班长	赤卫队班长	1930年上土市
刘元林	男	1917	1931	漫水河公社	队长	童子团队长	1932年失踪
刘贞德	男	1888	1929	漫水河公社	民工	运输队民工	1932年白羊坳

（1）性别分析

655位烈士中有21位女性，其中1位是战士，9位是妇女委员或妇女代表，其余11位分别是乡苏维埃或农会委员、常委等。

（2）参加革命和牺牲时间分析

烈士参加革命主要集中在土地革命战争时期，牺牲时间也是如此，这也正好反映了这个时期是霍山革命活动最频繁和最激烈的时期（见表7-15）。

表7-15 霍山县漫水河区革命烈士参加革命时期和牺牲时期数据分析

类 别		土地革命时期	解放战争时期	不详
参加革命时期	人数/人	635	6	14
	百分比	96.9%	0.9%	2.2%
牺牲时期	人数/人	635	7	13
	百分比	96.9%	1.1%	2.0%

（3）烈士政治面貌、生前单位、牺牲地、曾任职务、牺牲年龄数据分析

中共党员和群众数量比为1:7.3，人数相差很大，党团员人数较少，这可能与当时统计口径有关，可能当时统计时将政治面貌不详

的均列入非党团员。

烈士生前单位中主力部分和地方部队二者比为1∶5.5。主力部队主要是红四军和红二十五军，地方部队主要是赤卫队和部分游击队，该地是以地方部队作战为主。

牺牲地划分为霍山县区域内和霍山县区域外，二者比为10.8∶1，表明开展革命活动主要是在县区域内。但当时大别山革命根据地是一个整体，革命活动又不仅仅在县区域内，还在县域周边地区。在其他地区牺牲的人数为：霍邱1人、六安2人、金寨6人、岳西3人、潜山2人、英山26人、太湖3人、桐城1人。外地不多，共有6人：湖南1人、四川2人、山西1人、无锡和宿县各1人。

牺牲年龄主要集中在30岁上下，即20岁至40之间，平均年龄29.4岁，其中最小12岁，最大65岁。

根据只要不是普通群众和战士均为干部的标准划分曾任职务，干部与战士数量比为1∶1.2（见表7-16）。

表7-16　霍山县漫水河区革命烈士相关数据分析

类　别		人数/人	百分比
政治面貌	中共党员和团员	79	12.1%
	非党员	576	87.9%
生前单位	主力部队	99	15.1%
	地方部队	540	82.4%
	不详	16	2.5%
牺牲地	本地	540	82.4%
	外地	50	7.6%
	不详	65	10.0%
曾任职务	战士	342	52.2%
	干部	305	46.6%

续 表

类 别		人数/人	百分比
	不详	8	1.2%
牺牲年龄	12—20岁	117	17.9%
	20—30岁	259	39.5%
	30—40岁	154	23.5%
	40—50岁	59	9.0%
	50—65岁	26	4.0%
	不详	40	6.1%

3.岳西县革命烈士名录分析

岳西县共有1731位烈士，其中1608位烈士是在新中国成立前牺牲的。表7-17共列有如下项：姓名、性别、籍贯省、籍贯市、籍贯县、牺牲时籍贯、参加革命年、政治面貌、生前单位、曾任职务、牺牲年、牺牲地和安葬地点。现主要对岳西县1608位烈士相关信息进行分析。

（1）性别分析

1608位烈士中有18位女性，其中4位是红军战士和护士，其余14位分别是妇联主任、农会主席、联络员、通信员等。这也是“男将打仗，女将送饭”的佐证。

（2）籍贯分析

1608位烈士中有1572位为安徽省岳西县人，另陕西1人、山西10人、河北10人、山东1人、河南7人、湖北3人、四川2人和广西2人。其中南下工作队22人，其余是部队人员。这些外省烈士主要是在土地革命战争时期和解放战争时期刘邓大军挺进大别山开展革命活动时牺牲的。

表 7-17　岳西县革命烈士名录（部分）

姓名	性别	籍贯省	籍贯市	籍贯县	牺牲时籍贯	参加革命年	政治面貌	生前单位	曾任职务	牺牲年	牺牲地	安葬地点
储六一	男	安徽省	安庆市	岳西县	安徽岳西	不详	不详	不详	不详	不详	不详	不详
徐兰亭	男	安徽省	安庆市	岳西县	安徽岳西	1940	不详	国民党第九纵队	战士	1940	怀宁县洪家铺杨家大山	不详
王升堂	男	安徽省	安庆市	岳西县	安徽岳西	1940	不详	抗日游击队	战士	1941	岳西五河	不详
王凤波	男	安徽省	安庆市	岳西县	安徽岳西	1940	不详	抗日游击队	战士	1941	岳西五河	不详
刘良廷	男	安徽省	安庆市	岳西县	安徽岳西	1940	不详	抗日游击队	战士	1941	岳西五河	不详
胡承水	男	安徽省	安庆市	岳西县	安徽岳西	1940	不详	抗日游击队	战士	1941	岳西五河	不详
程凯南	男	安徽省	安庆市	岳西县	安徽岳西	1929	不详	抗日游击队	战士	1941	岳西五河	不详

续　表

姓名	性别	籍贯省	籍贯市	籍贯县	牺牲时籍贯	参加革命年	政治面貌	生前单位	曾任职务	牺牲年	牺牲地	安葬地点
吴登才	男	安徽省	安庆市	岳西县	安徽岳西	1930	不详	抗日游击队	战士	1941	岳西五河	不详
张庭汗	男	安徽省	安庆市	岳西县	安徽岳西	1940	不详	抗日游击队	战士	1941	岳西五河	不详

（3）参加革命和牺牲年代数据分析

烈士参加革命年代主要集中在土地革命战争时期和解放战争时期，牺牲年代也是如此，这也正好反映了这两个时期是安庆地区革命活动最频繁和最激烈的时期（见表7–18）。

表7–18　岳西县革命烈士参加革命和牺牲年代数据分析

类　别		党的创立和大革命时期	土地革命时期	抗日战争时期	解放战争时期	不详
参加革命年代	人数/人	53	1007	72	314	162
	百分比	3.3%	62.6%	4.5%	19.5%	10.1%
牺牲年代	人数/人	3	984	113	418	90
	百分比	0.2%	61.2%	7%	26%	5.6%

（4）政治面貌、生前单位、牺牲地、曾任职务、牺牲年龄数据分析

中共党员和群众人数相差不大，数量比为1∶1.2（不考虑不详，以下均是），体现了在党的领导下，党员和革命群众共同开展革命活

动，直到牺牲。

生前单位中主力和地方部队二者比为1∶4.2。主力部队主要是红三十四师、红二十八军和新四军。主力部队在整个新民主主义革命时期主要是进行游击战和遭遇战时牺牲。主力部队实施战略转移后，敌人疯狂地残杀地方百姓。

岳西革命烈士牺牲地主要分为岳西县区域内和岳西县区域外，二者数量比为1.6∶1，表明开展革命活动主要是在县区域内，但当时大别山革命根据地是一个整体，革命活动不仅仅在县区域内，还在县域周边地区。

岳西革命烈士牺牲年龄主要集中在30岁上下，即20岁至40岁之间，占66.8%。平均年龄30.5岁，其中最小是14岁，最大是63岁。

岳西革命烈士按曾任职务分为普通群众、战士和干部三种。干部与战士数量比为1∶1.3，同中共党员与群众数量比相当（见表7-19）。

表7-19　岳西县革命烈士参加革命相关数据分析

类　别		人数/人	百分比
政治面貌	中共党员	171	10.6%
	群众	205	12.8%
	不详	1232	76.6%
生前单位	主力部队	286	17.8%
	地方部队	1198	74.5%
	不详	124	7.7%
牺牲地	本地	876	54.5%
	外地	536	33.3%
	不详	196	12.2%

续　表

类　别		人数/人	百分比
曾任职务	战士	873	54.3%
	干部	653	40.6%
	不详	82	5.1%
牺牲年龄	14—20岁	123	7.6%
	20—30岁	657	40.9%
	30—40岁	416	25.9%
	40—50岁	125	7.8%
	50—63岁	32	2.0%
	不详	255	15.8%

大别山地区人民的牺牲奉献精神不仅仅值得称赞，更值得今天去研究、继承和发扬，从而激励新时代的中华儿女为中华民族伟大复兴而不懈奋斗。

第八章　大别山精神的历史传承

大别山地区历经新民主主义革命各个时期，是全国为数不多的，在党的领导下，21年革命武装斗争持续不断，28年革命红旗始终高高飘扬的红色革命区域。大别山地区是重要的建党基地，是中国革命的重要策源地，是人民军队的重要发源地，它是中国革命的重要根据地，是抗日战争的战略要地。一方面，是解放战争两大转折的重要发生地。伟大的事业铸就伟大的精神。大别山精神是在长期艰苦卓绝的革命实践中形成的，是中国革命精神的重要组成部分。另一方面，大别山精神又不是凭空产生的，也不是孤立存在的，它与近代革命文化、新文化运动、马克思主义先进文化有着千丝万缕的联系，它与同时期其他革命精神相互作用、相互影响，共同铸就了中国革命精神，深深影响了一代代中国人。

一、大别山精神与近代革命文化

大别山地区封建剥削和压迫异常严重。黄安的土地绝大部分为地主阶级所占有。全县统计，地主阶级的土地占50%以上，富农的土地占10%，祖田占10%，庙田占5%，四项合计占75%，农民（包括中农和贫农）的土地只占25%，雇农没有土地。[①]李鸿章兄弟拥有土地不下60万亩。“李鸿章家，从安徽芜湖到河南信阳方面，占有着不能测知的大片土地。”[②]霍邱地主张敬尧（军阀）占有土地在七八万亩以上。绝大多数农民没有土地或少地，却要负担沉重的地租和官府的苛捐杂税，并承受高利贷的剥削。佃农租种地主的土地，以实物地租为主。上等水田的租率（按实际收获交租）占收获物的70%，包租率（佃户按年包交）占收获物的40%以上，旱地的租率占收获物的40%。农民负担官府的税赋除田赋和厘金（类似营业税）外，还要交田房契税、牛猪税、花布税、船税、牙帖原额税、茶税，以及卫赋、漕粮、学租、芦课等五花八门的苛捐杂税。[③]

1858年，英国政府强迫清政府签订《天津条约》，汉口等长江沿岸城市被辟为通商口岸。1876年，英国政府强迫清政府签订《烟台条约》，芜湖被辟为通商口岸，并规定大通、安庆两港准许外国轮船停靠。1906年，京汉铁路全线正式开通，打破了大别山区的封闭状态，加强了大别山西北部地区同外部的联系。利用京汉铁路这条重

---

① 参见红安县革命史编写办公室编著:《红安县革命史》,武汉大学出版社1987年版,第6页。

② 章有义编:《中国近代农业史资料》第2辑(1912—1927),生活·读书·新知三联书店1957年版,第15页。

③ 参见中共安徽省委党史研究室:《中国共产党安徽历史》(第一卷),中共党史出版社2000年版,第2页。

要的通道，帝国主义的侵略魔爪也迅速从长江流域伸进大别山北部淮河流域重镇信阳等地。帝国主义势力在大别山地区的所作所为，大致可归纳为四个方面。一是强占租界，攫取政治特权。二是企图控制经济命脉，掠夺资源。三是广设洋行，倾销商品。四是进行文化渗透。大别山区自给自足的自然经济遭到破坏，民族工商业的发展停滞不前，小农经济解体，农业日趋破产，手工业纷纷倒闭，民族商业逐渐萧条。

（一）大别山地区自发的反帝反封建斗争

帝国主义的侵略和国内封建势力的欺压，使大别山区人民群众的生活越来越艰难，生存面临极大威胁。他们通过焚烧教堂、驱逐神甫、关闭教会学校、打富济贫、抗租抗债、开仓放粮等形式，不断同外国侵略者和国内封建势力进行斗争。[①]

1898 年 1 月 19 日，霍邱县白塔畈佃户傅延龙和他的 4 个儿子，组织三四百人，举起“打富济贫”的旗子，发动不交租、不还粮的反对地主阶级的斗争。起因是 1897 年白塔畈地区先是大旱灾，后是大水灾，严重歉收。年关时地主逼租逼债，农民走投无路，傅延龙和乡民们自发地组织起来抗租、抗债，起义农民发展到 2000 多人，并分了多家地主的粮食。不久，傅延龙被官府逮捕并遭杀害。[②]1905 年，霍山县发生了以张正金为首的民众反教斗争。《时报》记载：“据言，张正金正率党攻城，其旗上大书‘官逼民变保清灭洋’八字。张携有旧炮两门，因天雨未能燃放，故被官兵格杀数名。张所

---

① 参见丁同民、闫德亮、林志成：《彪炳史册的大别山精神》，人民出版社 2017 年版，第 5 页。

② 参见中共安徽省委党史研究室：《中国共产党安徽历史》（第一卷），中共党史出版社 2000 年版，第 7 页。

居巢穴附近，行人偶欲前往，必须赖人保护。彼已将自己家产焚毁，教士住宅亦被焚毁，惟教会财产未被损坏。当官兵到时，该处旅店等相率停止交易；惟张之羽党一至，即供应食物。”[①]在大别山的鄂东地区，传教士及教徒往往横行乡里，而地方官吏在处理民教纠纷时又总是偏袒教民，由此而引起一系列教案。著名的有武穴教案、麻城教案和蕲水下巴河教案等。[②]1909年，大别山地区的桐城红枪会聚众起义，打富济贫并和官府作斗争。[③]1914年，黄安全县大旱，灾荒严重，农民向地主买粮，地主趁机将粮价抬高3倍，从中牟取暴利。处在饥馑之中的农民，走投无路，只有起来跟地主作斗争。仙居区杨家冲村的农民在杨世达和杨世运的带领下，冲进大地主杨云山的家中，先将杨云山捆起来，然后开仓放粮，救济饥民。[④]1918年秋，金寨燕子河地区旱灾严重，地主照原订租约收租。佃户王有典因交不齐租，房子被扒，耕牛被抢。王有典很快组织1000多人的农民抗租队，拿起长矛、大刀、火枪等武器，同地主作斗争，并处死大地主王有朋，分了其三仓稻谷，但很快被镇压。[⑤]

大别山人民为了争取自己的生存权和发展权，自发地组织起来同帝国主义和封建势力作斗争，虽然都以失败告终，但给外国侵略者和国内封建势力以沉重打击。

---

①《时报》，光绪三十二年五月十三日。

② 参见中共黄冈市委党史办公室：《中国共产党黄冈历史 第一卷（1922—1949）》，中共党史出版社2013年版，第13页。

③ 参见中共安徽省委党史研究室：《中国共产党安徽历史》（第一卷），中共党史出版社1970年版，第7页。

④ 参见红安县革命史编写组：《红安县革命史》，武汉大学出版社1987年版，第11页。

⑤ 参见《金寨革命史》编委会：《金寨县革命史》，安徽人民出版社1991年版，第16—17页。

（二）孙中山的革命思想深深影响大别山地区的革命斗争

1894年，孙中山在美国檀香山创立兴中会，第一次喊出“振兴中华”的口号。1905年，他在日本东京发起成立资产阶级革命政党——中国同盟会，制定“驱除鞑虏，恢复中华，创立民国，平均地权”的十六字革命纲领，首次提出以资产阶级民主共和国取代腐朽专制的封建清王朝的革命目标。[①]在孙中山革命旗帜影响下，大别山先进青年开始组织革命团体，进行反对腐败的清王朝和帝国主义的革命斗争。与此同时，同盟会、光复会等革命党人也在大别山各地秘密发展组织，从事反清活动。

1905年同盟会创建时，第一批会员只有70人，而鄂东在日本的留学生就有9人加入。[②]1907年，全国同盟会会员不足1000人，湖北只有24人，而鄂东此时就有同盟会会员36人，占湖北全省29%。[③]1905年，陈独秀、柏文蔚、常恒芳等青年在芜湖首创秘密的革命组织岳王会，参加者起誓要像岳飞那样精忠报国。陈独秀任会长，常恒芳任安庆分会会长，柏文蔚任南京分会会长。1906年，岳王会的工作重心移到安庆，活动的对象是清军新军士官，主要任务是发动他们参加反清起义。1908年11月19日，在岳王会的策动下，安庆爆发了清军马炮营起义。是月，清政府在安徽太湖举行新军秋操，安庆岳王会领导人熊成基、范传甲、张劲夫等议定趁安庆城清军兵力空虚之际发动新军起义，由任炮营官的熊成基为革命军总司令。11月19日晚，城东的新军炮营和城西的马营同时发难，会合前往争夺

① 参见中共中央党史研究室：《中国共产党历史》（第一卷），中共党史出版社2002年版，第18页。

② 参见黎东方：《细说民国创立》，上海人民出版社1997年版，第113—114页。

③ 参见冯自由：《革命逸史》第六集，中华书局1981年版，第68页。

菱湖弹药库。因巡抚朱家宝早有防范，派巡防营加强了城防，起义军苦战一昼夜，未能攻入城内，被迫分两路撤退，在退往合肥途中又遭清军拦截，被击溃。[①]此后，岳王会接受中国同盟会的领导，大部分岳王会成员加入中国同盟会。

1907年7月6日，光复会在安庆发动了巡警学堂起义。安庆巡警处会办兼巡警学堂监督徐锡麟，1905年参加光复会，与同乡革命党人秋瑾秘密决定在浙江绍兴和安庆同时举行反清起义，因浙江革命党的活动暴露，遂决定在安庆巡警学堂举行学生结业庆典时举事。7月6日，安徽巡抚恩铭等官员到校参加庆典，徐锡麟、陈伯平、马宗汉等革命党人，举枪向恩铭等射击，恩铭被击中身亡，其余官员乱作一团，四散逃去。徐锡麟集合警生百余人向安庆军械所进攻，终因势单力薄而失败。陈伯平当场战死，徐锡麟、马宗汉及30多名警生被捕。后徐锡麟、马宗汉牺牲。[②]

可以说，资产阶级革命党人在大别山地区的革命实践活动，扩大了革命的影响，促进了革命高潮的到来，促进了辛亥革命的爆发和胜利。

（三）大别山区人民积极参与辛亥革命

1911年（农历辛亥年）10月10日，湖北革命团体文学社、共进会在同盟会的推动下，以湖北新军为主力发动武昌起义，并迅速获得成功。各省纷纷响应，进而掀起席卷全国的革命风暴，终于推翻清王朝，建立了中华民国。武汉无疑是辛亥革命的风暴中心，而作

---

① 参见中共安徽省委党史研究室：《中国共产党安徽历史》（第一卷），中共党史出版社1970年版，第8—9页。

② 参见中共安徽省委党史研究室：《中国共产党安徽历史》（第一卷），中共党史出版社1970年版，第8页。

为毗邻风暴中心的大别山区人民积极则参与了辛亥革命。

大别山鄂东地区距离武汉很近。鄂东地区有很多人士直接或间接参加了辛亥革命。鄂东有一批青年学生投入湖北新军当兵，这批人有的后来成为辛亥革命的骨干人物，在黄州组织鸠译书社，秘密印刷革命宣传品，送至武汉，在军学两界广为散发。辛亥革命爆发后，黄州是最早响应的州府。黄州府各县的光复，使清廷监视武汉的长江水师受到威胁，而湖北革命军得以凭借鄂东，攻击京汉铁路清军，并与江西、安徽的起义军联系，对拱卫武汉具有一定的作用。[①]在革命浪潮的冲击下，11月5日，同盟会会员张汇滔等在寿州宣告光复。寿州光复后，淮上的革命党人在寿州组织淮上军，王庆云、张汇滔、张纶、袁家声分任总司令、副总司令，共编成步兵十八营、马队一营和炮队两营。淮上军分三路向皖北各县推进，协助革命党人光复仍被清军占据的各县。11月8日安徽宣告独立，脱离清政府。1912年4月，柏文蔚接任都督，委任陈独秀为都督府秘书长。柏文蔚执掌安徽军政职权，进行议会选举，推进民主宪政。[②]大别山豫南地区毗邻鄂境，受革命影响较大。由豫南籍革命党人率领的诸路革命军曾分别进至光山，破袭光州南城，攻占商城、固始、罗山，组织革命政府。各县同盟会会员和开明人士也先后控制了各县议会、参事会、教育会等部门，兴革除弊，以图推进民主政治。[③]

① 参见中共黄冈市委党史办公室:《中国共产党黄冈历史 第一卷(1922—1949)》,中共党史出版社2013年版,第11—12页。

② 参见中共安徽省委党史研究室:《中国共产党安徽历史》(第一卷),安徽人民出版社2000年版,第9—10页。

③ 参见中共信阳市委党史研究室:《中国共产党信阳历史 第一卷(1919—1949)》,河南人民出版社2015年版,第3页。

（四）辛亥革命进一步推动了大别山地区的革命斗争

辛亥革命是20世纪中国所发生的第一次历史性巨变。这是一次比较完全意义上的反帝反封建的民族民主革命。它不仅推翻了清王朝的封建统治，而且结束了统治中国几千年的君主专制制度，在中国大地上竖起民主共和国的旗帜，从而有力地促进了中华民族的觉醒，推动了中国人民的思想解放，激励中国人民为争取民族独立和人民解放、实现国家富强而更加勇敢地奋斗。[①]辛亥革命对大别山地区产生的冲击和影响巨大，在大别山地区散播了民主共和思想的种子，进一步激励了大别山地区的革命斗争。

辛亥革命后，在鄂东，革命党人为保卫辛亥革命所取得的胜利成果，同北洋军阀展开了持续不断的斗争。1915年5月，袁世凯同日本政府签订丧权辱国的“二十一条”。消息传来，广济县的武穴、梅川等地群众在革命党人的组织下举行了声势浩大的示威游行活动，愤怒声讨袁世凯的卖国勾当。1915年6月，参加过辛亥武昌首义的中华革命党人董必武等奉孙中山之命从日本回国，在武昌南湖谋划反对袁世凯的秘密军事活动，董必武因计划泄露而遭逮捕。1916年5月，在黄安以秦文卿为首的辛亥革命同志会，为反抗北洋军阀的反动统治，成立了黄安革命军突击队，在云台山发动武装起义攻占了县城，缴获各种枪支30余支，炸弹100余枚，没收县署钱币15000多元。革命军突击队占领县城后，打开粮仓，分粮赈济穷苦百姓，受到了城乡人民的热烈欢迎。[②]

① 参见中共中央党史研究室：《中国共产党历史》（第一卷），中共党史出版社2002年版，第19页。

② 参见中共黄冈市委党史办公室：《中国共产党黄冈历史　第一卷（1922—1949）》，中共党史出版社2013年版，第17页。

在豫南，各阶层民众破旧俗、立新风，女子放足、男子剪发，破除迷信、拆庙宇、建学堂，一时被崇为时尚。特别是一些激进的知识分子及资产阶级民主进步势力，为促进民主共和，实行政治改良，奔走呼号，热心实践。如豫南籍革命党人刘基炎、曾绍文、方贞、贾英等人在省城开封创办《自由报》，以“监督政治之改良、增进国民知识、发挥自由之真髓为宗旨”，宣传民主进步思想，揭露袁世凯及其在河南的代理人张镇芳之流破坏约法、践踏民主、复辟帝制的阴谋，影响全省。国民党河南支部以豫南为开展活动的大本营，设国民党豫南交通部于信阳，大力发展实业，尤努力于剔除衙署积弊、授挤吏胥赃私，以及厉行剪发、禁烟、取缔私塾、抑制土豪、清查公款等种种兴革事宜，其后遭反动势力镇压。这时期的活动对后来民主思想的活跃，产生了积极的影响。[①]

在皖西，以“打富济贫”为口号的河南农民起义军——白朗军，接受了孙中山、黄兴提出的联合反袁的要求。1914年1月18日，白朗率部1万多人进入皖西，大批青壮年踊跃加入白朗军，总兵力迅速扩充到2万人左右。白朗军首先在霍邱县叶家集、开顺街一带歼灭了从北京转调至此的袁世凯的拱卫军两个营和地主武装，在六安县流波䃥歼敌一个营，接着强渡淠河，击溃鄂军一个营。各股军阀势力闻风丧胆，白朗军所向披靡，在短短的8天中，连克六安、霍山两县城，兵锋直达英山、太湖、舒城县境。在六安，白朗军开仓济贫，和六安人民共度春节。在霍山，白朗军打开监狱，救出无辜群众数十人；烧毁教堂、监牢及官绅住宅三十多处，杀恶迹昭著的官绅四十多人；没收豪绅地主财产五十万元，分给贫苦农民。白朗

① 参见中共信阳市委党史研究室：《中国共产党信阳历史 第一卷（1919—1949）》，河南人民出版社2015年版，第5页。

军在皖西取得的胜利是同皖西人民的大力支援分不开的。[①]

综上所述，面对帝国主义的侵略和国内封建势力的压迫，从大别山地区自发的反帝反封建斗争开始，到大别山地区人民积极参与辛亥革命，再到辛亥革命进一步推动了大别山地区革命斗争，孙中山的革命思想深深影响大别山地区的革命斗争。总之，帝国主义和中华民族的矛盾，封建主义和人民大众的矛盾这两对矛盾成为大别山人民痛苦的根源。为了追求幸福生活，大别山人民开始了反帝反封建的斗争，这是大别山精神形成的历史渊源，以辛亥革命为突出代表的近代革命文化对大别山精神的形成具有不可替代的作用。

二、大别山精神与新文化运动、马克思主义先进文化

辛亥革命推翻了清王朝的腐朽统治，使民主共和的观念深入人心。此后，新文化运动兴起，中国开始经历一场深刻的思想革命。新文化运动“有力地打击和动摇了长期以来封建正统思想的统治地位，唤醒了一代青年，使中国的知识分子尤其是广大青年受到一次西方民主和科学思想的洗礼，从而打开了遏制新思想涌流的闸门，在中国社会上掀起一股生气勃勃的思想解放的潮流。这就为适合中国社会需要的新思潮，特别是马克思主义在中国的传播，创造了有利条件”[②]。五四运动后，马克思主义在中国迅速而广泛地传播，为中国无产阶级政党的创建准备了思想条件。可以说，新文化运动、马克思主义先进文化让大别山地区的斗争朝着正确的方向发展，也

① 参见中共六安地委党史工作委员会编：《皖西革命史》，安徽人民出版社1987年版，第14页。

② 中共中央党史研究室：《中国共产党历史》(第一卷)，中共党史出版社2002年版，第41—42页。

让大别山精神的诞生成为一种可能。特别是大别山地区的青年和知识分子在“确立自己的人生信仰和选择何种‘主义’来改造中国社会的过程中，经过反复比较，最终抛弃资产阶级改良主义和无政府主义，选择科学社会主义，转变为马克思主义者”[①]。其中杰出代表人物有董必武、陈潭秋、恽代英、朱蕴山、高语罕等。

（一）大别山精神与新文化运动

在辛亥革命和反军阀斗争中，新文化运动逐步兴起。陈独秀，大别山地区怀宁人，后来成为中国新文化运动的主帅，中国共产党的主要创始人之一。1903年底，陈独秀回到安庆，决意创办《安徽俗话报》。1904年春，陈独秀只身来到芜湖，以绩溪人汪孟邹的科学图书社为报社，正式创办《安徽俗话报》。《安徽俗话报》旗帜鲜明地反对帝国主义、封建主义，在猛烈地抨击封建主义的伦理道德和旧传统恶习的同时，介绍了一些西方资产阶级思想家的人文主义、社会契约论，明确提出了“民主政体”概念，并鼓吹富国强兵之术。《安徽俗话报》开始的文化启蒙，同《新青年》倡导的新文化运动是一脉相承的。《安徽俗话报》中的思想火花，在《新青年》中得到发扬光大。[②]1915年9月，陈独秀在上海创办《青年杂志》（一年后更名为《新青年》），在思想文化领域掀起一场以民主和科学为旗帜，向传统的封建思想、道德、文化宣战的新文化运动。[③]

在皖西，青年学生在这些激进民主主义者及其所创办报刊的影

① 中共中央党史研究室:《中国共产党历史》(第一卷),中共党史出版社2002年版,第71—72页。

② 参见中共安徽省委党史研究室:《中国共产党安徽历史》(第一卷),中共党史出版社1970年版,第11—18页。

③ 参见中共中央党史研究室:《中国共产党历史》(第一卷),中共党史出版社2002年版,第35—36页。

响下，小部分到安庆、芜湖等地，后来出国求学；大部分在本地与进步知识分子一起开展新文化运动，努力探索救国救民的真理。1917年2月初，皖西在芜湖从事教育的高语罕、刘希平、朱蕴山等磋商，从改革教育、培养青年入手，通过普及国民知识，提倡新文化，竭力而慎重地介绍新思潮，以增强青年们的社会责任心。[①]11月，朱蕴山在六安筹办安徽省立第三甲种农业学校，进行新思想、新文化的传播；成立爱国剧社，指导学生上街演出《朝鲜亡国惨史》《不平鸣》《新家庭》等文明新戏；在六安城内举办工人、职员和失学青年夜校，宣传革命。陈绍禹（即王明）等成为皖西新文化运动的坚强骨干。舒城、寿县的新文化运动也得到迅速发展。1918年夏天，毕业于北京女子师范大学的高君曼与其丈夫陈独秀回霍邱探亲，随身带回一些进步书刊，并应邀在霍邱讲学，揭露帝国主义和封建军阀的罪行，号召青年学生和各界人士冲破思想的束缚，革新教育和政治。[②]

在豫南，新文化运动首先在追求进步的知识分子和青年学生中产生反响。购买新书刊，研究新思潮、新文化，在许多学校师生中形成自发的热潮。省立信阳第三师范学校在五四运动前夕，还创设了“第三师范贩卖部”，除销售教科书以外，还公开向青年学生推荐和出售《新青年》《每周评论》《新潮》《心声》《国民》等进步刊物和鲁迅的杂文、小说等，这成为传输新思想新文化的重要窗口。随着新文化运动影响的日渐扩展和深入，许多青年学生受到启蒙，挣脱封建主义思想的束缚，大胆地用批判的眼光观察社会，思考问题，

---

① 参见中共六安地委党史工作委员会编：《皖西革命史》，安徽人民出版社1987年版，第17页。

② 参见丁同民、闫德亮、林志成：《彪炳史册的大别山精神》，人民出版社2017年版，第6页。

要民主、要科学，反对旧道德、旧文学，赞成新道德、新文学的呼声日高。[①]

在武汉，1915年恽代英参加新文化运动，在《东方杂志》《新青年》上撰文，提倡科学与民主，批判封建文化。1917年10月，恽代英和梁绍文、冼震、黄负生等创办了互助社。互助社的宗旨是“群策群力，自助助人”。互助社是武汉地区诞生的第一个进步团体，也是中国最早的进步社团之一。

总之，新文化运动让大别山地区经历了一场深刻的思想革命，启发了大别山地区人民群众的民主主义觉悟，促进了知识青年的进一步觉醒，激励着大别山地区人民群众开展革命斗争。

（二）大别山精神与马克思主义先进文化

五四运动的爆发，标志着一场新的伟大的反帝反封建斗争的开始，并由此引起一场广泛的深层次的马克思主义传播运动。五四运动后，大别山地区学习和研究马克思主义的团体陆续出现，一些在外的青年学生不断将马克思主义和各种社会主义思潮的进步书刊传入家乡，大别山地区的青年和知识分子经历了一场马克思主义先进文化的洗礼。

在鄂东，1920年2月，恽代英、林育南等创办“利群书社”，经销进步书刊，成为武汉地区宣传马克思主义新思想的重要阵地。董必武是大别山地区黄安（今红安县）人，早年追随孙中山参加革命斗争失利后，认真研读介绍和传播马克思主义先进理论的书刊，并自觉将其与当时中国革命形势相结合，从而使自身从民主主义者转变为马克思主义者。1920年3月，董必武回到武汉，与张国恩等在

① 参见中共信阳市委党史研究室:《中国共产党信阳历史 第一卷(1919—1949)》,河南人民出版社2015年版,第7页。

武昌创办私立武汉中学，以此为阵地传播马克思主义。鄂东黄安、麻城、黄陂、黄冈等县到武汉中学读书的学生很多，他们中的一些进步学生受到马克思主义的熏陶，并迅速成长为骨干力量。

在豫南，1920年初冬，恽代英和雷跻唐一同到信阳县柳林学校，决定让互助社和柳林学校合作办学，预定新校舍于1921年春建成，秋季开学时，恽代英亲自来该校主持教务工作。雷跻唐留在信阳负责筹款建校期间，经常与陈南仲等人积极向柳林高等小学师生传播马列主义，许多学生思想发生巨大变化，纷纷加入互助社。1922年，在外地求学的汪后之从武昌回到光山，以“研究学问、探讨文法”的名义，组织知识界的青年，成立了“光山学界同人研究会”，共同研究五四运动以来的新思想，探讨马列主义。他根据自己在外地求学多年所接受到的革命知识，较系统地向光山学界同人介绍马列主义中关于民主革命的理论等内容，鼓励光山青年承担起救国救民的责任。“一批初步接受了共产主义思想的优秀分子走出书斋和课堂，将革命的理论与革命的实践相结合，更广泛地宣传和组织群众，不仅促进了豫南群众革命运动的进一步发展，而且，在马列主义的引导和革命的实践活动中，他们的世界观也发生了根本的改变，一批无产阶级革命的先锋战士，迅速成长起来。”①

在皖西，进步知识分子把办报刊、办学校、开书店作为传播马克思主义的手段。1920年初，六安三农教师朱蕴山等和进步学生组建了“中国革命小组”，研究、宣传马克思主义。朱蕴山还主编《安庆评议报》，评议安徽政局，宣传革命思想。霍山县燕子河燕溪小学在校长徐守西、教师刘长青的倡导下，成立了“马克思学术小组”，一面学习革命理论，一面讨论如何推翻封建军阀统治和打倒帝国主

① 中共信阳地委党史资料征编委员会:《豫南革命史》，河南人民出版社1991年版，第16页。

义。1921年，高语罕编写的《白话书信》出版，它通俗地叙述了马克思科学社会主义的基本知识，阐明了中国社会运动应以科学社会主义为指导，应用俄国十月革命的方法来解决中国社会问题，是安徽最早最系统地传播马克思主义的文本。

经过马克思主义先进文化的洗礼，大别山地区的革命运动以科学理论为指导，进入一个崭新的历史阶段，马克思主义先进文化也成为大别山精神最重要的源泉。

三、大别山精神与同时期其他革命精神

大别山精神形成时间长达28年。在坚定的共产主义信念、一心为民的宗旨意识、勇于牺牲的英雄气概、敢于担当的责任意识等精神内涵方面，大别山精神与其他革命精神具有很多相同之处。大别山精神也有自己独特的方面，并与其他革命精神相互作用、相互影响，特别是与红船精神、井冈山精神、苏区精神、延安精神、长征精神、西路军精神、铁军精神有着多种密切的联系，或传承，或丰富，或影响，或滋润。

（一）大别山精神与红船精神

2005年，习近平首次将红船精神的内涵概括为“开天辟地、敢为人先的首创精神，坚定理想、百折不挠的奋斗精神，立党为公、忠诚为民的奉献精神，是中国革命精神之源”①。

中国共产党引领革命的航船从南湖扬帆起航，劈波斩浪，开天辟地，奋勇向前，使中国革命的面貌焕然一新。中共一大选举的中央局书记陈独秀是大别山地区的怀宁人。中共一大的13名代表中，

① 习近平：《弘扬“红船精神” 走在时代前列》，《光明日报》2005年6月21日。

董必武是大别山地区的黄安人，陈潭秋是大别山地区的黄冈人，他们积极推动了家乡的党组织建设。鄂豫皖三省交界的大别山地区党组织建立都比较早，发展比较快。

中共一大结束后不久，陈潭秋就回到家乡，秘密发展党员，建立党组织。1922年春，陈潭秋在黄冈成立了鄂豫皖边区的第一个党小组陈策楼小组。1923年冬，董必武委派黄安籍学生党员王健、雷绍全、董觉生等回到家乡秘密发展党员，建立党组织。1925年秋，董必武回黄安老家亲自在七里坪建立了中共特别支部。中国共产党诞生后，陈独秀就指示他的老友、中共早期党员高语罕在安徽学生界开展工作。1923年春，陈独秀又指派中共早期党员安徽青年柯庆施从上海到安庆，着手开展建党工作。1923年冬，柯庆施在安庆北门万安局濮家老屋主持召开会议，正式成立中共安庆支部，这是安徽历史上第一个城市党支部。同年冬，在寿县小甸集小学成立了中共小甸集特别支部，曹蕴真任特支书记，隶属中共中央领导，这是安徽农村建立的第一个支部。[①]这些建党活动在大别山大地播下了燎原的火种。

可以说，大别山地区是中共组织创建较早、较快的地区之一。在党组织的带领下，大别山区工农运动在农村迅猛展开，沉重打击了帝国主义侵略势力、封建军阀和豪绅地主，维护了农民自身的权利。这也是大别山区军民用鲜血和生命铸就大别山精神的开端，是大别山精神的萌芽状态。红船精神最核心的就是开天辟地、敢为人先的建党实践。从这个角度来说，大别山精神是红船精神在建党实践上最直接的传承者和最坚定的跟随者。大别山地区的建党实践充分证明了红船精神具有强大的生命力，是对中国革命精神之源的有力传播。

① 参见中共安徽省委党史研究室编:《红皖撷英》,安徽人民出版社2016年版,第67页。

（二）大别山精神与井冈山精神

井冈山是中国革命的摇篮，井冈山精神有着丰富内涵。江泽民在2001年视察江西时指出，井冈山精神最重要的内涵就是坚定信念、艰苦奋斗，实事求是、敢闯新路，依靠群众、勇于胜利。

开辟中国革命新道路。八七会议后，以毛泽东同志、朱德同志为代表的老一辈无产阶级革命家，在秋收起义和南昌起义遭到严重挫折的情况下，把马克思主义基本原理同中国革命具体实际相结合，审时度势，率领工农革命军进军井冈山，在白色政权的四面包围之中建立起全国第一个农村革命根据地。不到两个月，与井冈山相距600多公里的大别山地区就发生了黄麻起义。黄麻起义军占领黄安县城21天后，突破国民党军的重兵围攻，进行游击战争，在鄂豫边开辟以柴山保为中心的鄂豫边根据地，实行工农武装割据。这是以毛泽东同志为代表的中国共产党人探索农村包围城市、武装夺取政权的中国特色革命道路的重要实践。

创建革命根据地。1928年6月，井冈山革命根据地拥有宁冈、永新、莲花3个县，以及遂川、酃县、吉安、安福等县的部分地区。1932年6月，大别山地区的鄂豫皖革命根据地的发展达到极盛局面，“东起淠河，西迄平汉铁路线，北达潢川、固始，南至黄梅、广济，总面积4万余平方公里，人口350万人，拥有黄安、商城、英山、罗田、霍邱5座县城，建立了27个县的革命政权”[①]。鄂豫皖革命根据地成为当时全国第二大革命根据地。

进行艰苦卓绝的革命斗争。井冈山军民在党的领导下连续击退了反动势力的四次“进剿”和三次“会剿”。大别山军民也连续取得了三次反“围剿”的胜利，红四方面军未能打破敌人的第四次“围

① 大别山干部学院编：《大别山革命简史》，中共党史出版社2016年版，第95页。

剿”，主力被迫实行战略转移。面对国民党军的反复“清剿”，大别山军民依靠崇高的理想信念，顽强斗争，浴血奋战，直至抗日战争全面爆发，始终使革命红旗飘扬在大别山上。

总之，井冈山革命根据地是大革命失败后党创建的第一块农村革命根据地，开辟了农村包围城市、武装夺取政权的新道路。大别山军民在党的领导下积极践行农村包围城市、武装夺取政权这一新道路，并取得巨大成就，让这一新道路更有生命力。从这一角度来说，大别山精神践行和丰富了井冈山精神。大别山军民和井冈山军民在党的领导下，同时在不同的空间为了同一个目标进行着相同艰苦卓绝的斗争，从这一角度来说，大别山精神是井冈山精神的同频共振者。

（三）大别山精神与苏区精神

2011年11月4日，习近平在纪念中央革命根据地创建暨中华苏维埃共和国成立80周年座谈会上指出，在革命根据地的创建和发展中，在建立红色政权、探索革命道路的实践中，无数革命先辈用鲜血和生命铸就了以坚定信念、求真务实、一心为民、清正廉洁、艰苦奋斗、争创一流、无私奉献等为主要内涵的苏区精神。

苏区，就是大革命失败后中国共产党领导武装起义，建立的一个又一个革命根据地。除赣南闽西的中央苏区，还有鄂豫皖苏区、湘鄂川黔苏区、鄂豫陕苏区、陕甘苏区等。鄂豫皖苏区，就是以大别山为中心的苏区，也就是鄂豫皖革命根据地。

鄂豫皖革命根据地在苏区历史上具有重要地位。一是从创立时间上讲，鄂豫皖革命根据地始创于1927年11月的黄麻起义，仅晚于毛泽东1927年9月在井冈山地区领导秋收起义后创立的井冈山革命根据地。二是从战略地位上讲，鄂豫皖革命根据地战略地位极其重要。三是从规模上讲，鄂豫皖革命根据地不仅是全国六大革命根据地之一，更是仅次于中央革命根据地的全国第二大革命根据地。四是从持续时间上讲，鄂豫皖革命根据地始创于1927年11月的黄麻起义，一直到1937年10月国共合作实现后红二十八军改编为新四军第四支队，其间武装斗争从未间断，持续时间长达十年之久。五是从培养的中共领导干部上讲，鄂豫皖革命根据地造就了大批忠于党和人民，富有经验的政治、军事领导干部。在幸存的鄂豫皖籍人民解放军指战员中，除转业到地方工作的同志以外，仍在部队工作的同志中仅1955年至1964年被授予少将以上军衔的就有570人，占当时全国将军总数的35.5%，红安、大悟、新县、金寨、六安五个县被誉为将军县，占全国九个将军县总数的过半。

中国共产党在鄂豫皖苏区的局部执政经验非常丰富，特别是在政权建设、党的建设、经济建设、社会建设等方面，都有比较丰富的实践，也积累了一定的经验。这不仅为大别山精神的培育提供了极大的养分，也极大丰富了苏区精神的内涵。

可以说，以大别山为中心的鄂豫皖苏区，在苏区历史中占有重要地位。鄂豫皖苏区所展现的革命精神是苏区精神的重要组成部分，丰富和发展了苏区精神的内涵。鄂豫皖苏区的革命精神也是大别山精神的重要组成部分，是大别山精神在土地革命战争时期的存在形式。从这一意义上来说，大别山精神为苏区精神的丰富和发展起到了重要作用。

（四）大别山精神与延安精神

毛泽东同志和邓小平同志多次论述过延安精神。2002年3月，江泽民同志在陕西考察工作时强调，坚定正确的政治方向，解放思想、实事求是的思想路线，全心全意为人民服务的根本宗旨，自力更生、艰苦奋斗的创业精神，是延安精神的主要内容。从1935年到1948年，作为中国革命“心脏”的延安深刻影响着大别山的革命斗争，延安精神也促进了大别山精神的丰富与发展。

贯彻抗日民族统一战线。中共中央根据国内主要矛盾的变化，以抗日救国、复兴民族为己任，在瓦窑堡会议上制定了抗日民族统一战线的策略。大别山地区的党和军队积极贯彻执行抗日民族统一战线的方针，大别山地区的红二十八军及游击队改编为新四军第四支队（后改编为新四军第二师），奉命东进抗日前线抗击日本侵略军。武汉会战结束后，李先念创建了新四军第五师和豫鄂边区抗日民主根据地，面临敌、伪、顽军四面夹击的险恶环境，始终高举抗日大旗，凝聚一切抗日力量，成为华中抗日的中流砥柱。

开展大生产运动。1939年2月，中共中央在延安发出了“自己动手，自力更生，艰苦奋斗，克服困难”的伟大号召，兴起了轰轰烈烈的大生产运动。李先念、陈少敏等中共豫鄂边区党委负责人亲自扛起锄头帮助民众修塘筑坝，赤脚下田施肥拔草，自己动手种蔬菜。边区军民中流传着这样的顺口溜：“李师长，种南瓜，种的南瓜人人夸；陈大姐，种白菜，种的白菜人人爱！”据1943年不完全统计，豫鄂边区机关、部队共开荒2.4万余亩，种菜6900余亩，实现部分粮食、蔬菜自给。①在大生产运动中，带动军民生产自救，共渡难关。

积极开展整风运动。从1942年初开始到1945年，以延安为中心，在全党范围内普遍开展整风运动。1942年4月开始，中共豫鄂边区党委和第五师领导适时作出部署，在部队和地方党组织中整顿作风，要求各部队因地制宜，积极搞好“战时整顿三风”。整风运动

① 参见《李先念传》编写组编：《李先念传（1909—1949）》，中央文献出版社2009年版，第455页。

的成功，为边区和第五师加强无产阶级政党的思想建设积累了丰富的实践经验，对于边区和第五师夺取抗日战争的最后胜利起到了重要作用。①

助力人民解放战争。1946年6月26日，国民党军向新县以东、红安以西、孝感以北的我军阵地悍然大举进攻，揭开了全面内战的序幕。中原解放军遵照中共中央指示，分兵突围，声东击西，开辟新区，游击生根，并完成战略转移任务。中共中央和中央军委对中原突围的胜利给予高度评价，指出中原各部“在极端困难条件之下，执行中央战略意图，坚持游击战争，曾经钳制了蒋介石正规军三十个旅以上，使我华北、华中主力渡过蒋介石进攻的最困难时期，起了极大的战略作用”②。1947年，根据中共中央和毛泽东的战略部署，刘邓大军千里跃进大别山，建立了以大别山为中心的中原解放区，实现了解放战争由战略防御转入战略进攻的伟大历史转折，大别山地区成为中国革命走向全面胜利的战略转折地。

延安成为中国革命的大本营和武装斗争的统帅部，从这个角度说，大别山精神是延安精神的坚决贯彻者和坚定执行者。新四军第四支队（后改编为新四军第二师）和新四军第五师的丰功伟绩让抗日民族统一战线更加巩固。中原突围和刘邓大军千里跃进大别山，近乎完美地完成了中共中央的部署，大大加快了人民解放战争的进程，从这个角度来说，大别山精神为延安精神增添了色彩。

（五）大别山精神与长征精神

在纪念红军长征胜利60周年大会上，江泽民同志指出：“伟大的

---

① 参见《毛泽东军事文集》（第四卷），军事科学出版社1993年版，第87页。

② 丁同民、闫德亮、林志成：《彪炳史册的大别山精神》，人民出版社2017年版，第85页。

长征给党和人民留下了伟大的长征精神。这种精神，就是把全国人民和中华民族的根本利益看得高于一切，坚定革命的理想和信念，坚信正义事业必然胜利的精神；就是为了救国救民，不怕任何艰难险阻，不惜付出牺牲一切的精神；就是坚持独立自主、实事求是，一切从实际出发的精神；就是顾全大局、严守纪律、紧密团结的精神；就是紧紧依靠人民群众，同人民群众生死相依、患难与共、艰苦奋斗的精神。”①

长征四路大军就是红军第一、第二、第四方面军和第二十五军，其中红四方面军和红二十五军都是从大别山走出的英雄部队。红四方面军是长征中人数最多的部队，达到10万人。红四方面军广大指战员对张国焘的倒行逆施进行了抵制和斗争，并未因失败和挫折而气馁；相反，在经历长征途中万千困难和多次挫折的砥砺后，革命理想和行动更加坚定，革命意志和作风更加顽强。1936年10月，红四方面与红一方面军会宁会师结束，历时1年零7个月，途经4省，行程1万余里。红二十五军在长征途中创造了很多奇迹，写下了“五个第一和唯一”，被毛泽东称赞为“中央红军之向导”“为革命立了大功”的红军队伍，大大丰富了长征精神的内涵。红二十五军是长征四路大军出发时间最晚、到达陕北时间最早的红军长征队伍，被誉为“长征先锋”；是平均年龄最年轻的红军长征队伍，几乎没有年龄超过18岁的战斗员，队伍中大多数是鄂豫皖根据地在战斗中牺牲者的遗孤，有一些是随红四方面军入川将士子弟；是长征中唯一一支增员的红军长征队伍，长征途中抗击了30多个团的敌人的围追堵截，不仅没有减员，到陕北时，部队还增加了800多人；是长征中唯一一支创建了根据地的红军，在全国各革命根据地大部分损失

① 江泽民:《在纪念红军长征胜利六十周年大会上的讲话》,《人民日报》1996年10月23日。

的情况下，在鄂豫陕边区播下了红军种子，创建了鄂豫陕革命根据地；是长征中唯一一支发展地方游击师、红七十四师的红军，为红军增加了新鲜血液；是长征途中军政主官伤亡最重的队伍，政委吴焕先英勇牺牲，军长程子华、副军长徐海东负重伤，中共鄂豫皖省委书记徐宝珊积劳病逝。

红四方面军和红二十五军，创建了以大别山为中心的鄂豫皖革命根据地，特别是红二十五军在极端困难的条件下，坚持鄂豫皖苏区的武装斗争，他们身上都有深深的大别山烙印，他们既是大别山精神形成的主要载体，也被大别山精神长期滋养，可以说他们是流动的大别山精神，是让大别山精神走出大别山地区，滋养更多地方的革命力量。历史没有假设，但是我们可以想象这段历史，红四方面军和红二十五军作为长征四路大军之二，如果没有这两路大军在长征中英勇斗争，长征胜利会师的历史或许会延后；如果没有四路大军的相互配合，长征的征途会更加曲折；如果没有红二十五军独特的贡献，长征精神的内涵不可能如此丰富。他们也是长征精神的主要载体。从这个角度，我们可以说，大别山精神深深滋养了长征精神，大别山精神通过长征征途直接滋养或间接唤醒了更多的革命力量。

（六）大别山精神与西路军精神

关于西路军精神的概括和表述都不尽相同，对西路军精神的内涵解释也存在一定的差异。其中，兰州西路军研究会名誉会长董汉河将西路军精神概括为8个方面：把中国人民和中华民族的根本利益看得高于一切，坚定的革命理想和信念及坚信正义的事业必然胜利的精神；为救国救民，不怕任何艰难险阻，不惜付出一切的牺牲精神；顾全大局、严守纪律、紧密团结的精神；紧紧依靠人民群众，同人民群众生死相依、艰苦奋斗的精神；与敌人血战到底的英雄气概和宁死不屈的革命气节；患难与共，不避风险，相互救助的精神；用勇敢和智慧保护自己，百折不挠潜返革命阵营的孤胆英雄精神；忍辱负重，永不动摇，用终生的革命言行，证明对党和人民的无限忠诚。[①]

西路军精神是西路军数万将士用生命和鲜血谱就的瑰丽诗篇，是英雄气概和革命精神的集中展示。西路军数万将士，也就是红军第四方面军总部及第五军、第九军、第三十军共2.1万余人。其中红军第四方面军总部及第九军、第三十军，都是从大别山地区建立和发展起来的。

“1927年11月，著名的黄麻起义爆发后，首先在鄂东创建了中国工农红军第十一军第三十一师。1929年5月、11月，在豫东南爆发的商南起义和在皖西爆发的六（安）霍（山）起义先后取得成功后，又相继建立了红三十二师、红三十三师。这三个师组成红一军后，同活动在蕲（春）黄（梅）广（济）地区的红十五军合编为红四军。红四军和新成立的红二十五军于1931年11月组成了红四方面军，活动于以大别山为中心的鄂豫皖三省边区。1932年底，红四方面军主力转战到川陕地区后，又把活动在川东的游击军和其他地方武装扩编进来，形成了一支八万人的强大力量。”[②]可以说，西路军基本都是从大别山走出来并经过长征洗礼的部队，他们的身上都有深深的大别山精神烙印。从这个角度来看，大别山精神可以说是西路军精神的源头。

1936年11月，西路军奉中央指示，西进河西走廊，开始了孤军

① 参见董汉河:《西路军革命精神的丰富内涵》,《甘肃理论学刊》2010年第6期,第5—11页。

② 张生寅、何志明:《论西路军精神》,《青海社会科学》2010年第3期,第167页。

奋战的艰难征程，这也让西路军精神绽放在广袤的河西走廊。红四方面军从鄂豫皖革命根据地到川陕革命根据地，在艰苦的对敌斗争中逐步发展壮大。红四方面军广大指战员在党的领导下，紧紧依靠根据地的人民群众，团结一致，舍生忘死，浴血奋战，创造了许多可歌可泣的英雄事迹。而且在长期的战争实践中，红四方面军将士为人民利益而战的革命热忱、政治工作的强大威力、官兵之间的平等关系、各部队之间的密切配合、建立在自觉基础上的革命纪律，使红四方面军成长为一支战斗作风好、打仗过得硬的革命队伍。西路军孤军奋战，经受住了生与死、血与火的考验和锤炼，这是红四方面军战斗作风“狠、硬、快、猛、活”[①]五个字在河西走廊的延续。从这个角度来看，西路军精神是大别山精神在河西走廊的延展。

（七）大别山精神与新四军铁军精神

新四军铁军精神集中体现在“六个铁”，即跟党举旗、听党指挥的铁的信念；忠诚爱国、忠贞为民的铁的担当；海纳百川、共同战斗的铁的团结；英勇顽强、艰苦奋斗的铁的作风；令行禁止、秋毫无犯的铁的纪律；百折不挠、不怕牺牲的铁的意志。[②]

大别山地区是南方游击根据地最早实现停战的地区之一。全面抗战爆发后，1937年7月15日，红二十八军政委高敬亭向国民党豫鄂皖边区督办公署督办卫立煌提出倡议，到7月28日就顺利地达成了停止内战、一致抗日的协议，一共只用了14天的时间。为什么国共两支大军在鄂豫皖边区生死搏斗了十年，只经过14天的谈判，就能结束内战、团结对外呢？最主要的原因就是作为红二十八军最高

① 这是徐向前元帅对红四方面军战斗作风的概括。

② 参见江苏省档案馆、中共江苏省委党史工作办公室：《初心永恒——江苏四种革命精神简明读本》，江苏人民出版社2019年版，第120—134页。

领导人的高敬亭，在历史转折的关头，表现出高度的原则性和警惕性，坚决执行中共中央关于在抗日民族统一战线中保持独立自主的正确方针，这是跟党举旗、听党指挥的铁的信念最集中的表现。

新四军组建时，以大别山健儿为主体的四支队是新四军人数最多的一支部队。1938年，红二十八军和鄂豫边区红军游击队改编为国民革命军陆军新编第四军第四支队，高敬亭任司令员，共3100人，是新四军人数最多的一支部队。1938年5月12日，第四支队一部在安徽巢县蒋家河口伏击日军，歼敌20余名，缴获十几支步枪和一挺轻机枪，而我军无一伤亡。蒋家河口战斗是新四军组建后在抗日战场上打的第一仗。首战告捷，军威大振，打击了侵华日军的嚣张气焰，激励了皖中人民的抗日热情，增强了新四军广大指战员坚持敌后抗战的信心。5月15日，《新华日报》率先公布了这一消息。蒋介石获悉后也于5月16日向叶挺、项英发出“贵军四支队蒋家河口出奇挫敌，殊堪嘉慰”①的电文，嘉勉新四军抗日健儿。

皖南事变后，新四军将全军整编为7个师和1个独立旅，其中第二师就是以四支队（大别山的红二十八军）为班底整编而成，第五师更是战斗、成长于大别山地区。第二师顽强战斗在皖中、皖东地区，多次粉碎日伪军的“扫荡”和国民党顽固派的进攻，共作战340余次，歼日伪军61万人，第二师也发展成为5万人的武装力量；创建和保卫了拥有390万人口、2.1万平方公里、17个县级政权的淮南抗日根据地。新四军第四支队及第二师和淮南人民也付出极大代价，共伤亡2万余人，其中县团以上干部40余人。1939年初到1945年8月，豫鄂边区党政军民共同努力，创建、巩固、发展了新四军第五师和豫鄂边区抗日民主根据地，建立拥有5万余人的正规军和30余万人的民兵武装力量，先后抗击15万侵华日军和8万多名伪军，对

① 中共安徽省委党史研究室编：《红皖撷英》，安徽人民出版社2016年版，第106页。

日伪军的主要战斗1260余次，共歼灭日伪军4.3万余人；对顽军的自卫作战878次，毙、伤、俘顽军和顽军起义投诚的共3.2万余人。新四军第五师在抗日战争中，伤亡13万余人，解放9万多平方公里的土地和1300多万人民，建立8个专区、11个中心县、66个党政军组织齐全的县级抗日民主政权。第二师、第五师从战略上有力地配合了八路军、新四军兄弟部队在敌后的抗战，支援了国民党抗日部队正面战场的作战，为中国抗日战争和世界反法西斯战争的胜利作出重大贡献。这些都是忠诚爱国、忠贞为民的铁的担当，百折不挠、不怕牺牲的铁的意志的表现。

可以说，新四军铁军精神是大别山精神最直接的传承者，是大别山精神在抗日战场上的具体表现。大别山精神深深滋养了新四军铁军精神，极大丰富了新四军铁军精神的内涵。

四、大别山精神的传承

大别山精神是中国革命精神的重要组成部分，不仅激励着大别山地区人民，更激励着中国的建设、改革、发展事业。大别山人民永远不会忘记大别山精神，并用自身的方式传承和发扬着大别山精神。红安精神、金寨精神、淠史杭精神就是其中的代表。

（一）大别山精神与红安精神

红安地处鄂东边境、大别山区。新民主主义革命时期，英雄的红安人民在中国共产党的领导下，为推翻帝国主义、封建主义、官僚资本主义的统治，为中华人民共和国的诞生，浴血奋战，百折不挠。在中国革命史上写下了光辉的篇章。1920年，中国共产党和湖北共产党早期组织的创始人之一董必武创办武汉中学，开始向红安青年学生传播马克思主义。1923年，在董必武直接指导下，红安党组织创立。大革命时期，红安掀起了轰轰烈烈的农民运动。土地革命战争时期，红安爆发了著名的黄麻起义，成为全国三大革命根据地之一——鄂豫皖根据地的摇篮和中心区域。抗日战争和解放战争时期，红安又成为鄂豫边抗日民主根据地和中原解放区的主要区域。在红安这块红色土地上，诞生了5支人民军队，走出了人民解放军的两百多名将领和中华人民共和国的两位重要领导人物（董必武、李先念）。红安人民在长期艰苦卓绝的革命斗争中，创造了彪炳史册的英雄业绩，也创造了独具特色的红安精神。

红安、黄冈和湖北都对红安精神有所界定。2004年，中共湖北省委作出把红安建设成湖北最重要的革命传统教育基地的决定后，中共湖北省委党史研究院牵头组织省直机关、大专院校、黄冈市和红安的专家学者组成课题组，撰写了《红安精神研究报告》。该报告在总结上述关于红安精神多种表述的基础上，将红安精神表述为："万众一心，为党为民，朴诚勇毅，不胜不休。"通俗说法就是一心为人民，一心跟党走，一心干革命，一心夺胜利。该报告还充分阐释了红安精神的丰富内涵，即红安精神的灵魂是坚定的共产主义信念；红安精神的本质是一切为了人民，一切依靠人民；红安精神的核心是执着坚韧，自强不息；红安精神的精髓是求真务实，勇于创新；红安精神的品格是舍生取义，无私奉献。

大别山精神是在中国共产党的领导下，以红安、新县、金寨为代表的大别山区共产党人带领广大人民群众进行新民主主义革命进程中，用鲜血和生命凝聚成的一种以为共产主义奋斗为价值取向的革命信念、革命意志、革命品质和革命行动的总和。红安精神是大别山精神的重要组成部分，是大别山精神在红安地区的概括，更侧重强调大别山精神在红安的具体体现。

（二）大别山精神与金寨精神

金寨是中国革命的重要策源地、人民军队的重要发源地，中国工农红军第一县、全国第二将军县。土地革命战争时期，境内相继爆发了著名的商南起义和六霍起义，先后组建了11支成建制的主力红军队伍。在全国的4支长征队伍中，有2支（红二十五军和红四方面军）直接诞生于金寨和主要发源于金寨。红二十八军先后3次在金寨重建，在主力红军转移出大别山地区后，红二十八军坚持了3年艰苦卓绝的游击战争，让革命的红旗始终高高飘扬在大别山上。抗日战争时期，金寨一度成为中国共产党领导安徽抗日民主运动的指挥中心。解放战争时期，金寨是大别山后方根据地的重要组成部分。辉煌的革命历程，深深滋养了金寨人民。

1998年，金寨人民提出了“艰苦奋斗、勇于奉献、团结拼搏、创优争先”十六字金寨精神。

艰苦奋斗。在提炼金寨精神时，因各种客观原因，金寨县还是经济较落后的革命老区，带着贫困的帽子。把艰苦奋斗放在金寨精神的首位，突出反映了金寨人民希望继续发扬革命战争年代中的艰苦奋斗精神，改变贫穷落后的面貌，摆脱贫困的帽子。艰苦奋斗是大别山精神的突出特征，在革命战争年代，特别是在白色恐怖笼罩时期，金寨革命群众既要承受恶劣自然条件下的生存困难，还要面对敌人的包围封锁，特别是主力红军转移后，还要进行艰苦卓绝的游击战争，克服这一切困难都只能依靠艰苦奋斗。也只有艰苦奋斗，才能让革命的红旗始终高高飘扬在大别山上。

勇于奉献。革命战争年代，大约10万英雄儿女参加了革命队伍，绝大多数血洒疆场、为国捐躯，仅新中国成立后被追认为革命烈士的人数就达1万多人。社会主义建设时期，为治理淮河水灾，国家在金寨境内修建水库，淹没金寨10万多亩良田，金寨自我安置移民10万多人。牺牲奉献是大别山精神的一个重要内涵，新民主主义革命时期，整个大别山区先后有100万人牺牲，家家有红军、户户有烈士，山山埋忠骨、岭岭皆丰碑，为中国革命作出了巨大牺牲和突出的贡献。勇于奉献，既是金寨精神的重要内涵，也是金寨人民为大别山精神的内涵所做的一个重要注释。此后，金寨人民把这种勇于奉献的精神继续用于中国的建设、改革、发展。

团结拼搏。革命战争时期，在主力红军离开大别山开始长征，敌人疯狂进攻根据地的严峻形势下，留守的红军领导人将分散在金寨的革命武装集中起来组建了红二一八团，共700多人，成为后来再建的红二十八军的主体，这支部队是鄂豫皖边区的最后一支主力红军，这是金寨革命群众团结拼搏的结果。新时代，金寨县坚决打赢精准脱贫攻坚战，实现2020年前全县贫困人口全部脱贫，贫困村全部出列，贫困县摘帽。展望未来，金寨人民一定能以团结拼搏的精神取得现代化建设的丰硕成果。

创优争先。“创优争先”作为金寨精神的一部分，应该说是当地政府在对金寨县情准确把握下作出的正确决策。创优争先是对大别山革命精神的延伸和拓展，为的是改变过去，特别是新中国成立后，当地存在“等、靠、要”等不良思想。这种精神激励金寨人民早日发家致富奔小康，迎头赶上发达地区的发展水平，甚至还应该以一种后来居上的积极进取思想，努力赶超其他地区的发展速度和水平。[①]

综上所述，大别山精神更好地激励了金寨振兴发展，金寨精神是对大别山精神的一种传承，同时也根据发展的实际延伸和拓展了大别山精神的内涵，让大别山精神更具有时代性。

---

① 参见丁同民、闫德亮、林志成：《彪炳史册的大别山精神》，人民出版社2017年版，第191页。

（三）大别山精神与淠史杭精神

自20世纪50年代起，江淮儿女特别是六安老区人民开始兴建淠史杭水利工程，经过数十年不懈奋斗，在中国水利兴修史上创造出“淠史杭”传奇。淠史杭工程沟通淠河、史河、杭埠河三大水系，横跨江淮两大流域，以宏伟的灌排体系沟通了六大水库、三大渠首、2.5万公里固定渠道、6万多座渠系建筑物，以及1200多座中小型水库、21万多座塘堰，组成了“长藤结瓜”式的灌溉系统，具有以防洪、灌溉为主，兼水力发电、城市供水、航运和水产养殖等综合功能。伟大的工程成就伟大的精神。

艰苦奋斗。淠史杭工程开工建设时，工程立不上项，争取不到投资，后来投资也非常有限。而在施工期间，正是三年困难时期，六安地区的财力也相对薄弱。这一工程的建成，很大程度上依赖于皖西人民群众的自力更生、艰苦奋斗和同心协力。当时，几十万民工自带口粮、工具，靠着满腔热情和冲天干劲，创造了惊天地、泣鬼神的治水业绩。红四方面军未能打破敌人的第四次“围剿”，主力被迫实行战略转移。在主力红军转移后，与党中央失去联系的情况下，面对国民党军的反复“清剿”，大别山军民包括六安人民顽强斗争，浴血奋战，直至抗日战争全面爆发，始终使革命红旗飘扬在大别山上。艰苦奋斗的精神可以说是一脉相承。

牺牲奉献。为了建设淠史杭上游五大水库，金寨、霍山等县区30万亩耕地被淹没，30万户民众迁移，六安老区人民作出了巨大牺牲。11条干渠同时开工，需要大量的人力物力。群众自发参与工程建设，为了长远的治水工程，牺牲自己，造福后代。为了争取淠河干渠在1959年夏季通水，在施工的关键期，六安地委在全专区动员

14万机关干部、工人和城镇居民，突击开挖干渠以上的渠道。[①]正是由于六安老区人民群众牺牲小我、成就大我，才创造了淠史杭工程的伟大成就。六安老区人民为了新中国的成立，牺牲了30万英雄儿女，成就了伟大的大别山精神，牺牲奉献同样是大别山精神的鲜明特征。

敢于担当。新中国成立后，由于皖西地区境内岗峦起伏，旱涝频发，农业和水利基础设施薄弱，兴修水利便成为推动农业发展的根本出路。而1958年的一次大旱情，将兴修水利工程提上六安地委的重要议事日程。各级领导干部不畏艰难、敢于担当，始终坚持人民的利益高于一切，在物资匮乏、技术落后的条件下，团结带领广大人民修水库、建大坝、挖渠道，终于建成了淠史杭工程，将昔日的贫瘠之地变成了旱涝保收的"江淮大粮仓"。在革命战争年代，大别山人民包括六安人民更是敢于担当，并创造了辉煌业绩，让大别山地区成为重要的建党基地，中国革命的重要策源地，人民军队的重要发源地，中国革命的重要根据地，抗日战争的战略要地，解放战争两大转折的重要发生地。可以说，在波澜壮阔、烽火连天的峥嵘岁月里，以皖西人民为代表的大别山人民用鲜血和生命创造了"28年红旗不倒"的伟大奇迹，铸就了大别山精神。新中国成立后，皖西人民积极响应毛主席"一定要把淮河修好"的伟大号召，在极其匮乏的物质基础和极其简陋的技术条件下，修建了人间天河淠史杭，铸就了淠史杭精神。两种精神虽侧重点有所不同，但其内涵在本质上是相通的。可以说，淠史杭精神就是在社会主义建设的道路上继承和发扬大别山精神的具体体现。

① 参见姚燕：《将淠史杭精神融入思想政治工作的理论与实践》，《管理观察》2019年第17期，第61—62页。

第九章　大别山精神的历史地位和时代价值

在中国近现代革命史上，大别山是和井冈山齐名的革命“名山”。毛泽东曾在《中国的红色政权为什么能够存在?》一文中，充分肯定了大别山地区的革命斗争，他指出，“海陆丰、湘东、湘南、湘赣边界、湖北的黄安等地都有过农民的割据”，作为中国革命重要组成部分的鄂豫皖革命根据地和以此为基础的大别山地区革命斗争在中国共产党领导的革命历史中占据重要地位。在长期的革命战争中，大别山军民在中国共产党的领导下，浴血奋战、前仆后继，革命斗争不息、革命红旗不倒、革命薪火不灭，创造了大别山“28年红旗不倒”的奇迹。它与井冈山精神、延安精神、沂蒙精神、西柏坡精神一样，都是中国共产党领导人民群众在不同时期、不同地域进行革命、建设和发展的精神载体，都是中华民族精神的重要组成部分，是我们党精神谱系的重要组成部分，具有丰富深刻的内涵。2016年，习近平总书记视察六安市金寨县时充分肯定大别山人民的历史贡献，并指出“回想过去的烽火岁月，金寨人民以大无畏的牺牲精神，为中国革命事业建立了彪炳史册的功勋，我们要沿着革命前辈的足迹继续前行，把红色江山世世代代传下去”[①]。2019年，习近平总书记视察河南时指出，鄂豫皖苏区根据地是我们党的重要建党基地，焦裕禄精神、红旗渠精神、大别山精神等都是我们党的宝贵精神财富。大别山区的无数英雄儿女，为民族解放、国家独立、人民幸福而艰苦探索、奋斗不懈、英勇战斗，为新中国的诞生作出了不可磨灭的贡献。在新的历史条件下，为完成新的使命，战胜新的困难，我们要认真传承以大别山精神为代表的红色基因，从中汲取信仰之钙、党性之魂，启迪当代青少年正确践行社会主义核心价值观，从而实现崇高理想。

一、大别山精神的历史地位

大别山精神是指在大别山这一特定区域，由大别山地区的共产党人和人民群众在长期的革命斗争过程中，在不同时期中，用鲜血和生命凝聚成的革命信念、革命意志、革命品质和革命行动的总和，是民族精神、革命精神、时代精神的有机统一。作为中国革命精神的重要组成部分，大别山精神为中国革命和历史发展作出了不可磨灭的历史贡献。2019年9月，习近平总书记深入老区新县、光山考察调研，作出了“大别山精神是我们党的宝贵精神财富”的重要论断。大别山是人民军队重要诞生地、重要建党基地，大别山精神是中国红色文化的主要源流。在大别山精神引领下，大别山区军民缔

① 许罡:《家风建设是党员干部的必修课》,东方出版社2017年版,第137页。

造了“28年红旗不倒”的革命神话，为新民主主义革命的胜利作出了巨大贡献，在中国革命进程中发挥了重要作用。

（一）大别山精神是中国共产党奋斗历史的印证

中国共产党近百年的光辉历史就是团结和带领全国各民族人民在实现中华民族伟大复兴道路上顽强拼搏，通过艰苦卓绝的斗争，持续奋斗，不断取得辉煌成就的历史。大别山是中国革命的重要策源地、人民军队的重要发源地，是马克思主义传播和党的活动开展较早的地区之一，是鄂豫皖革命根据地，是中国工农红军三大主力之一红四方面军的诞生地，是抗日战争时期新四军第五师的根据地，也是刘邓大军战略跃进的落脚地，更是中国革命走向全面胜利的转折地，是我们党的历史的一个缩影。从1921年中国共产党诞生到中华人民共和国成立，党组织和革命武装一直在大别山地区坚持斗争，28年红旗不倒。红旗不倒，火种不灭，是大别山精神的本质特征，归根到底是对崇高理想的不懈追求。大别山精神的主轴就是永远跟党干革命。党的领导是大别山革命斗争的核心组织力量。在中国共产党的领导下，红旗在28年的斗争中始终飘扬在大别山上，指引着大别山人民前进的方向。大别山人民自觉地将党看作自己的“领路人”，听从的是党的指挥，服从的是党的领导，一心向着共产党，永远跟党干革命。

在中国共产党创建初期，鄂豫皖地区的党组织迅速发展，成为国内较早有共产党地方组织活动的区域。高语罕的《白话书信》是大别山地区最早最系统地传播马克思主义的著作。董必武、陈潭秋等以武汉中学为阵地，建立和发展党的组织，传播马克思主义思想。热血青年、爱国志士对救国真理的追求及其革命行动，使大别山风云激荡，极大震荡了沉闷压抑的旧社会。面对黑暗，大别山优秀儿女以各种不同的方式探索、抗争、奋斗。大别山英雄志士的“初心”，浓缩起来就是一句话：推翻专制，实现民族解放、国家富强、人民幸福，创建一个没有压迫、公平正义的新社会。大革命时期，随着北伐战争的胜利推进，大别山地区党的组织建设取得较大发展，大别山地区就是党在鄂豫皖活动的核心区域。三大起义的成功，创建了鄂豫边、豫东南、皖西三块革命根据地，以大别山脉为中心的鄂豫皖革命根据地实现了统一并成立了鄂豫皖边区苏维埃政府，成为土地革命战争时期规模仅次于中央革命根据地的全国第二大根据地。抗日战争爆发后，大别山军民以国家、民族利益为重，改编为新四军，投入抗日洪流。解放战争开始，中原突围成为“中国革命战争史上的一个重要转折”[①]。1947年8月刘邓大军千里挺进大别山，标志着人民军队战略进攻阶段的到来，毛泽东称“这是一个伟大的事变”，“这个事变一经发生，它就将必然地走向全国的胜利”。[②]三大战役后，人民解放军发动渡江战役，大别山地区成为渡江战役的前线阵地和保障基地，见证了国民党的覆灭和中国革命的胜利。

纵观整个新民主主义革命时期，在大革命、土地革命、抗日战争和解放战争等不同历史阶段，大别山这片红色土地上的军民始终坚定马克思主义的信仰，对党忠诚、永跟党走，义无反顾地坚持党的活动不断、革命斗争不息、革命红旗不倒、革命薪火不灭，其影响规模之大、持续时间之长、环境变化之复杂，在全国各革命根据地中也极为少见。坚守理想信念是大别山精神的精髓和最宝贵的优良传统，大别山革命斗争的历史就是一部浓缩的中国共产党历史，它见证了中国共产党的立党初心和为实现中华民族伟大复兴而不懈奋斗的光辉历程。

---

① 李先念：《李先念文选（一九三五——一九八八）》，人民出版社1989年版，第450页。

②《毛泽东选集》（第四卷），人民出版社1991年版，第1244页。

（二）大别山精神是党领导人民和军队艰苦奋斗的历史见证

中国共产党自成立之日起就确立了全心全意为人民服务的根本宗旨，代表广大人民群众的根本利益。在各个不同时期制定的路线、方针、政策以及党的一切工作的出发点和落脚点都是为人民服务、为人民谋幸福。在革命、建设、改革各个历史时期，我们党都坚持紧紧依靠人民。中共二大指出，“我们既然是为无产群众奋斗的政党，我们便要‘到群众中去’要组成一个大的‘群众党’”。这个党不仅“内部必须有适应于革命的组织与训练”，而且“党的一切运动都必须深入到广大的群众里面去”，都“必须是不离开群众的”。[①]群众路线是我们党的生命线和根本工作路线，是我们党永葆青春活力和战斗力的重要传家宝。毛泽东在《中国的红色政权为什么能够存在？》中指出：“中国红色政权首先发生和能够长期地存在的地方，不是那种并未经过民主革命影响的地方，例如四川、贵州、云南及北方各省，而是在一九二六和一九二七两年资产阶级民主革命过程中工农兵士群众曾经大大地起来过的地方，例如湖南、广东、湖北、江西等省。”[②]“依靠群众、团结群众、为了群众”是克敌制胜的重要法宝，大别山精神之所以能革命斗争不息、革命红旗不倒、革命薪火不灭，与大别山地区人民群众被广泛发动起来密切相关。大别山精神的核心是始终坚持中国共产党的领导，时刻依靠人民群众。大别山地区的共产党人忠实地牢记着党的这一宗旨。

鄂豫皖大别山地区是国内较早建立党组织的区域。大别山地区人民群众深受革命影响，在中国革命的各个阶段全心全意地支持人

---

①《建党以来重要文献选编（1921—1949）》（第一册），中央文献出版社2011年版，第162页。

②《毛泽东选集》（第一卷），人民出版社1991年版，第49页。

民战争。大别山精神是由大别山地区的共产党人和人民群众用鲜血和生命凝结成的、甘于以共产主义奋斗牺牲为价值取向的革命精神的结晶。徐向前元帅在《历史的回顾》中写道："红军的力量在于民众之中。反三次'会剿'，拖得敌人捉襟见肘，精疲力竭，失败而归，就是因为有广大人民群众积极配合红军作战。毛主席说过，真正的铜墙铁壁是什么？是千百万真心实意地拥护革命的群众。鄂豫皖边的群众，受压迫很深，与官僚、军阀、地主有不共戴天之仇。工农武装起义成功，打土豪、分田地，搬掉了压在人民头上的大山，他们打心眼里拥护革命。敌人来了，又烧又杀又抢，搞什么'清乡'、'搜剿'，残害群众的手段骇人听闻。每次'会剿'来临，群众纷纷藏粮食，进深山，封锁敌人，支援红军。他们宁肯丢掉家园，在山里风餐露宿，忍饥挨饿，也不愿落到白军手里。有些群众被敌人抓住，百般受刑，至死不吐露红军的一点消息。在特委领导组织下，男女老少，拿起扁担、矛子、大刀、土枪，四处击敌，弄得敌军风声鹤唳，草木皆兵，防不胜防。红军有了群众的支持，如鱼得水，任我驰骋，这是弱小的红军能够生存、发展、克敌制胜的根本原因。"①

在28年的革命斗争中，大别山鄂豫皖根据地有两句口号一直被人传颂。一是"一要三不要"，为了革命舍生取义，要革命不要钱不要家；二是"一图两不图"，图奉献不图名不图利。在最艰苦的岁月里，大别山革命群众竭尽所有支援革命，最后一碗米送去做军粮，最后一尺布送去做军装，最后的老棉袄盖在担架上，最后的亲骨肉送他上战场。刘伯承元帅曾说，"我们依靠的是人民，蒋介石依靠的是碉堡"，"这就是第二野战军在大别山战斗及全部人民解放战争胜

① 徐向前：《徐向前回忆录》，解放军出版社2007年版，第63—64页。

利的关键”[①]。大别山区人民群众用质朴的感情和无私的付出表达着对共产党的信任和对革命军队的拥护，支持着党和革命事业。大别山地区的革命群众在长期革命斗争中形成了“一根筋、不二心、紧跟党、干到底”的无产阶级革命精神。

革命战争年代，鄂豫皖革命根据地党组织坚持群众路线，始终把人民群众的利益放在首位，反对脱离群众，主张深入群众去开展工作，在斗争中发动群众、争取群众。1927年，中共中央在给鄂东北特委并全体同志的指示信中指出：“无产阶级政党是要在群众中发展，在群众中生存，离开这个原则便要根本动摇党的基础。”[②]1930年，中共中央在给六安中心县委的指示信中要求“争取成千上万的广大群众于每一支部以至每一党员的周围”。“领导群众改革封建土地制度，帮助群众解决生产、生活上的困难”。大别山革命根据地党组织一直把群众工作放在重要的地位，坚持把解决和维护群众利益放在首位，时刻心系群众，将群众的利益扛在肩上，同人民群众患难与共，生死相依。

在中国革命的征程中，200多万大别山人民群众投入革命，“以革命利益为第一生命，以个人利益服从革命利益”[③]。据统计，整个新民主主义革命时期，大别山区有近100万人英勇牺牲，仅登记在册的烈士就有130351名，仅安徽金寨县已调查追认的革命烈士就有10408人。[④]大别山军民28年矢志不渝地奋斗，发扬的是“赤心向

① 李业坤：《鄂豫皖革命根据地的重要地位和卓越贡献(下)》，《党政论坛》2016年第4期，第23—26页。

② 中央档案馆编：《中共中央文件选集》(第五册)，中共中央党校出版社1990年版，第374页。

③《毛泽东选集》(第二卷)，人民出版社1991年版，第361页。

④ 参见安徽省金寨县地方志编纂委员会编：《金寨县志》，上海人民出版社1992年版，第3页。

党、不屈不挠”“牺牲小‘我’、成全大‘我’”“坚韧不拔、越挫越勇”“心系群众、严守纪律”的革命精神。面对艰苦的自然环境和敌人的外部压力，大别山人民坚定地汇聚在中国共产党这一鲜红的旗帜下，不怕流血流汗，艰苦奋斗，坚持不懈地进行斗争。徐向前晚年在回顾大别山革命斗争时说，经过党长期培养和长期革命斗争锻炼的干部、战士和人民群众，对党、对共产主义事业具有无限的忠诚和坚定的信心，表现出伟大的革命英雄主义气概。

在大别山精神的指引之下，以大别山为中心的鄂豫皖三省边界地区成为中国共产党培养治党治国治军杰出人才的重要基地，为中国革命、建设和改革事业锻造出大批革命骨干、军事将领和优秀干部，仅1955年至1964年被授予少将以上军衔的就有570人，占当时全国将军总数的35.5%。大别山地区广大人民群众在中国共产党的领导下，建立了卓越功勋，在中国共产党、中国人民解放军、中国革命和中华人民共和国历史上写下了光辉篇章。

（三）大别山精神是中华民族精神的体现

“一个民族、一个国家，如果没有自己的精神支柱，就等于没有灵魂，就会失去凝聚力和生命力。”①精神是一个民族所共同具有的意识观念、文化传统、意志情感、思想品格、价值取向和道德规范的集合。“人无精神则不立，国无精神则不强。精神是一个民族赖以长久生存的灵魂，唯有精神上达到一定的高度，这个民族才能在历史的洪流中屹立不倒、奋勇向前。”②中华民族是一个历经五千多年历史延绵至今，具有优秀历史文化和光荣革命传统的民族。毛泽东曾说过，“中华民族不但以刻苦耐劳著称于世，同时又是酷爱自由、

①《十五大以来重要文献选编》(上)，人民出版社2000年版，第549页。

②《习近平谈治国理政》(第二卷)，外文出版社2017年版，第47—48页。

富于革命传统的民族”[①]。民族精神是一个动态的系统，随着社会的发展、时代的变化其内涵不断丰富。“在五千多年的发展中，中华民族形成了以爱国主义为核心的团结统一、爱好和平、勤劳勇敢、自强不息的伟大民族精神。”[②]这是中华民族赖以生存和发展的精神支撑，是中华民族生命力和凝聚力的体现，也是中华民族最深层次的文化内涵。中国共产党自成立以来，深深地扎根于中华民族的土壤之中，是中华民族优秀传统的忠实继承者和坚定弘扬者。在革命、建设和改革的不同时期，中国共产党人不断地重塑中华民族精神新觉醒的历史，不断地为中华民族注入蓬勃的生机与活力，使中华民族屹立于世界民族之林。

爱国主义是千百年来中华儿女在社会实践中形成的对自己的祖国极其忠诚和热爱的深厚情感。中华儿女一直以来就有以天下兴亡、人民安康为己任的国家情怀，中华民族发展史就是中华儿女的爱国奋斗史。在漫长的历史发展过程中，逐步形成了重视整体利益、强调责任奉献、追求进步、维护民族尊严和国家主权的光荣传统，形成了对外来侵略者无比痛恨、对卖国求荣残害同胞的民族败类无比鄙视、对爱国的仁人志士无比崇敬的民族性格。大别山精神是对中华民族精神的丰富与发展。它继承和延续了光荣传统和民族性格，并结合大别山的地方人文精神和特定历史时期，由大别山地区的共产党人和人民群众在长期的革命斗争过程中，用鲜血和生命凝结成的一种以甘于为共产主义奋斗牺牲为价值取向的革命信念、革命意志、革命品质和革命行动的精神结晶。

大别山区地处鄂豫皖三省交汇处，“僻在荆蛮，筚路蓝缕”的荆

①《毛泽东选集》(第二卷)，人民出版社1991年版，第623页。

② 江泽民：《全面建设小康社会，开创中国特色社会主义事业新局面——在中国共产党第十六次全国代表大会上的报告》，《人民日报》2002年11月18日。

楚文化和整体至上、海纳百川的文化精神植根于这片土地，在长期的发展过程中形成了独特的文化积淀。“爱国主义、团结统一、爱好和平、勤劳勇敢、自强不息”，大别山精神都有所涵盖，有所传承，有所发展。大别山精神还涵盖了：坚定信念对党忠诚的革命精神、胸怀全局无私无畏的献身精神、团结一心众志成城的奋斗精神、勇当前锋不胜不休的斗争精神。从大革命时期到解放战争时期，无论是在革命运动的初始阶段、高潮时期，还是在革命运动遭受挫折的危急关头，大别山地区的军民始终怀着革命必胜的坚定信念，胸怀全局、不屈不挠、前仆后继、无私无畏、不怕牺牲、不胜不休，坚持28年革命红旗不倒。大别山精神与井冈山精神、苏区精神、长征精神、延安精神、西柏坡精神等其他革命精神一样，都是中华民族精神的具体表现、传承和发展，是中华民族精神的瑰宝。

二、大别山精神的时代价值

大别山精神是我们党和全体人民共有的宝贵的精神财富。习近平总书记指出：“实现中国梦必须弘扬中国精神。这就是以爱国主义为核心的民族精神，以改革创新为核心的时代精神。这种精神是凝心聚力的兴国之魂、强国之魂。爱国主义始终是把中华民族坚强团结在一起的精神力量，改革创新始终是鞭策我们在改革开放中与时俱进的精神力量。全国各族人民一定要弘扬伟大的民族精神和时代精神，不断增强团结一心的精神纽带、自强不息的精神动力，永远朝气蓬勃迈向未来。”[①]在中国特色社会主义新时代，大别山精神作为中国精神之一，蕴含着巨大的精神价值。2019年9月16日至18日，习近平总书记在新中国成立70周年之际到河南进行了为期三天

①《十八大以来重要文献选编》(上)，中央文献出版社2014年版，第235页。

的考察调研，他指出，鄂豫皖苏区根据地是我们党的重要建党基地，焦裕禄精神、红旗渠精神、大别山精神等都是我们党的宝贵精神财富。开展主题教育，要让广大党员、干部在接受红色教育中守初心、担使命，把革命先烈为之奋斗、为之牺牲的伟大事业奋力推向前进。习近平总书记提出了“红色政权是怎么来的”“新中国是怎么来的”“今天的幸福生活是怎么来的”政治命题。回望来路，我们党之所以能够赢得全国人民的支持，取得新民主主义革命胜利，建立一个崭新的中国，正是拥有了包括大别山精神在内的革命精神所蕴含的党性之魂。毛泽东曾指出：“革命文化，对于人民大众，是革命的有力武器。”[①]大别山精神作为中国革命精神和中华民族精神的体现，具有巨大的时代价值，是实现“两个一百年”奋斗目标和中华民族伟大复兴的中国梦的精神引领之一，对新时代党的建设、培育和践行社会主义核心价值观、公民道德建设等方面具有重要的启示、借鉴和文化滋养作用，也是对革命老区振兴发展的智慧和精神支持。

（一）弘扬大别山精神对新时代党的建设的意义

党的十九大报告指出：“中国共产党人的初心和使命，就是为中国人民谋幸福，为中华民族谋复兴。”[②]开展“不忘初心、牢记使命”主题教育，弘扬大别山红色文化具有重要价值。大别山精神是中国共产党奋斗历史的文化印证，是中国共产党人革命精神谱系的重要构成，是中国共产党人坚守初心、实现使命的精神动力。习近平总书记在2018年6月中央外事工作会议上提出了一个重大论断，即

①《毛泽东选集》(第二卷)，人民出版社1991年版，第708页。

② 习近平：《决胜全面建成小康社会 夺取新时代中国特色社会主义伟大胜利——在中国共产党第十九次全国代表大会上的报告》，人民出版社2017年版，第1页。

“当前中国处于近代以来最好的发展时期，世界处于百年未有之大变局”。进入新时代，我国要在面对当今世界百年未有之大变局和错综复杂的国内外风险挑战的情况下实现中华民族伟大复兴，就必须在全党坚守初心，担当使命，继续发扬斗争精神、增强斗争本领，在中国革命精神中汲取力量。弘扬大别山精神，就是用其中蕴含的“坚定信念、对党忠诚的革命精神”“胸怀全局、无私无畏的献身精神”“团结一心、众志成城的奋斗精神”“勇当前锋、不胜不休的斗争精神”教育激励广大党员干部牢记入党初心，坚守马克思主义信仰，坚定共产主义远大理想和中国特色社会主义共同理想信念，树牢“四个自信”，面对机遇与挑战，坚定信心，沉着应对，勇于作为，为夺取新时代中国特色社会主义伟大胜利，为实现中华民族伟大复兴的中国梦不懈奋斗。

弘扬大别山精神，是加强“不忘初心、牢记使命”主题教育的重要载体。在中央“不忘初心、牢记使命”主题教育领导小组印发《关于在“不忘初心、牢记使命”主题教育中认真学习党史、新中国史的通知》中指出，“要把学习领悟党史、新中国史作为牢记党的初心和使命的重要途径，组织引导党员、干部认真学习党史、新中国史……了解党史、新中国史的重大事件、重要会议、重要文件、重要人物，了解我们党领导人民进行艰苦卓绝的斗争历程，了解中国近代以来170多年的斗争史、我们党98年的奋斗史、新中国70年的发展史，了解我们党的光荣传统、宝贵经验和伟大成就，在深入学习和不断领悟中，弄清楚我们从哪里来、往哪里去，弄清楚艰苦卓绝是什么、是怎么来的，做到知史爱党、知史爱国，做到常怀忧党之心、为党之责、强党之志。”中国共产党在长期的奋斗实践中创造了丰富的革命精神。大别山精神是中国共产党在领导新民主主义革命历程中，以马克思主义为指导，在继承中华民族优秀传统文化的基础上形成的特色鲜明的区域红色革命文化。大别山精神涵盖了坚定信念对党忠诚的革命精神、胸怀全局无私无畏的献身精神，团结一心众志成城的奋斗精神，勇当前锋不胜不休的斗争精神。它彰显着中国共产党先进的政治属性、崇高的政治理想、高尚的政治追求、纯洁的政治品质、勇于担当的品质，对新时期传承红色基因、坚定理想信念、发扬革命精神和斗争精神具有重要的意义，是新时代全党坚守初心，实现使命的精神动力。习近平总书记强调："没有文明的继承和发展，没有文化的弘扬和繁荣，就没有中国梦的实现。"[①]通过弘扬大别山精神，深入开展革命传统教育，筑信仰之基，固精神之钙，使党员干部思想受到洗礼和锤炼，增强了守初心、担使命的思想自觉和行动自觉，让初心和使命在广大党员、干部内心深处铸牢、在思想深处扎根。继承和弘扬大别山精神，对于转变作风、端正态度、扎实工作、开拓局面，都具有重大的现实意义。

弘扬大别山精神，就是弘扬坚定信念、对党忠诚的革命精神。"我们党在长期艰苦卓绝的奋斗中，历经曲折而不畏艰险，屡受考验而不变初衷，由小到大，由弱变强，靠的还是坚定的理想信念和百折不挠的革命精神。"[②]"坚定信念、对党忠诚"是党的纯洁性的体现，是党从小到大、由弱到强的精神保证。邓小平同志曾说过："我们过去几十年艰苦奋斗，就是靠用坚定的信念把人民团结起来，为人民自己的利益而奋斗。没有这样的信念，就没有凝聚力。没有这样的信念，就没有一切。"[③]习近平总书记指出："坚定理想信念，坚

① 习近平：《出席第三届核安全峰会并访问欧洲四国和联合国教科文组织总部、欧盟总部时的演讲》，人民出版社2014年版，第17页。

② 习近平：《干在实处 走在前列——推进浙江新发展的思考与实践》，中共中央党校出版社2016年版，第382页。

③《邓小平文选》(第三卷)，人民出版社1993年版，第190页。

守共产党人的精神追求，始终是共产党人安身立命的根本。对马克思主义的信仰，对社会主义和共产主义的信念，是共产党人的政治灵魂，是共产党人经受住任何考验的精神支柱。形象地说，理想信念就是共产党人精神上的‘钙’，没有理想信念，理想信念不坚定，精神上就会‘缺钙’，就会得‘软骨病’。”[①]理想信念是中国共产党人的精神基石和灵魂。而大别山精神的精髓和最宝贵的优良传统就是坚定信念、对党忠诚的革命精神。革命需要坚定的理想信念，在新时代，更需要大力发扬革命先烈的英勇奋斗精神，坚持共产主义理想信念。理想指引方向，信念决定成败。1921年至1949年，大别山军民在极其险恶的环境里，28年里坚定理想信念、初心不改，坚持党的领导，勇当前锋、不胜不休。这里的革命志士用实际行动践行信念的价值，树立起精神的丰碑。“坚定信念、对党忠诚”也是自觉加强党性修养的重要内容。党性修养，是共产党员的自我教育、自我改造、自我完善，是党的本质属性在党员身上的内化，是共产党员在改造客观世界中自觉运用党性原则规范自身行为，克服和抵制各种错误思想，不断改造主观世界，不断开创实践和认识新境界的过程，是共产党员自强和自律的统一。加强党性修养表现为在思想上树立和坚持以马克思主义为指导的正确的世界观，旗帜鲜明讲政治；在行动上践行全心全意为人民服务的根本宗旨。在中国共产党的精神家园建设中，大别山精神是党性教育的生动教材。大别山地区是党和军队锻炼成长的革命摇篮。这里留下了董必武、陈潭秋、周恩来、邓小平、刘伯承、徐向前、王震、李先念等无产阶级革命家的战斗足迹。这里的干部群众始终坚定革命信念，百折不挠、无坚不摧，革命队伍始终不垮，革命火种始终不灭，红旗始终不倒。2019年，习近平总书记考察鄂豫皖革命根据地的核心区域新县和光

①《习近平谈治国理政》(第一卷)，人民出版社2018年版，第15页。

山县时指出，“我每次到革命老区考察调研，都去瞻仰革命历史纪念场所，就是要告诫全党同志不能忘记红色政权是怎么来的、新中国是怎么来的、今天的幸福生活是怎么来的”。这“三个怎么来的”的提出，就是强调铸牢党性之魂的重要性，全体党员要勇于自我革命，不断自我净化、自我完善、自我革新、自我提高，以党的伟大自我革命推动党领导的伟大社会革命，坚定走中国特色社会主义道路，不忘初心、牢记使命。大别山精神中蕴含的深刻的自我革命精神，是新时代共产党员锤炼忠诚担当的政治品格、继续进行自我革命的重要精神资源。

弘扬大别山精神，就是弘扬胸怀全局、无私无畏的献身精神和勇当前锋、不胜不休的斗争精神。习近平总书记强调：“必须牢固树立高度自觉的大局意识，自觉从大局看问题，把工作放到大局中思考、定位、摆布，做到正确认识大局、自觉服从大局、坚决维护大局。”[①]拥护中央、胸怀大局、无私无畏的献身精神是大别山的光荣革命传统。在中国革命的每个重要历史关头，大别山军民都坚决向党中央看齐，听党中央的指挥，一切从大局出发，一切服从于革命，为革命的胜利甘于献身。“一寸山河一寸血，一抔热土一抔魂。”土地革命战争时期，为了支援中央苏区的反“围剿”斗争，大别山红军在自身面临敌人“围剿”的情况下，根据党中央的指示，多次南下策应中央苏区。为了革命大局，后又有强渡嘉陵江，迎接党中央，为中央红军入川创造了极为有利的条件。在长征中，从大别山走出的红二十五军是最早到达陕北、迎接党中央和中央红军的“北上先锋”。解放战争时期，大别山地区军民坚决贯彻落实党中央和毛泽东同志的指示，从全国战略大局出发，坚守大别山战略要地，用自己的巨大牺牲，完成了牵制国民党军队的战略任务，中原突围成为

① 习近平：《论坚持党对一切工作的领导》，中央文献出版社2019年版，第64—65页。

“中国革命战争史上的一个重要转折”[①]。在解放战争的关键时刻，刘邓大军千里挺进大别山，邓小平在此期间常说，“我们打出去挑的担子愈重，对全局就愈有利”[②]。在渡江战役中，大别山地区成为前线阵地和保障基地，见证了国民党反动政府的覆灭和中国革命的胜利。大别山军民这种服从党中央领导，顾全大局、无私无畏的献身精神在新时代依然有重要的指导意义。在新时代新征程中，共产党员学习大别山精神，服从党中央的领导，维护党中央权威，增强政治意识、大局意识、核心意识、看齐意识，切实做到对党忠诚、为党分忧、为党担责、为党尽责。这也是新时代全面从严治党的实践要求。当前新情况新问题层出不穷，大局意识也在与时俱进。经济与环境保护协调发展，地区之间统筹协作，精神文明与物质文明协调发展，争取国内外的和平发展环境，这都需要树立大局意识。广大党员干部应从大别山精神中汲取力量，站在党和国家发展的战略全局，识大体、顾大局，自觉服务大局，维护党和人民的利益，更好地履行好党和人民赋予的神圣职责与使命。

弘扬大别山精神，就是坚持党的群众路线，践行全心全意为人民服务的宗旨。《共产党宣言》中指出：“从来的一切运动都是少数人的或者为了少数人利益的运动。无产阶级的运动是绝大多数人为了绝大多数人利益的独立的运动。”[③]人民性是马克思主义理论的基础，全心全意为人民服务也是中国共产党的根本宗旨。大别山精神中最鲜明的内涵就是始终保持党同人民群众的血肉联系，坚持以人民为中心。始终保持同人民群众的血肉联系，来自人民、植根人民、服务人民，是我们党的最大政治优势，是我们党永远立于不败之地

① 李先念：《李先念文选（一九三五——一九八八）》，人民出版社1989年版，第450页。

② 中共中央文献研究室编：《回忆邓小平》（下），中央文献出版社1998年版，第209页。

③ 马克思、恩格斯：《共产党宣言》，人民出版社1978年版，第36页。

的根本。在鄂豫皖革命根据地创建过程中，中国共产党人坚持群众路线，反对脱离群众，深入群众中去开展工作，从斗争中去发动群众、争取群众。同样，大别山革命队伍的不断胜利，也离不开大别山人民群众对中国共产党的拥戴信任。大别山军民生死相依、共同奋斗，为革命建设奠定了坚实基础。新时代弘扬大别山精神，就要不断实现好、维护好、发展好最广大人民根本利益。今天，在全面建设社会主义现代化国家的伟大征程中，全体党员干部“必须把坚持全心全意为人民服务的根本宗旨、保持党同人民群众的血肉联系作为加强和规范党内政治生活的根本要求”①，并身体力行抓好落实，坚决从维护最广大人民根本利益的高度，“要多谋多解民生之忧，在学有所教、劳有所得、病有所医、老有所养、住有所居上持续取得新进展”②。党的十八大以来，以习近平同志为核心的党中央，紧紧围绕保持和发展党的先进性和纯洁性，以为民务实清廉为主要内容，在全党深入开展党的群众路线教育实践活动，切实解决形式主义、官僚主义、享乐主义和奢靡之风“四风”问题和群众反映强烈的突出问题，取得了显著成效，“贯彻党的群众路线、保持党同人民群众的血肉联系的历史进程永远不会结束”③。党员干部“要看乡亲们是哭还是笑”来检验我们的工作，把人民“拥护不拥护、赞成不赞成、高兴不高兴、答应不答应”作为衡量我们工作的标准，只有这样，我们才能汇集力量，实现中华民族伟大复兴的历史使命。

当前，国内外环境、社会主要矛盾等都发生了巨大变化。习近

①《十八大以来重要文献选编》(下)，中央文献出版社2018年版，第427页。

② 中共中央宣传部编：《习近平总书记系列重要讲话读本》，人民出版社、学习出版社2014年版，第113页。

③ 习近平：《在党的群众路线教育实践活动总结大会上的讲话》，《人民日报》2014年10月9日。

平总书记在党的十九大报告中指出，新时代党的建设总要求是：坚持和加强党的全面领导，坚持党要管党、全面从严治党，以加强党的长期执政能力建设、先进性和纯洁性建设为主线，以党的政治建设为统领，以坚定理想信念宗旨为根基，以调动全党积极性、主动性、创造性为着力点，全面推进党的政治建设、思想建设、组织建设、作风建设、纪律建设，把制度建设贯穿其中，深入推进反腐败斗争，不断提高党的建设质量，把党建设成为始终走在时代前列、人民衷心拥护、勇于自我革命、经得起各种风浪考验、朝气蓬勃的马克思主义执政党。虽然新时代党所处的环境条件与大别山革命斗争时期的环境条件有很大区别，在党的建设上面临许多新情况、新考验，但是大别山精神以及革命斗争时期党在大别山的自身建设中获得的宝贵经验，对于新时代党的建设具有重要的教育启迪意义。

（二）大别山精神对培育和践行社会主义核心价值观的意义

党的十八大提出，“倡导富强、民主、文明、和谐，倡导自由、平等、公正、法治，倡导爱国、敬业、诚信、友善，积极培育和践行社会主义核心价值观”。社会主义核心价值观，是以习近平同志为核心的党中央从新时代坚持和发展中国特色社会主义、实现中华民族伟大复兴的中国梦出发提出的重大战略思想。“一个民族、一个国家的核心价值观必须同这个民族、这个国家的历史文化相契合，同这个民族、这个国家的人民正在进行的奋斗相结合，同这个民族、这个国家需要解决的时代问题相适应。”[①]社会主义核心价值观与中国特色社会主义发展要求相契合，与中华优秀传统文化和人类文明优秀成果相承接，是中国共产党凝聚全党全社会价值共识作出的重要论断，生动展现了中国共产党和中华民族高度的价值自信与价值自觉。培育和践行

①《习近平谈治国理政》（第一卷），外文出版社2018年版，第171页。

社会主义核心价值观，是有效整合我国社会意识、凝聚社会价值共识、解决和化解社会矛盾、聚合磅礴之力的重大举措。

大别山精神是中国共产党革命精神的重要组成部分，它既有中国共产党革命精神的共同特点，又具大别山区地域特色，与社会主义核心价值观都根源于中国的民族精神，是社会主义先进文化的重要组成部分，是实现中华民族伟大复兴中国梦的精神动力，在理论渊源、价值追求、功能导向等方面的逻辑联系上两者之间具有一致性。大别山精神中涵盖的坚定信念对党忠诚的革命精神、胸怀全局无私无畏的献身精神、团结一心众志成城的奋斗精神、勇当前锋不胜不休的斗争精神，这些精神是具体的、历史的，也是发展的。新时代我们要把大别山精神贯穿于社会主义核心价值观的培育与践行中，充分发挥其时代价值，为培育和践行社会主义核心价值观开辟新的思路，为开展社会主义核心价值观教育提供有效载体。

大别山精神与社会主义核心价值观具有共同的理论渊源，都汲取了中华优秀传统文化丰厚的营养。大别山精神与社会主义核心价值观都源于对马克思主义和共产主义的深刻信仰。大别山是马克思主义传播较早的地区之一，五四运动以后，大别山及其周边地区的知识分子和青年学生怀着拯救中华、改造社会的强烈愿望，努力学习和研究马克思主义，探索中国革命道路。马克思主义的广泛传播，为大别山地区革命斗争的开展提供了精神养料和行动指南。而社会主义核心价值观在理论基础、内涵、目标上也与马克思主义一脉相承。马克思主义为社会主义核心价值观提供思想基础和价值导向，决定着社会主义核心价值观的性质和方向，为社会主义核心价值观的形成提供方法论指导，二者在某种意义上属于同一思想文化体系。

大别山精神与社会主义核心价值观都是以民族精神和时代精神为力量源泉的。民族精神不是一成不变的，中华民族在不同的历史时期，民族精神与时代精神相结合会碰撞出历史的火花。在中国的新民主主义革命时期，大别山精神是无产阶级革命精神与中国传统民族精神结合的产物，带有中华民族历史积淀下来的思想观念、价值取向和行为标准，是对以爱国主义为核心的民族精神的继承和升华。社会主义核心价值观与中国特色社会主义发展要求相契合，与中华优秀传统文化和人类优秀文明成果相承接，是中国共产党凝聚全党全社会价值共识作出的重要论断。社会主义核心价值观把涉及国家、社会、公民的价值要求融为一体，体现了社会主义本质要求，体现了时代精神，成为当代中国发展进步的精神指引。

大别山精神与社会主义核心价值观具有相同的价值追求。中国共产党从诞生之日就确立了人民的立场是党的根本政治立场，为人民服务是党的根本宗旨，这是党的最根本的价值追求。毛泽东曾指出，“中国一切政党的政策及其实践在中国人民中所表现的作用的好坏、大小，归根到底……看它是束缚生产力的，还是解放生产力的”[①]。大别山精神最鲜明的内涵就是始终保持党同人民群众的血肉联系，践行全心全意为人民服务的根本宗旨。社会主义核心价值观把国家、社会与个人的自由发展融为一体，促进社会和人的全面发展。大别山精神和社会主义核心价值观之间的内在逻辑契合，反映了二者之间的历史渊源与传承发展关系，二者具有内在的同一性，因此，弘扬大别山精神有助于培育和践行社会主义核心价值观。

弘扬大别山精神，是培育社会主义核心价值观的有效途径，是践行社会主义核心价值观的生动体现。当前，面对社会意识领域的复杂情况，我们必须保持清醒的头脑，努力培育和践行社会主义核心价值观，发挥社会主义核心价值观应有的功能和作用。大别山精神具体展现了社会主义核心价值观的要求，是对社会主义核心价值

①《毛泽东选集》(第三卷)，人民出版社1991年版，第1079页。

观的生动诠释。弘扬大别山精神，充分发挥大别山革命人物的榜样力量，有利于激发广大干部群众的集体主义荣誉感，正确处理义与利、奉献与索取、个人与集体之间的关系；有利于激发党员干部的历史使命感和责任感，激励他们把个人梦与中国梦联系在一起，为发展中国特色社会主义事业贡献智慧和力量。传承大别山精神，可以让后代牢记使命，不忘初心，永不迷失方向和道路。大别山精神为社会主义核心价值观提供丰富滋养，是鼓舞和激励当代人不断攻坚克难、从胜利走向胜利提供强大精神动力。按照习近平总书记“把红色资源利用好、把红色传统发扬好、把红色基因传承好”的要求，结合新的时代条件弘扬和传承大别山精神，这是培育和践行社会主义核心价值观的最有效途径。

（三）大别山精神对新时代公民道德教育的意义

革命道德传统对人的精神发展和人格发展起着塑造、引导作用，继承和发扬革命道德传统，是弘扬中华传统美德的应有之义，是加强社会主义道德建设的客观需要。毛泽东曾指出，是否发扬革命传统，是我国民主革命能否取得胜利的重要因素。邓小平也曾多次强调，要恢复和发扬我们党和人民的革命传统，培养和树立优良的道德风尚，为建设高度发展的社会主义精神文明作出积极的贡献。2019年，中国共产党第十九届中央委员会第四次全体会议公报中强调，“坚持共同的理想信念、价值理念、道德观念，弘扬中华优秀传统文化、革命文化、社会主义先进文化，促进全体人民在思想上精神上紧紧团结在一起的显著优势”。我们党始终把思想建设放在党的建设第一位，强调“革命理想高于天”。我们必须毫不放松理想信念教育、思想道德建设、意识形态工作，大力培育和践行社会主义核心价值观，用富有时代气息的中国精神凝聚中国力量。

今天，我们面临的世情国情党情发生了很大变化，我们要实现中华民族伟大复兴和“两个一百年”奋斗目标，公民道德建设必须在原有成绩和经验基础上有更高的目标和境界，必须总结社会主义革命、建设、改革中的道德建设经验，弘扬中华传统美德，传承红色文化基因，赓续革命精神谱系，把握道德建设的规律，创新道德建设的形式，在新的历史起点上推动全民道德素质和社会文明程度升华到新境界。2019年10月中共中央、国务院印发实施的《新时代公民道德建设实施纲要》进一步明确了新时代公民道德建设的任务，即推动新时代全民道德素质和社会文明程度达到一个新高度，为决胜全面建成小康社会、开启全面建设社会主义现代化国家新征程和实现中华民族伟大复兴中国梦的战略目标凝聚磅礴力量。历史唯物主义认为，道德是一种社会意识形态。作为社会中的人共同生活的准则和规范，道德是社会发展的产物。不同的时代有不同的道德观念，没有任何一种道德体系和道德观念是永恒不变的。社会发展到某个程度，也就需要与之相适应的道德体系和道德观念。中华民族是一个重视伦理道德的民族。在漫长的历史进程中，中华民族不断追求道德境界的提升，孕育了中华民族的宝贵精神品格，培育了中国人民的崇高价值追求。这是中华文明在人类历史长河中绵延不绝、不断发展的精神力量。中国共产党领导人民在革命、建设和改革历史进程中，坚持马克思主义对人类美好社会的理想，继承发扬中华传统美德，形成了引领中国社会发展进步的社会主义道德体系，为中国特色社会主义事业发展提供了强大精神动力。一代人有一代人的责任使命，一代人有一代人的道德风范。中国特色社会主义进入新时代，我们比历史上任何时期都更接近、更有信心和能力实现中华民族伟大复兴的目标。我们的信心是建立在一代又一代中国共产党人不忘初心、牢记使命，带领中国人民接续奋斗的实践历程中的，也是寄予在对未来青年德才兼备、勇于创新、堪当大任的期望上的。能够担当民族复兴大任的时代新人，必须在思想水平、政治觉悟、道德品质、文化素养、精神状态等方面同新时代要求相符合。这就要求年青一代，不仅要继承中华优秀传统美德和红色文化基因，而且要在前人的基础上，站得更高、看得更远，以更加高远的使命感和更具韧性的责任感，在各个领域创造出前无古人的业绩。

在新时期，我们要坚持以革命精神强健风骨，赓续革命先辈的红色血脉。习近平总书记强调，要讲好党的故事、革命的故事、根据地的故事、英雄和烈士的故事，加强革命传统教育、爱国主义教育、青少年思想道德教育，把红色基因传承好，确保红色江山永不变色。革命精神孕育于中国共产党人为中国人民谋幸福、为中华民族谋复兴的初心，形成于中国革命的伟大实践之中。在新民主主义革命中，我们党团结带领中国人民浴血奋战，打败日本帝国主义，推翻国民党反动统治，构筑了大别山精神等精神坐标，形成了坚定信念、对党忠诚、一心为民、无私无畏、胸怀全局、众志成城、勇当先锋、不胜不休等优良传统。这些革命精神与当代精神追求和价值观念高度契合，是激励中国人民克服一切艰难险阻、不断从胜利走向胜利的宝贵精神财富。作为中国革命精神的重要构成部分，大别山精神是在中国共产党的领导下，在无数革命先烈的长期革命斗争中，不断发展、积累起来的一种独特的、先进的精神文化资源。大别山精神是中国革命光荣历史的见证，体现着中国共产党人的崇高理想，凝聚着广大人民群众的高尚道德和优良品质，包含了体现社会主义、共产主义价值目标的精神形态，展现了中国共产党人的使命与担当，是中国共产党价值追求和中华民族精神内涵最生动的体现。在改革开放新时代的今天，依托大别山精神对当代公民，特别是青年大学生进行道德教育具有重要的现实意义与价值。推进新时代公民道德建设，必须用好革命文化资源，深化爱国主义和革命传统教育，努力把红色血脉、红色精神转化为推动当前改革发展稳定的强大精神力量。在大别山这片热土之上，留下了众多的革命遗址遗迹和文献史料，为开展公民道德建设提供了宝贵思想教育资源。

新时代学习大别山精神，是学史以明德的具体体现。近现代以来，大别山无数英雄儿女为民族独立、人民解放而英勇献身。这种坚定信仰、对党忠诚的精神铸就了高贵的人格品德。学习大别山精神，我们可以深刻领悟到中国共产党的伟大之处就在于始终保持自我革命精神，不论发生过什么波折和曲折，不论出现过什么苦难和困难，都坚定不移向前走。在学习中体会大别山精神，有助于更好地锤炼个人私德、培塑党员干部为民公德和铸牢党性大德。

此外，我们必须看到学习大别山精神在培养当代青年学生明志明理明德明责方面具有重要意义。在纪念五四运动100周年大会上，习近平总书记指出："青年是整个社会力量中最积极、最有生气的力量，国家的希望在青年，民族的未来在青年。今天，新时代中国青年处在中华民族发展的最好时期，既面临着难得的建功立业的人生际遇，也面临着'天将降大任于斯人'的时代使命。"[①]但在社会多元文化价值观和多样化利益关系的影响下，部分青年出现了理想信念模糊、政治信仰迷茫、思想混乱的情况，缺乏对革命先辈艰苦奋斗历程的亲身感受，这导致青年对新时代所赋予的历史使命和责任缺乏认识，担当不足。鲁迅先生曾说过，青年"所多的是生力，遇见深林，可以辟成平地的，遇见旷野，可以栽种树木的，遇见沙漠，可以开掘井泉的"。在当代青年教育中，要引入中国革命精神的优良传统，用大别山的红色故事向新时代青年展现中华民族英雄儿女的坚定意志和大无畏的气概，用讲述革命历史事件、参观革命遗址、

① 习近平:《在纪念五四运动100周年大会上的讲话》,《人民日报》2019年5月1日。

传唱革命歌谣等多种手段，让优良历史传统深入青年的内心，让青年一代真正感悟为什么中国共产党能解救中国，为什么中国人民会选择中国共产党，为什么中国人民坚定不移地跟随中国共产党的脚步，坚定不移地进行社会主义现代化建设。让这些精神文化强烈冲击青年人的感官，唤起其内心的激情、勇气和力量。我们要积极弘扬大别山精神，将之作为推动新时期公民思想道德建设、弘扬伟大民族精神重要手段，进而促进青年学生的思想道德教育和推进社会主义核心价值观教育，使青年学生树立正确的价值观，提升认知能力，提升正能量。因此，弘扬大别山精神是促进当代青年明志明理明德明责的重要精神支持。

弘扬大别山精神，能促进当代青年坚定理想信念、强化责任担当意识和激发爱国之情。理想信念激励着一代又一代人为着一定的社会理想和生活目标而不断地努力追求。当代青年只有在为祖国和人民的真诚奉献中才能彰显青春的魅力，只有融入国家和民族的伟大事业中才能彰显青春的风采。大别山精神作为我们党的宝贵精神财富，它和井冈山精神、延安精神、西柏坡精神等革命精神一样具有重要的教育意义。用大别山精神塑造和培养青年，才能让光荣传统永流传，才能让革命精神放异彩，才能确保青年人将个人命运与国家和人民的命运紧密联系在一起，积极投身到实现中华民族伟大复兴中国梦的奋斗中。

弘扬大别山精神，在新时代我们要继续坚守马克思主义信仰，坚定共产主义远大理想和中国特色社会主义共同理想信念，树牢“四个自信”，坚定信念、对党忠诚、一心为民、无私无畏、胸怀全局、众志成城、勇当先锋、不胜不休，为夺取新时代中国特色社会主义伟大胜利，实现中华民族伟大复兴的中国梦提供强大思想保障和不竭精神动力。

（四）大别山精神对推动大别山地区经济社会发展的意义

党的十八大以来，以习近平同志为核心的党中央把脱贫攻坚作为全面建成小康社会的突出短板和底线目标，摆到治国理政的重要位置，全面打响脱贫攻坚战。“以百姓心为心，与人民同呼吸、共命运、心连心，是党的初心，也是党的恒心。”[①]习近平总书记强调：“中国共产党的初心就是为人民谋幸福、为民族谋复兴，党中央想的就是千方百计让老百姓都能过上好日子。”夺取中国革命胜利离不开大别山精神，加快脱贫攻坚步伐，全面建成小康社会，实现伟大复兴的中国梦，同样离不开大别山精神。

大别山地区虽然是全国重要的红色教育基地，是历史文化名人富集区和绿色生态功能区，但由于战争创伤，自然灾害频发，基础设施相对滞后，大别山区经济社会发展水平仍然较低，人们的生活水平有待提高。在居民收入、县域经济、基础建设和产业结构等主要方面，大别山地区均表现孱弱。关于脱贫攻坚工作，习近平总书记多次强调，全面建成小康社会，一个不能少，特别是不能忘了老区。2011年12月，国务院发布《中国农村扶贫开发纲要（2011—2020年）》，横跨鄂豫皖三省的大别山区被列入了国家连片特殊困难片区，成为我国扶贫攻坚的主战场之一。在2012年“两会”期间，来自安徽、河南、湖北三省的全国人大代表和政协委员联名提议，制订并实施《大别山区振兴发展规划》，将大别山区作为我国集中连片扶贫开发重点区域，做好与大别山集中连片特困片区扶贫政策的衔接。2015年6月，国务院发布《关于大别山革命老区振兴发展规划的批复》，原则同意《大别山革命老区振兴发展规划》，提出要发挥好大别山集中连片特困地区定点联系机制的作用，把大别

①《习近平谈治国理政》(第三卷)，外文出版社2020年版，第138页。

山革命老区建设成全国重要的粮食和特色农产品生产加工基地。2016年习近平总书记考察安徽省花石乡大湾村时对大湾村的乡亲们说："在地方工作时，我一直抓老区建设，同老区很有感情。全面建成小康社会，一个不能少，特别是不能忘了老区。无论是革命战争年代还是改革开放新时期，老区人民为党和国家作出了巨大贡献。老区人民对党无限忠诚、无比热爱。老区精神积淀着红色基因。在今天奔小康的路上，老区人民同样展现出了强烈的奉献奋斗精神。经过数十年发展，老区建设取得了很大成绩。但是，放在全国范围内横向比较还有不小差距。党中央高度重视老少边穷地区尤其是集中连片贫困地区的扶贫工作，要通过实施精准扶贫，确保2020年实现全面建成小康社会目标是过硬的。"各级党委和政府要怀着对人民的热爱，按照党中央提出的精准扶贫要求，打好脱贫攻坚战，让老区人民过上幸福美好生活。

大力弘扬牺牲奉献的大别山精神，打好扶贫攻坚战，要采取稳定脱贫措施，建立长效扶贫机制，把扶贫工作锲而不舍抓下去。近年来，大别山革命老区各级党委和政府以高度的政治自觉，坚决贯彻落实党中央关于脱贫攻坚的决策部署，强化政策措施，加大财政投入，完善制度机制，整合各方资源，凝聚攻坚合力，在落实政策、推进老区脱贫攻坚上取得阶段性重要成果，老区基础设施不断完善，产业结构得到优化，生态环境得到保护和修复，城镇和农村居民人均收入持续增长，把保障和改善民生作为出发点和落脚点，着力解决好人民群众生产生活问题，人民生活得到明显改善，共同迈入小康社会。

实施乡村振兴战略是党的十九大作出的重大决策部署。2018年1月，中共中央、国务院印发了《关于实施乡村振兴战略的意见》。2019年3月8日，习近平总书记在参加十三届全国人大二次会议河南代表团审议时，专门就实施乡村振兴战略、做好“三农”工作发表了重要讲话。大别山老区广大干部准确把握实施乡村振兴的战略定位，把脱贫攻坚作为乡村振兴的基础性工作抓牢抓实，采取有力措施，取得显著成效。农业供给侧结构性改革取得重大进展。在扛稳粮食安全责任的基础上，大力发展特色高效产业。同时，乡村旅游、观光农业、物流配送等农村三产蓄势成长。脱贫攻坚成就空前，农村基础设施明显改善。乡村道路得以改善，全域实现所有乡镇、行政村通硬化路，还有不少自然村也通硬化路。农村饮水安全不断巩固提升，农村电网全面升级，光纤网络基本实现乡村全覆盖。公共服务设施日益改善，农村诊所、农家书屋、文化广场基本覆盖所有行政村，快递综合服务平台覆盖所有乡镇。农村人居环境大有改观，涌现出一大批示范村、特色村。广大乡村基本建成垃圾污水处理管护机制，房前屋后绿化美化，青山绿水掩映其间，乡间小路令人流连忘返。有些都市企业开始向农村拓展，不少外出人员返乡创业或在家门口就业。乡村治理体系初步形成，治理能力明显提升。农民生活水平持续改善，农民收入不断增长。同时，随着加强农村文化设施建设，农民文化生活不断丰富。有的群众说，相比过去，现在天天在过年。

站在新的历史起点上，加快大别山革命老区振兴发展，大力弘扬大别山精神，扬优势、固根基、补短板、强动力，就是要着力解决突出的民生问题，着力打造红色品牌，着力擦亮绿色发展底色，着力增强发展支撑力，着力壮大特色产业，要重点围绕提高致富能力、实施乡村振兴战略，维护农村稳定这些重点工作，从大别山精神中汲取信念力量，从大别山精神中汲取动能，感悟人民至上，激发担当自觉，砥砺斗争意志，引导和激励人们积极投身老区振兴发展事业，推动精神力量转化为物质财富。要重点围绕联系服务群众，弘扬大别山精神，把群众工作往深里走、往心里走、往实里走，才能推进伟大事业，把革命老区建设得更好，让老区人民过上更好生活，在谱写新时代绚丽篇章中展现更大作为。

主要参考文献

一、专著类

[1]章有义.中国近代农业史资料:第2辑(1912—1927)[M].北京:生活·读书·新知三联书店,1957.

[2]新四军和华中抗日根据地史料选:第1辑(1937—1940)[M].上海:上海人民出版社,1982.

[3]红安县委党史资料征编委员会.黄麻起义[M].武汉:武汉大学出版社,1987.

[4]中国人民解放军历史资料丛书编审委员会.新四军:文献1[M].北京:解放军出版社,1988.

[5]《六霍起义》编辑委员会.六霍起义[M].北京:中共党史资料出版社,1989.

[6]湖北省档案馆,湖北省财政厅.鄂豫皖革命根据地财经史资料选编[M].武汉:湖北人民出版社,1989.

[7]《鄂豫皖革命根据地》编委会.鄂豫皖革命根据地:1—4[M].郑州:河南人民出版社,1990.

[8]中共商城县委党史资料征编委员会.商城起义[M].郑州:河南人民出版社,1990.

[9]《中国工农红军第四方面军战史》编委会.中国工农红军第四方面军战史资料选编:鄂豫皖时期[M].北京:解放军出版社,1993.

[10]中共湖北省委党史研究室.刘邓大军挺进大别山与三军经略中原:上、中、下[M],武汉:湖北人民出版社,2007.

[11]中共中央文献研究室,中央档案馆.建党以来重要文献选编(一九二一—一九四九):第25册[M].北京:中央文献出版社,2011.

[12]本书编写组.鄂豫皖苏区历史简编[M].武汉:湖北人民出版社,1983.

[13]谭克绳,欧阳植梁.鄂豫皖革命根据地斗争史简编[M].北京:解放军出版社,1987.

[14]中共六安地委党史工作委员会.皖西革命史[M].合肥:安徽人民出版社,1987.

[15]红安县革命史编写办公室.红安县革命史[M].武汉:武汉大学出版社,1987.

[16]《中国工农红军第二十五军战史》编审委员会.中国工农红军第二十五军战史[M].北京:解放军出版社,1990.

[17]李先念.李先念文选(一九三五—一九八八)[M].北京:人民出版社,1989.

[18]中共信阳地委党史资料征编委员会.豫南革命史[M].郑州：河南人民出版社,1991.

[19]《金寨县革命史》编委会.金寨县革命史[M].合肥：安徽人民出版社,1991.

[20]中共河南省委党史工作委员会.中共河南党史：上卷[M].郑州：河南人民出版社,1992.

[21]安徽省金寨县地方志编纂委员会.金寨县志[M].上海：上海人民出版社,1992.

[22]任涛.邓小平在中原[M].北京：中央文献出版社,1993.

[23]徐向前.徐向前军事文选[M].北京：解放军出版社,1993.

[24]中共湖北省孝感地委党史办公室,中共湖北省孝感市委党史办公室.郭述申著述选[M].武汉：武汉大学出版社,1993.

[25]中共河南省委党史研究室.中原解放区史[M].郑州：河南人民出版社,1996.

[26]中共河南省委党史研究室,中共安徽省委党史研究室.鄂豫皖革命根据地史[M].合肥：安徽人民出版社,1998.

[27]中共安徽省委党史研究室.中国共产党安徽地方史：第一卷[M].合肥：安徽人民出版社,2000.

[28]中共安庆市委党史研究室.中国共产党安庆地方史[M].北京：中共党史出版社,2001.

[29]中国工农红军第四方面军战史编辑委员会.中国工农红军第四方面军战史[M].北京：解放军出版社,1989.

[30]汪季石,汪颖子.鄂东现代革命史[M].武汉：湖北人民出版社,2010.

[31]中共中央党史研究室.中国共产党历史第一卷(1921—1949)：上、下册[M].北京：中共党史出版社,2011.

[32]刘建国.鄂豫皖革命根据地的人民检察制度[M].北京:中国检察出版社,2011.

[33]中共黄冈市委党史办公室.中国共产党黄冈历史:第一卷(1922—1949)[M].北京:中共党史出版社,2013.

[34]中共信阳市委组织部.大别山革命英烈[M].北京:中共党史出版社,2015.

[35]中共信阳市委组织部.大别山革命将帅[M].北京:中共党史出版社,2015.

[36]中共信阳市委组织部.大别山革命回顾[M].北京:中共党史出版社,2015.

[37]中共信阳市委组织部.大别山革命风范[M].北京:中共党史出版社,2015.

[38]大别山干部学院.大别山革命简史[M].北京:中共党史出版社,2016.

[39]中共信阳市委党史研究室.中国共产党信阳历史:第一卷(1919—1949)[M].郑州:河南人民出版社,2015.

[40]中共六安市委党史和地方志研究室.红六安[M].北京:中共党史出版社,2019.

[41]丁同民,闫德亮,林志成.彪炳史册的大别山精神[M].北京:人民出版社,2017.

[42]大别山干部学院.大别山革命精神与党内政治文化[M].北京:国家行政学院出版社,2019.

[43]吕延勤,赵金飞.红船精神[M].北京:中共党史出版社,2017.

[44]邱小云.苏区精神[M].北京:中共党史出版社,2017.

[45]王刚,李懋君.长征精神[M].北京:中共党史出版社,2017.

[46]李佑新.抗战精神[M].北京:中共党史出版社,2017.

[47]张金锁.延安精神[M].北京:中共党史出版社,2017.

[48]江苏省档案馆,中共江苏省委党史工作办公室.初心永恒:江苏四种革命精神简明读本[M].南京:江苏人民出版社,2019.

[49]中国人民解放军三十年征文编辑委员会.星火燎原:(一)[M].北京:人民文学出版社,1964.

[50]皖西革命斗争史编写组.皖西革命回忆录:第二次国内革命战争时期(上)[M].合肥:安徽人民出版社,1980.

[51]《忆徐海东》编辑组.忆徐海东[M].郑州:河南人民出版社,1981.

[52]徐海东.生平自述[M].北京:生活·读书·新知三联书店,1982.

[53]革命回忆录:七[M].北京:人民出版社,1982.

[54]徐向前,等.艰苦的历程:中国工农红军第四方面军革命回忆录选辑(下册)[M].北京:人民出版社,1984.

[55]许道化,吴克文.被错杀的将军[M].成都:四川人民出版社,1989.

[56]中共安徽省委党史工作委员会.安徽中共党史人物传:第一卷[M].合肥:安徽人民出版社,1993.

[57]何耀榜,苏波.大别山上红旗飘:回忆鄂豫皖三年游击战争[M].北京:中国青年出版社,1959.

[58]《新县籍将领传》编纂委员会.中国人民解放军新县籍将领传[M].郑州:河南人民出版社,1999.

[59]范青,陈辉汉.陈昌浩革命生涯[M].北京:中共党史出版社,2002.

[60]洪学智.洪学智回忆录[M].北京:解放军出版社,2002.

[61]钟桂松.沈泽民传[M].北京:中央文献出版社,2003.

[62]《董必武传》撰写组.董必武传(1886—1975):上、下[M].北京:中央文献出版社,2006.

[63]六安市委党史研究室.六安将军传[M].合肥:安徽人民出版社,2006.

[64]《董必武年谱》编纂组.董必武年谱[M].北京:中央文献出版社,2007.

[65]姚金果,苏杭.张国焘传[M].西安:陕西人民出版社,2007.

[66]刘华清.刘华清回忆录[M].北京:解放军出版社,2007.

[67]陈锡联.陈锡联回忆录[M].北京:解放军出版社,2007.

[68]陈再道.陈再道回忆录[M].北京:解放军出版社,2009.

[69]《李先念传》编写组.李先念传(1909—1949)[M].北京:中央文献出版社,1999.

[70]孙俊杰.红二十五军军魂吴焕先[M].郑州:郑州大学出版社,2011.

[71]马德俊.蔡申熙传[M].北京:中共党史出版社,2013.

[72]邓榕.我的父亲邓小平:战争年代[M].北京:生活·读书·新知三联书店,2013.

[73]徐向前.历史的回顾[M].北京:人民出版社,2016.

[74]王志怀,汤祖祥,曹琼.舒传贤传[M].合肥:安徽大学出版社,2019.

二、其他

[1]张月桂,牛玉乾.皮定均在河南[J].河南大学学报(哲学社会科学版),1985(6):54-61.

[2]唐文进.沈泽民在鄂豫皖革命根据地[J].湖北档案,2002(2):

42-43.

[3]习近平.弘扬“红船精神” 走在时代前列[J].光明日报,2005-06-21(A3).

[4]刘国胜.大别山精神综述[J].党史天地,2007(12):46-49.

[5]张生寅,何志明.论西路军精神[J].青海社会科学,2010(3):167-171.

[6]董汉河.西路军革命精神的丰富内涵[J].甘肃理论学刊,2010(6):5-11.

[7]张威.努力弘扬大别山精神与加强大学生理想信念教育关系探讨[J].黄冈师范学院学报,2011(2):102-104.

[8]刘明涛.延安精神与大别山精神比较研究[J].承德石油高等专科学校学报,2013(1):75-78.

[9]张元婕.红色文化的育人价值与实现路径研究:以大别山红色文化研究为例[D].武汉:武汉理工大学,2013.

[10]吕杰,许月明.论大别山红色文化的历史地位[J].福建党史月刊,2013(18):40-42.

[11]吕杰.大别山红色文化与培育当代革命军人核心价值观探析[J].福建党史月刊,2014(12):45-47.

[12]李晓娟.新媒体环境下大别山精神传播现状[J].西部广播电视,2014(12):43-45.

[13]刘利.大别山精神的科学内涵及其时代价值[J].学习月刊,2014(20):87-88.

[14]夏慧,汪季石.发掘红色文化的审美价值 促进红色文化的有效传播:以大别山红色文化为例[J].新闻知识,2015(4):32-34.

[15]刘泽双,赵毅.大别山精神研究中存在的几个认识误区[J].老区建设,2015(8):9-11.

[16]刘晖.对党忠诚:大别山精神的灵魂[J].学习论坛,2016(4):21-26.

[17]胡遵远.坚贞忠诚 牺牲奉献 永跟党走:凝练概括大别山精神的历史依据及重要意义[EB/OL].(2016-05-30)[2021-05-31].http://www.crt.com.cn/news2007/News/jryw/1653014411521343IKJH94H5D36K63F.html.

[18]王春亮.勇于担当:大别山精神的鲜明品格[J].学习论坛,2016(6):26-31.

[19]夏慧,汪季石.基于文化哲学视角的大别山红色文化多重价值论析[J].学校党建与思想教育,2016(16):82-83.

[20]孙云飞.将红色基因融入全面从严治党[EB/OL].(2017-01-13)[2021-05-31]. http://theory. people. com. cn/n1/2017/0113/c40531-29019767.html.

[21]胡遵远.对大别山精神的再探讨[J].党史纵览,2017(1):51-52.

[22]李新安.大别山红色基因与传承[J].实事求是,2017(3):20-25.

[23]石仲泉."大别山精神"刍议[J].苏区研究,2017(4):49-59.

[24]程昌文.大别山精神的形成要素研究[J].内蒙古财经大学学报,2017(5):84-86.

[25]贾瑛.大别山红色文化精神内核述略[J].理论建设,2018(5):79-83.

[26]李平.大别山精神的内涵与当代价值[N].人民政协报,2018-05-17(9).

[27]陈兆清,徐昕.弘扬淠史杭精神,做新时代奋斗者[EB/OL].(2018-08-20)[2021-05-31].https://www.sohu.com/a/248968508_127477.

[28]方城.大别山精神简论:朴诚勇毅 不胜不休[J].中国井冈山

干部学院学报,2019(2):67-75.

[29]郑兴刚,曾祥明.大别山精神研究现状与思考[J].苏区研究,2019(4):33-41.

后　记

大别山精神是伟大建党精神在大别山区的传承和发展。大别山精神与井冈山精神、延安精神、西柏坡精神等一样，都是我们党的宝贵精神财富。深入研究和宣传大别山精神，对于弘扬党的优良传统，传承红色基因，全面推进新时代中国特色社会主义伟大事业，实现中华民族伟大复兴的中国梦，具有重要意义。

本书是2019年度中共中央党史和文献宣传专项引导资金项目“大别山精神研究”的结项成果。编写过程中，编者整理、参阅了大量鄂豫皖革命斗争文献资料和回忆录，吸收了学术界关于大别山精神研究的最新成果，分9章对大别山精神的形成背景、精神内涵、历史传承和时代价值进行了学术梳理和系统阐述。初稿形成后，根据两轮专家评审意见进行修改完善，最终完成定稿。

本书的指导思想、编写思路、框架结构、写作风格由集体讨论决定，各章由编写组成员分工执笔完成。第一章，朱贵平；第二章，苏明波；第三章，刘延年；第四章，赵东云；第五章，王静；第六章，施昌旺；第七章，方庆寨；第八章，钱海峰；第九章，董丽娟。施昌旺同志担任主编并统稿。

本书写作过程中，得到了中共安徽省委党史研究院院长程中才、安徽中医药大学党委书记王先俊、陆军炮兵防空兵学院教授卓爱平、安徽省社会科学院历史研究所所长汪谦干、安徽大学马克思主义学院教授黄志高、合肥工业大学马克思主义学院教授唐莉等专家的悉心指导，得到了中共安徽省委党史研究院资料信息处、安徽师范大学出版社的大力支持，在此一并表示感谢。

由于掌握的资料和编写水平有限，本书难免有疏漏和不当之处，敬请读者批评指正。

本书编写组

二〇二〇年六月